DE

L'ANCIEN POITOU,

ET

DE SA CAPITALE.

SE TROUVE A PARIS :

Chez Lecointe et Durey,
　　Béchet aîné,　　　　} quai des Augustins.
　　Charles Béchet,

SE TROUVE AUSSI :

A	Chez
Saintes.............................	Charrier père et fils.
Niort................................	Robin.
Angouléme. {	Aigre.
....	Laroche.
Saint-Jean-d'Angély.................	Lacurie fils.
Fontenay............................	Petitot.
Châtellerault.......................	Fruchard.
Tours...............................	Moisy.
Angers. {	Fourier-Mame.
....	Pavie.

Poitiers. — Imp. de Catineau.

DE

L'ANCIEN POITOU,

ET DE

SA CAPITALE,

POUR

SERVIR D'INTRODUCTION A L'HISTOIRE DE CETTE PROVINCE.

Par J.-M. Dufour,

De la Société royale des Antiquaires de France, et de diverses
Sociétés littéraires.

orné de cartes et gravures.

―――――

Poitiers,

Mmes LORIOT, ÉDITEURS;

E.-P.-J. CATINEAU, IMPRIMEUR-LIBRAIRE;

DOUSSIN-DELYS, LIBRAIRE.

1826.

AVANT-PROPOS.

L'histoire de la province de Poitou est une de celles qui sont les moins connues jusqu'ici. Les auteurs qui ont essayé de la traiter, soit particulièrement, soit collectivement, Jean Bouchet (1), Jacques Barrault (2), Armand Maichin (3), Jean Bouche (4), manquent de méthode, et surtout de critique. Leur chronologie, ou la partie arithmétique de l'his-

(1) *Les Annales d'Aquitaine*, Faits et Gestes des rois de France et d'Angleterre, etc., augmentées de plusieurs pièces rares et historiques recueillies par Abrah. Mounin. Poitiers, Mounin, 1644; petit in-fol.; édit. préférée aux précédentes, à cause des augmentations qu'elle contient.

(2) *Histoire du Poitou et de ses dépendances*, imprimée dans la préface de ses Annotations sur la coutume du Poitou. Poitiers, 1625; in-4°.

(3) *Histoire de Saintonge, Poitou, Aunis et Angoumois*. Saint-Jean-d'Angély, Boisset, 1671; deux parties en 1 vol. in-fol.

(4) *Annales d'Aquitaine*, imprimées à Poitiers, pour la première fois, en 1524.

toire, est le plus souvent fautive et vicieuse : on ne peut tout au plus les consulter que sur les événemens dont ils furent témoins, ou qui se sont passés presque de leur tems. Un des reproches que l'on peut encore leur adresser, c'est que, dans leurs compilations indigestes, on cherche vainement le plus petit document satisfaisant sur l'origine des anciens Pictons, ou Poitevins; sur leur état politique sous la domination romaine; sur l'emplacement, la circonscription de leur capitale, enfin sur ses agrandissemens successifs. Hauteserre, dans son ouvrage érudit sur l'Aquitaine (1), ne nous offre rien de particulier sur ce sujet; et le chapitre quatorze de son premier livre consacré à la description de la province de Poitou, est loin d'être exempt de graves erreurs géographiques. Thibaudeau est, à proprement parler, le seul écrivain qui ait traité particulièrement son histoire (2) : mais il a

(1) *Rerum aquitanicarum libri quinque;* auctore Ant. Dadino Alteserra. Tolosæ, A. Colomier, 1648; in-4°.

(2) *Abrégé de l'Histoire de Poitou,* etc. Paris et Poitiers, 1784; 6 vol in-12. Ouvrage aujourd'hui rare à trouver complet.

trouvé prudent, ou plus commode, d'éluder les difficultés de son sujet, en ne l'abordant qu'à la conquête de Chludwig. On excuserait peut-être sa narration, beaucoup trop prolixe et trop minutieuse, de l'établissement des divers tribunaux de la province, de l'étendue de leurs ressorts respectifs, de leurs variations, etc., si son ouvrage n'était pas entaché, trop généralement, des mêmes défauts que ceux de ses prédécesseurs. Il a cependant sur eux l'avantage incontestable d'être entré dans la carrière, riche de certains monumens historiques, mais modernes, dont il a su faire usage. Nous nous faisons un devoir de proclamer que nous les avons consultés plus d'une fois avec fruit. Besly mérite l'éternelle reconnaissance de ses compatriotes, pour son laborieux travail sur les comtes de Poitou (1), auquel il faut joindre son catalogue des évêques de Poitiers (2). On peut regretter néanmoins que ce savant homme n'ait pas toujours porté un œil également sûr et exercé sur

(1) *Histoire des comtes de Poitou et ducs de Guyenne, etc.* Paris, 1647; in-fol.
(2) Paris, Alliot, 1647; in-4°.

la date de certains titres, dans lesquels les années du règne de nos rois, celles de l'*Incarnation* et de l'*Indiction*, ne peuvent concorder. Aussi, nous ne craindrons pas de le dire, sans prétendre diminuer son mérite littéraire, bien évidemment reconnu, quelques-unes des chartes qu'il a publiées sont-elles susceptibles, en très-petit nombre à la vérité, d'être rejetées au moins comme suspectes. C'est un fait universellement avoué, que les moines, dans les dixième et onzième siècles, fabriquèrent un bon nombre de titres pour favoriser des prétentions mensongères.

J'aurai occasion de parler particulièrement, dans quelques notes, de dom Fonteneau, qui avait rassemblé une foule de titres originaux, relatifs à l'histoire d'Aquitaine, dont une partie a été acquise par la mairie de Poitiers, et se trouve déposée à la bibliothèque publique de cette ville. Je dis une partie, parce que les lacunes que l'on remarque dans l'ensemble de ces titres, ne peuvent que justifier l'opinion de quelques personnes qui paraissent bien instruites de certaines particularités, et qui prétendent que le dépôt primitif fait par ce laborieux bénédictin a été violé (1). Les originaux ne sont peut-être pas tous perdus : on est fondé à croire qu'il en existe encore quelques-uns dans les archives du département de la Vienne; on s'occupe même, m'a-t-on dit, de les classer.

C'est surtout dans le chapitre trois de cet ouvrage, que je citerai souvent les manuscrits de dom Fonteneau. J'en ai tiré, comme on le verra, de nombreux et précieux matériaux; mais je n'ai pu indiquer les cartons où sont déposés maintenant les titres cités, par le défaut de classement correspondant à l'étiquette que portent ces cartons; et comme il existe des copies, au moins par duplicata, de tous les monumens historiques qui y sont renfermés, il en résulte une autre confusion à laquelle on s'occupe de remédier. M. le conservateur

(1) J'ai même entendu dire, mais je ne puis le croire, qu'un perruquier de Poitiers avait trop long-tems fait usage de papiers écrits de la main de dom Fonteneau, pour papilloter les cheveux de ses pratiques. Je me défie d'une imputation qui porte en elle-même les caractères d'une prévention quelconque; et je rejette, à plus forte raison, tout témoignage qui me paraît dicté par une animosité personnelle.

de la bibliothèque publique de Poitiers me permettra de lui témoigner ici mes vifs remercîmens de sa complaisance obligeante à me donner communication de ces cartons de dom Fonteneau. M. l'abbé Gibault a bien voulu même prendre l'engagement bénévole de continuer à me communiquer d'autres dépôts de monumens rassemblés avec tant de courage et de persévérance par le même bénédictin. Si, comme j'ai lieu de le croire, j'y trouve de nouveaux matériaux inédits pour l'histoire de la province, ce sera à la bienveillance d'un de leurs concitoyens, que les Poitevins devront particulièrement la publication d'un travail trop peu connu jusqu'à ce jour.

Je me suis particulièrement attaché à n'avancer aucun fait, sans l'appuyer de preuves ou d'autorités; et même à discuter celles-ci, lorsque la source où je puisais me paraissait suspecte. Les règles d'une saine critique m'imposaient cette obligation : le lecteur jugera si j'ai atteint le but dans quelques-unes de mes remarques.

Je recherche principalement, dans le chapitre premier, quels furent les habitans primitifs du Poitou, et successivemeut les autres peuples qui se fixèrent sur le territoire de cette province, avant, ou depuis la conquête romaine, jusqu'à l'établissement des Francs dans l'Aquitaine; la circonscription du pays qu'occupèrent ces peuples, et les traces qu'ils ont pu laisser de leur existence. Quoique la science des étymologies soit, en général, trop souvent conjecturale, cependant il se rencontre parfois quelques-unes de ces étymologies tellement naturelles, qu'on peut les adopter avec une sorte de confiance, parce que les radicaux du mot n'ont point éprouvé d'altération sensible. C'est d'après ce principe, que nous discuterons le sens vrai du nom *Picti*, *Pictes*, *Pictoni*, *Pictavi*, peuple qui a fini par donner son nom à la province appelée Poitou. En combattant l'opinion de dom Martin sur l'origine des Poitevins, nous devons observer que le système du savant bénédictin rentre, à peu de chose près, dans celui d'Adrien de Valois, qui prétendait qu'*Augustoritum*, ou la capitale des *Lemovices*, était une des villes de l'ancien Poitou. La seule différence frappante dans la manière de voir de ces deux érudits, consiste en ce que le premier prétendait que les *Pictoni* étaient d'origine limousine, tandis que, d'après le second, il paraîtrait, au contraire, que les *Lemovices* seraient d'origine poitevine, puisque leur chef-lieu ou capitale faisait partie, d'après l'autorité de Ptolomée (1), du territoire des Poitevins. On verra combien le sujet comporte de difficultés à traiter, faute de monumens historiques bien précis. Nous avons apporté tous nos soins pour tâcher de démêler la vérité; mais nous sommes loin de nous flatter de l'avoir exposée dans tout son jour d'une manière incontestable.

Je m'étais proposé d'abord de traiter, dans ce même chapitre, de l'état civil et politique des habitans du Poitou. Comme je ne trouve dans l'histoire que peu de chose qui leur soit particulier, sous ce double rapport; il en ré-

___

(1) Quæ autem Aquitaniæ maximè septentrionalia sunt et penès fluvium (*la Loire*) et penès mare, tenent Pictones, quorum civitates Augustoritum-Limonum. (L. II, apud Bouq., *Rec. des Hist. de la France*, t. 1, p. 70.).

sulte que le régime sous lequel ils vivaient leur était commun avec celui des autres peuples de l'Aquitaine. Je crois, en conséquence, devoir entrer ici dans quelques détails sommaires, indispensablement nécessaires pour se faire une idée juste de la province.

I. Population. Il faut la considérer à deux époques différentes : 1° lors de la conquête romaine. Ce qui prouve incontestablement l'exiguité de cette population, sur laquelle il n'est guère possible d'élever un doute raisonnable, c'est cette quantité de forêts et de bouquets de bois épars qui se remarquent, même encore de nos jours, dans l'ancienne province de Poitou, et qui, d'après des témoignages irrécusables, y étaient semés autrefois sur une bien plus vaste étendue de terrain. Ajoutez encore à cette considération physique, si puissante et si décisive à la fois par elle-même, toute cette masse de territoire, ou *marches* qui restaient et devaient rester invariablement en friche, d'après les principes religieux du temps; de marécages, que le retrait des eaux de la mer, et subséquemment des Deux-Sèvres, principales rivières du pays, ont successivement mis à découvert, et rendu à l'agriculture. Les denrées ne trouvant pas un débouché sûr, commode, avantageux, on n'avait pas un intérêt marqué à chercher du surcroît dans les produits ruraux. La population n'acquiert des accroissemens rapides et soutenus que dans les pays où l'agriculture est florissante. Le blé ne paraît pas avoir été un article principal de culture. Pline dit que l'aliment le plus usité dans les Gaules, et principalement dans l'Aquitaine, se tirait du *panis* ou *panic* (1), menu grain dans le genre du millet, qui n'offrait pas une nourriture bien substantielle. La panification, d'ailleurs, n'était encore qu'un art très-grossier, peut-être même à peine connu généralement. Cette quantité de forêts et de marécages que comportait le territoire, nuisait, d'un autre côté, à l'élasticité de l'air, ou le viciait même dans beaucoup de cantons, notamment dans le Bas-Poitou. Le vêtement grossier dont on se servait, ne couvrait pas suffisamment le corps; les peaux d'animaux, dont il se composa long-

(1) Panico et Galliæ quidem præcipuè Aquitania utitur. (*Hist. nat.*, l. xviii, c. x.)

temps, manquaient de cet apprêt qui en assure la salubrité. La pêche, moyen de subsistance indiqué par la nature, sur et vers la côte de l'Océan, exposait journellement ceux qui s'y livraient à contracter divers genres de maladies aiguës, notamment le scorbut, dont on voit encore la majeure partie de la population atteinte dans cette partie du Poitou, connue sous le nom de Marais. Les eaux potables y sont généralement de mauvaise qualité, et trop souvent saumâtres. Enfin veut-on prendre pour base de l'ancienne population un calcul moins hypothétique, et dont les rapprochemens seront plus positifs et plus frappans ? En admettant que le contingent poitevin de l'armée gauloise levée par Vercingétorix (1), fut fixé à deux mille hommes, et supposant que ces deux mille recrues représentassent le centième seulement de la masse de population du tems, celle-ci ne se serait donc élevée, en totalité, qu'à deux cent mille âmes, y compris les *Agesinates,* que l'on peut croire confondus avec les *Pictoni*, puisqu'ils ne sont pas dé-

(1) Voyez la note à la fin du chapitre premier.

nommés; c'est-à-dire, qu'elle aurait été encore au-dessous (environ du cinquième) du nombre d'habitans que renferme aujourd'hui le seul département de la Vienne. Autre cause de l'exiguité de la population : avant la conquête romaine, le peuple était serf de fait. Or, partout où le peuple, classe la plus nombreuse de la société, est privé de la faculté d'acquérir et de posséder, la population est nécessairement faible, languissante, et s'accroît d'autant moins, que les moyens d'existence sont plus bornés. Le gouvernement théocratique des Druides était soupçonneux et cruel : sa puissance était plus particulièrement fondée sur la superstition, monstre au visage sanglant. Le despotisme, et celui religieux est le plus affreux de tous, donnait les mains à l'ignorance, qui marchait le serre-file de la crainte. Ces deux grands leviers politiques agissant simultanément comme cause et comme effet, comprimaient le peuple, et le retenaient captif dans le réseau de fer dont on avait su l'envelopper. Le gouvernement croyait alors, ou plutôt feignait de croire, que le fanatisme pouvait être utile à la cause du pouvoir, qui fut mal entendue. On ferma les yeux sur la nature des moyens employés; et le peu d'énergie qui existait dans les esprits se concentra dans un égoïsme et dans une espèce d'indifférence stoïque. Les Druides avaient cependant parfaitement compris que les chaînes religieuses pouvaient devenir insuffisantes dans certaines circonstances extraordinaires qu'il est impossible de prévoir; et qu'il était alors d'une sage et prudente politique de s'assurer d'avance cette autre protection, toujours plus efficace, que garantit la force des armes. Ils consentirent donc un traité secret d'intérêts et d'union avec la noblesse; pour en cimenter invariablement et irrévocablement les clauses, le clergé permit à celle-ci de participer à l'empire absolu qu'il avait conquis sur la classe inférieure. Ainsi trop de causes réunies, et toutes également fortes, s'opposaient réciproquement à l'accroissement de la population.

II. Tel était l'état physique, politique et moral de la Gaule, lorsque César y porta les armes romaines. Le premier avantage qui résulta de la conquête fut, pour le pays, le renversement d'un gouvernement oppressif. L'encouragement donné à l'agriculture, l'activité du commerce, la facilité des communications, l'introduction des arts, dessillèrent bientôt les yeux, et firent promptement sortir les esprits de l'état de torpeur dans lequel ils avaient trop long-temps croupi. Chacun chercha séparément les moyens de s'arracher à cet engourdissement, compagnon de l'indolence et de la misère. On ne craignit plus de se voir renaître, parce qu'on se ménagea les moyens de pourvoir facilement aux besoins d'une famille naissante. L'aisance se répandit dans toutes les classes de la société. La fertilité mieux connue, ou mieux appréciée du sol de l'Aquitaine, y concourut puissamment, si même on ne doit pas la regarder comme la cause première de la fortune générale. On ne rencontrait, dans toute cette province romaine, aucun mendiant de l'un ou l'autre sexe, dont les haillons dégoûtans sont dans tous les tems, et dans tous les pays, une satire publique du gouvernement qui les tolère. Les habitans, sans exception, étaient, dans le quatrième siècle, décemment et proprement vêtus (1). A la même époque,

(1) Tersi tamen pari diligentiâ cuncti et mundi :

leurs repas d'apparat se distinguaient même par la propreté du service et l'élégance qui régnait dans les salles-à-manger (2). Mais, si le luxe est la conséquence ordinaire de la richesse, il n'en est pas moins aussi une preuve certaine de la dégradation de l'esprit; à sa suite marchent l'attrayante volupté, qui tue l'énergie, et la dépravation des mœurs que Salvien, dans un énergique tableau, reprochait particulièrement aux Aquitains (3), et dont Raoul Glaber faisait encore

---

nec in tractibus illis, maximèque apud Aquitanos poterit aliquis videri, vel femina, licet perquàm pauper, ut alibi, frustis squalere pannorum. (*Amm. Marcell.*, L. XV, C. XII.)

(2) Tunc illud apud Aquitanos evenit, quod latior fama vulgarat : Veterator quidam ad lautum convivium rogatus et mundum, qualia sunt iis regionibus plurima, cùm vidisset linteorum toralium par, duos clavos ità latissimos, ut sibi vicissim arte ministrantium cohærerent, mensamque operimentis paribus textam : anteriorem chlamydis partem in utrâque manu vehens, intrinsecùs structuram omnem ut amictus adornaverat principales quærens, patrimonium dives evertit. (*Amm. Marcell.*, L. XVI, C. VIII.) Hauteserre (*Rer. Aquit.*, L. V, C. III, p. 314) *a commenté ce passage d'une manière qui me paraît bien singulière.*

(3) Aquitani..... In omnibus quippè Galliis sicut

une peinture peu avantageuse vers le com-

divitiis primi fuere, sic vitiis. Nusquam enim improbior voluptas, nusquam inquinatior vita, nusquam corruptior disciplina.... Apud Aquitanicos verò, quæ civitas, in locupletissimâ ac nobilissimâ suî parte, non quasi lupinar fuit? Quis potentum ac divitum non in luto libidinis vixit? Quis non se barathro sordidissimæ conluvionis immersit?.... Quis non conjugem in numerum ancillarum redegit?.... ut nulla in domo ejus vilior videretur in maritali despectione, quàm quæ erat princeps matrimonii dignitate..... Quis autem Aquitanorum divitum non hoc fuit? Quem non sibi ancillæ impudissimæ aut adulterum aut maritum jure dixerunt?... Equi enim emissarii, ut propheta ait, in feminas facti sunt. Unusquisque enim ad uxorem proximi hinniebat.... Hi autem verè ut emissarii equi non ad paucos tantùm, sed penè ad omnes vernulas suas, id est, quasi ad greges proprios hinniebant, et in morem eorum pecudum, qui mariti gregum appellantur, fervidæ libidinis debacchatione grassantes, in quâcumque eos primùm feminam ardens impudicitiæ furor traxerat, inruebant... Ex quo intelligi potest, quantum coenum impudicarum sordium fuerit, ut sub impurissimis dominis castas esse, etiam si voluissent, feminas non licebat.... Adde autem quod hæc, ut dixi, faciunt jam senes; adde quod pauperes... Cùmque ob impurissimam vitam traditi à Deo barbaris fuerint; impuritates tamen ipsas inter barbaros non relinquunt... Esse inter Gothos non licet scortarem Gothum (*il peut bien y avoir un peu d'exagération ou de flat-*

nencement du onzième siècle (1). Sur la fin
du huitième, Charlemagne fit revenir près de
lui Ludwig, son fils, créé roi d'Aquitaine dès
sa naissance; dans la crainte, entre autres
motifs, qu'il ne prît quelque chose des mœurs
habituelles de ce royaume (2). Cette dépra-

terie dans cet éloge), soli inter eos præjudicio na-
tionis ac nominis permittuntur impuri esse Romani....
et miramur, si terræ vel Aquitanorum, vel nostro-
rum omnium à Deo Barbaris datæ sunt, cùm eas
quas Romani polluerunt fornicatione, nunc mundent
Barbari castitate. (*De Gubern. Dei*, L. VII, *apud Max.*,
Bibl. Patr., T. VIII, p. 369, 370.)

(1) Olim igitur circà millesimum incarnati Verbi
annum, cùm rex Robertus accepisset sibi reginam
Constantiam à partibus Aquitaniæ in conjugium,
cœperunt confluere genera ejusdem reginæ in Fran-
ciam, atque Burgundiam, ab Averniá et Aquitaniá
homines omni levitate vanissimi, moribus et veste
distorti, armis et equorum phaleris incompositi, à
medio capitis nudati, histrionum more barbis rasi,
caligis et ocreis turpissimi, fidei et pacis fœdere om-
ninò vacui, quorum itaque nefanda exemplaria heu
proh dolor! tota gens Francorum, nuper omnium
honestissima, ac Burgundionum sitibunda rapuit,
donec omnis foret nequitiæ et turpitudinis illorum
conformis. (L. III, c. IX, *apud Bouq. Loc. dict.*,
T. X, p. 42)

(2) Inter quæ cavens ne aut Aquitanorum populus

tion de mœurs qui descendit, par une conséquence naturelle et inévitable, de la haute classe de la société dans les inférieures; cette caducité précoce des hommes, durent, sans aucun doute, concourir promptement à arrêter les progrès d'une population qui ne s'était élevée graduellement, pendant deux siècles environ, que pour retomber plus rapidement. D'autres causes non moins destructives y concoururent encore : 1° Les Romains incorporèrent dans leurs armées la fleur ou la portion la plus vigoureuse des habitans; 2° la progression effrayante et toujours croissante de l'impôt; 3° les guerres continuelles dont la Gaule devint le théâtre, depuis la dernière moitié du quatrième siècle; 4° l'invasion des Barbares, et leur établissement, dans le pays, à main armée.

II. L'AGRICULTURE. Elle fut florissante en Poitou, tout le tems probablement que la Gaule

---

propter ejus longum abscessum insolesceret, aut filius in tenioribus annis peregrinorum aliquid disceret morum, quibus difficulter expeditur ætas semel imbuta, misit et accersivit filium jam benè equitantem. (*Vit. Lud. Pii, apud Bouq. Loc. cit.*, T. VI, p. 89, B.)

jouit de la tranquillité. Nous rapporterons, dans un autre endroit, un passage de Pline, justificatif de ce fait; et cependant il importe d'observer que, à l'époque à laquelle cet auteur écrivait, le Haut-Poitou, c'est-à-dire, la partie de la province où le sol est le plus maigre, était plus particulièrement cultivée. La majeure partie du territoire qui forme aujourd'hui la circonscription des départemens des Deux-Sèvres, de la Vendée, et une portion de celui de la Loire-Inférieure ne devait être que faiblement exploité. Il était généralement couvert, comme je l'ai déjà dit, de forêts, de landes, de marécages et de laisses. Paulin, dans une de ses lettres à Ausone, préfet des Gaules, en 379, le félicitait de la fertilité de ses champs du Poitou (1). Salvien, auteur du cinquième siècle, exaltait encore l'étonnante fécondité de

---

(1) Vel, quia Pictonicis tibi fertile rus viret arvis,
Romanum Ausonias hùc devexisse curules
Conquerar. (Epist. iii, 578; ed. Vinet.)
Je soupçonne, d'après ces vers, que les domaines que possédait, en Poitou, l'ancien précepteur de l'empereur Gratien, étaient situés dans les environs de Rom, sur la voie qui de Saintes conduisait à Poitiers.

l'Aquitaine (1). C'est, sans doute, à cette fécondité qu'il faut attribuer la supériorité sur les autres peuples de la province romaine, que partageaient les Poitevins avec les Saintongeois, les Berruyers et les Auvergnats (2). Sans doute, le Poitou dut faire des pertes sensibles, lorsque Domitien ordonna d'arracher les vignes; mais l'édit de Probus, qui permit de les replanter, donna la facilité de réparer le mal (3). L'affaiblissement des produits agri-

(1) Nemini dubium est Aquitanos ac Novempopulos medullam ferè omnium Galliarum : et uber totius fæcunditatis habuisse ? Nec solùm fæcunditatis, sed quæ preponi interdùm fæcunditati solent, jucunditatis, voluptatis, pulchritudinis; adeò illic omnis admodùm regio aut intertexta vineis, aut florulenta pratis, aut distincta culturis, aut consita pomis, aut amœnata lucis, aut inrigua fontibus, aut interfusa fluminibus, aut crinita messibus fuit; ut verè possessores ac domini terræ illius portionem, quàm paradisi imaginem possedisse videantur. (*De Gubern. Dei*, L. VII, *Loc. dict.*, T. VIII, p. 369, col. 1.)

(2) In Aquitaniâ.... omissis aliis multis, Burdegalâ et Averni excellunt, et Santones et Pictavi. (*Amm. Marcel.*, L. XV, C. XI.)

(3) *Vide Vopisc. in Prob.*, *apud Hist. aug. scrip.*, p. 354, éd. de 1603, *cum notis Isaac. Casaub.*, p. 544; *Eutrop. brev.*, L. IX, C. XV, *apud Hist. rom.*

coles devint ensuite une conséquence inévitable de la quotité de l'impôt, des vices de son assiette et de sa répartition; des folles dépenses de la cour; de la mauvaise administration du trésor public; des concussions et des brigandages des délégués du prince dans les provinces; des rapines, des vexations, de l'avidité insatiable des traitans; de la difficulté, et bientôt de la nullité des débouchés; enfin, des invasions des Barbares. Le dernier coup porté à l'agriculture fut la conquête des Visigoths. La misère était déjà générale; elle fut portée à son comble, du moment que le propriétaire fut dépouillé des deux tiers de ses domaines par un vainqueur insolent. La culture de la portion afférente à celui-ci dut être singulièrement négligée : on ne consent pas volontiers à arroser de ses sueurs la terre qui nous est ravie par la seule force des armes, pas plus qu'à fournir à un gouvernement exécré des moyens, sinon de prospérité, au moins de conservation. Les premiers momens de la do-

---

scrip. Græc. min., p. 124; éd. de Francfort, 1590, in-fol.

-mination des Francs ne purent produire qu'un bien éphémère. C'est probablement vers cette dernière époque que s'établit, en Poitou, la sanguinaire coutume, d'après laquelle les gens puissans, soit par les dignités dont ils étaient ou avaient été revêtus, soit par le rang que leur fortune leur donnait dans la société, ne pouvaient, sous peine de confiscation juridique réclamer que par la voie des armes, la restitution de tous objets quelconques dont on aurait pu les dépouiller. Cette coutume ne subsista que trop long-temps : lorsqu'elle fut enfin abolie, on en revint au droit romain (1). Quelles qu'aient été les diverses circonstances dans lesquelles se soient trouvés les Poitevins, ils n'ont plus cherché, depuis la chute de l'empire romain dans la Gaule, les moyens de soutenir l'antique réputation de leur sol. L'agriculture est aujourd'hui loin d'avoir fait, dans l'ancienne généralité de Poitiers, des progrès au niveau des connaissances modernes. Le cultivateur campagnard est asservi beaucoup trop généralement aux prétendus principes

(1) *Vide Altes., Aquit. Rer.*, L. III, C. XVIII, p. 229.

d'une routine vicieuse, qu'on ne parvient que très-difficilement à lui faire abandonner.

III. Commerce. 1° Le commerce intérieur ne dut jamais être bien florissant dans le Poitou, parce que cette province manquait de rivières navigables, excepté vers l'embouchure de quelques-unes. Il faut cependant faire une exception à l'égard des *Lemovices Armoricani*, dont le territoire bordait la Loire et l'Océan, comme nous le verrons. Du moment que la Grande-Bretagne commerça avec Marseille et Narbonne, les retours de ces deux villes se firent par trois routes différentes, dont la plus fréquentée, peut-être, était par la Loire, que l'on descendait jusqu'à son embouchure (1). Ce ne dut être qu'après la création des *viæ* ouvertes par les Romains, que tous les Poitevins, indistinctement, purent se livrer à quelques spéculations mercantiles, non point d'abord à leur compte particulier, mais simplement en qualité de courtiers ou commissionnaires de leurs vainqueurs (2), à moins que ceux-ci,

---

(1) *Strab.*, l. iv, p. 186
(2) Tunc enim referta Gallia negotiatorum erat,

chose assez difficile à croire, ne leur prêtassent généreusement leur nom. Si cette gêne, ou les obstacles opposés, dès le principe, au développement de l'industrie des naturels de la Gaule. vinrent à cesser entièrement, ce ne put guère être qu'assez tardivement, et déjà sur le premier déclin des beaux jours de l'empire romain (1); à une époque beaucoup trop voisine de celle à laquelle les hordes du nord, ou généralement parlant les Barbares, comme on les nommait alors, commencèrent à se disputer les lambeaux ensanglantés de Rome dégénérée. Il est, en outre, présumable que le commerce devint de plus en plus languissant, du moment où le gouvernement voulut partager le fruit personnel de l'art et du travail (2); et que, d'après son autorité absolue,

---

plena civium romanorum, et nemo Gallorum sine cive romano quidquam gerebat negotii : ne nummus quidem in Galliâ sine civium romanorum tabulis commorabatur. (*Flor. Gall.*, L. IV. C. VI.)

(1) Lorsque tous les habitans des *Provinces* furent déclarés citoyens romains. (*Vide Altes.*, *Loc. dict.*, L. III, C. III, p. 180 *et seq.*)

(2) *Vide ci-après*, n° VII, Impôt.

il imposa arbitrairement tous ceux de ses sujets qui se livraient à cette profession. Enfin, l'altération des monnaies au coin de Valentinien III; de Gondesigèle, frère de Gondebaud, roi de Bourgogne; plus particulièrement encore de celles frappées à Toulouse à l'effigie d'Alaric II (1), durent consommer la ruine du commerce. 2° L'Océan, qui bordait les côtes de l'ancien Poitou, facilita à la population qui y était fixée, les moyens de se livrer d'assez bonne heure à la navigation, et de pouvoir s'y rendre habile pour le tems. La pêche habituelle des huîtres (2) suffisait seule pour donner aux habitans le goût de la marine, et par suite celui du commerce maritime, que durent propager, favoriser et étendre, les relations suivies de Narbonne et Marseille avec la Grande-Bretagne, comme je l'ai déjà dit; ensuite la commodité et la sûreté qu'offrait un port sur la côte même de la province, le *Secor por-*

---

(1) *Cod. Burg.*, *Add.* II, *leg.* VI.

(2) Sunt et Armorici qui laudant ostrea ponti,
  Et quæ Pictonici legit accola littoris.
       (Auson., Epist. XIII, v. 35, 36; ed. Vincl.)

tus (1). Nous voyons, au surplus, les vaisseaux des Pictons employés par César dans son expédition contre les Venètes (2).

IV. Manufactures. Celles de Poitou, sans jouir d'une grande réputation à l'époque de 1789, étaient cependant plus florissantes et plus nombreuses (3) que de nos jours. Les

---

(1) *Vide* les notes du ch. 1, ci-après.

(2) *De Bell. Gall.*, l. III, c. XI.

(3) Pour donner une idée juste de l'industrie manufacturière de la généralité de Poitiers, qui ne comprenait pas tout le Poitou ancien, je transcrirai ici le tableau, qui ne peut paraître déplacé, des diverses natures de la fabrication, et des localités où l'on s'y livrait particulièrement. Il est impossible de fixer, même approximativement, l'époque première de l'établissement de ces manufactures; mais elle doit remonter à une assez haute antiquité.

Etat des lieux principaux de fabrique d'étoffes, avec les noms et qualités de ces étoffes.

Airvault. Serge-deux-laines, serge-étaim-sur-étaim, serge-étaim-sur-laine, drap-frison.

Argenton-Château. Tiretaine-trois-marches, coutil.

Azais. Tiretaine-trois-marches.

Breuil-Baret. Sergette, drap façon de Coulonges.

Bressuire. Tiretaine-deux-marches.

étoffes qui s'y fabriquèrent dans le principe ne purent être fort variées, parce que les deux

Châtelarcher. Serge-deux-laines, revêche.
Châtellerault. Idem.
Cellevécault. Serge-deux-laines.
Charroux. Idem.
Chauvigny. Serge de laine, revêche.
Châtillon-sur-Sèvre. Tiretaine-trois-marches, boulanger.
Cheffois. Cadisé ou sergette, campe.
Couhé. Serge de laine.
Coulonges. Sergette, drap-frison.
Civrai. Serge de laine.
Fontenai-le-Comte. Drap large, drap étroit, étamine.
Gençai. Serge-deux-laines, revêche.
La Chateigneraie. Sergette, campe, revêche, droguet-sur-laine.
La Meilleraye. Tiretaine, droguet.
La Motte-Saint-Héraye. Ras, serge-deux-laines, frison.
La Tessouale. Toile changeante, demi-fil, toile à robes, toile d'usage, toile rousse, mouchoirs.
Latillé. Comme à Poitiers, ci-après.
Les Herbiers. Drap, toilin.
Lusignan. Ras blanc, serge-deux-laines.
Melle. Serge-deux-laines, boulanger.
Moncoutant. Tiretaine-trois-marches.
Mouilleron. Sergette, boulanger.
Niort. Pinchinat croisé.

sexes s'habillèrent long-temps uniformément d'une pièce de drap très-grossier (1), qu'on

Parthenai. Pinchinat-sur-laine, pinchinat-sur-fil, sergette.

Poitiers. Ras, étamine, étaim-sur-étaim-laine, serge-deux-laines, bas et bonnets de laine au tricot.

Pouzauge. Drap, tiretaine bouillie, tiretaine-trois-marches, serge.

Saint-Mesmin. Tiretaine, droguet.

Saint-Maixant. Ras, serge, bas et bonnets de laine au tricot.

Saint-Pierre-du-Chemin. Sergette, droguet.

Saint-Loup. Comme à Airvault, d'autre part.

Secondigny. Tiretaine-trois-marches.

Thouars. Serge-deux-laines, étamine-laine, ras

Vernou. Sergette, tiretaine, boulanger.

Vivône. Serge-deux-laines.

Les produits de ces fabriques s'élevèrent, en 1773, à 2,511,199 liv., et, en 1774, à 2,652,556 liv., non compris la valeur des toiles de chanvre et de lin, non livrées au commerce, (cette dernière plante se cultive très-particulièrement dans le Bas-Poitou), que les habitans font ouvrager pour leur usage personnel; ou que les tisserans, répandus dans les campagnes et dans les villes, confectionnent pour en opérer directement la vente aux particuliers. (*Aff. de Poitou du* 19 *octobre* 1775, n° 42, pag. 174, 175.)

(1) C'est le même qui, perfectionné, fut connu sous le nom de Tiretaine, et dont la fabrication était encore dominante en 1789.

ne fit même teindre que tard (1) et rarement. La laine, matière première, était commune, conséquemment à vil prix. En effet, on élevait une très-grande quantité de brebis dans l'Aquitaine : leurs toisons servaient à tisser l'étoffe de l'habillement que saint Grégoire-le-Grand, promu au siége de Rome, en 590, appelle *vestis Aquitanica* (2); qu'il ne faut point confondre avec le *sagum Gallicum*, vêtement à manche, d'un usage général, ressemblant en tout point à celui connu sous le nom de *blouse* ou *blaude*, et qui me paraît avoir été le type primordial de la chemise qui lui a succédé. On en voit la figure exacte dans Siauve :

---

(1) Les femmes de la campagne, aux environs de Poitiers, ont encore conservé la coutume de se couvrir le tronc du corps, en-dessus de leur habillement, du *braxès* ou pail, espèce de manteau d'une couleur uniforme et le plus ordinairement rayée, que portèrent primitivement et uniquement tous les peuples keltes. Ce manteau consiste dans un morceau d'étoffe en laine d'environ une aune de long, qu'elles jettent sur leurs épaules et croisent un peu sur la poitrine; mais il n'a plus la forme carrée.

(2) *Grég I. P., Epist.,* L. VI, n° CCI, *ad Eulog. ép. Alexand.*

elle est tirée d'un sarcophage trouvé à Civaux, commune du département de la Vienne (1). Le *cucullus*, capuchon, ou cuculle qui servait à garantir la tête des intempéries de l'air ; le *bardocucullus*, ou manteau à capuchon, dont on faisait usage dans les voyages, furent d'abord particuliers aux Aquitains : Rome leur emprunta ce dernier. Juvénal (2) et Martial (3) lui donnent l'épithète de *Santonicus*. Les marins des côtes de Saintonge, du pays d'Aunis, de Poitou, etc., se servent aujourd'hui d'une espèce de redingote à manches et à capuchon, qui descend jusqu'aux talons. Ce n'est point là l'ancien *bardocucullus*, qui se jetait simplement sur les épaules, et enveloppait le corps à volonté, en laissant les bras libres. Sa forme première s'est parfaitement conservée dans celle de la *cape* que portent encore indistinctement la majeure partie des femmes qui habitent la campagne, et les hommes même, lors de la pluie, dans certaines localités (4). La

(1) *Antiq. du Poit.*, pag. 55 et pl. 5.
(2) *Satire* VIII, v. 147.
(3) L. XIV, *épigr.* CXXVIII.
(4) Dans l'ancien territoire des *Agesinates*, parti-

cape est, je le crois fermement, cette *vestis Aquitanica*, dont saint Grégoire-le-Grand, déjà cité, envoya six rechanges à Eulogius, évêque d'Alexandrie. La *caracalle* dont Antoninus Bassianus apporta la mode à Rome, n'était également dans l'origine que le *bardocuculle* dont cet empereur changea la forme, en faisant d'une casaque une robe traînante, que les Romains adoptèrent, et qu'ils appelèrent, du nom de l'introducteur de cette mode, *Antoninianæ*. Il me paraît, enfin, que le *bardocuculle* se portait indifféremment tout aussi bien sans, qu'avec le capuchon, qui était peut-être mobile. Je trouve une preuve de cette opinion dans le dessin pratiqué sur la table tumulaire, ou pierre servant de couverture à un sarcophage, qui existait dans la chapelle au nord du cimetière de *Civaux*; table qui, d'après les apparences, a dû appartenir primitivement à un plus antique monument

culièrement aux *Sables d'Olonne* le capuchon de la cape des femmes est remplacé par de gros flocons de laine cardée, qui descendent jusqu'au milieu du dos, en forme de garniture arrondie.

sépulcral Gaulois, ainsi que l'a soupçonné Siauve (1); à raison de ce que la figure, d'après le nouvel usage que l'on fit de la table, se trouvait renversée de dehors en dedans du tombeau. Le manteau qui couvre les épaules de la figure représentée *planche 4 des Antiquités du Poitou*, ne porte point de cuculle, et il ne dépasse point le genou (2); il ressemble très-parfaitement à la *limousine* (3), dont se servent les voituriers, les blatiers et généralement tous les conducteurs quelconques, même de bétail, pour s'abriter le corps des diverses intempéries de l'air.

V. Arts mécaniques. Je ne comprends ici

---

(1) *Loc. dict.*, p. 33.

(2) Ces deux monumens locaux, dont Siauve a donné le dessin, *planches* 4 et 5 de son ouvrage, sont très-précieux, et doivent servir à corroborer l'opinion que j'émettrai sur l'usage primitif du local connu sous le nom de *plaine de Civaux*. *Vide* ci-après.

(3) Le Limousin faisait partie de l'Aquitaine première; le nom actuel de *limousine* peut bien provenir de ce que ce manteau, *vestis Aquitanica*, se fabriquait primordialement et plus particulièrement dans le territoire des *Lemovices* que partout ailleurs.

sous ce nom, que les arts du tuilier, du potier, et la construction des bâtimens. Les Keltes, ou Gaulois, n'avaient pas la plus légère notion des deux premiers, avant la conquête romaine. Leur introduction dans la Gaule fut un des bienfaits d'Auguste, et d'Agrippa, son gendre. I° Je ne puis parler, avec connaissance de cause, des ouvrages de tuilerie qui pourraient encore, et qui doivent, très-vraisemblablement, se trouver dans le Poitou : je ne me suis point livré à leur recherche, quelque intéressante qu'elle soit sous plusieurs rapports. Cette étude difficile nécessite d'ailleurs des fouilles multipliées et dispendieuses : il n'appartient pas indistinctement à tout le monde de pouvoir les entreprendre. *Non datur omnibus adire Corinthum.* J'observerai seulement que le Poitou est une vaste mine, vierge encore, susceptible d'être exploitée avec un espoir fondé de succès, du moment que son explorateur aura acquis des données positives sur le gisement des localités, dont il importe essentiellement d'interroger les ruines souterraines. Un examen approfondi des divers aquéducs qui conduisaient anciennement des eaux à Poitiers, procurerait également de grandes lumières sur l'art du tuilier : j'abandonne cette tâche à quelque amateur zélé de la science, en lui rappelant que les découvertes ne sont satisfaisantes et profitables, qu'en proportion de l'instruction de ceux qui s'y livrent. Savoir étudier, et apprécier les monumens, ne s'improvise pas, comme trop de gens pourraient se le figurer follement. II° On a trouvé beaucoup de tessons de vase dans le local du nouveau séminaire du diocèse de Poitiers. Tous ceux que j'ai vus sont de fabrique purement romaine. Ils se distinguent aisément de celle gauloise, par la finesse du grain; le degré de cuisson; la solidité du vernis; la pureté du dessin qui orne la panse du vase. La pâte est une véritable *terra campana*. On lit sur quelques-uns de ces tessons le nom de l'ouvrier, ou plutôt du maître de l'atelier. A l'aide de fouilles bien dirigées, il serait possible, je crois, de parvenir à composer l'histoire de l'art du potier en Poitou, jusqu'à nos jours. III° Le *temple de S. Jean*, et les murs de l'enceinte visigothe de la ville de Poitiers, donnent une idée juste de l'état où se trouvait la maçonnerie dans la province, sur la fin du cinquième siècle.

VI. Mines. Le Poitou n'est point dépourvu de mines, 1° de fer. Les Gaulois en faisaient usage pour garnir leur *Cateia*, leur *Mataris*, armes de trait; leur *Gessa*, espèce de pique, ou lance. Deux bourgs de la province indiquent, par le nom qu'ils portent, la Ferrière, *Ferraria*, que leur territoire fournissait du minerai de fer. Cependant je ne trouve dans l'histoire aucune preuve de sa mise en œuvre, avant le règne de Philippe-Auguste. L'acier très-fin que l'on fabriquait alors en Poitou, était fort renommé : il s'employait, préférablement à tout autre, pour la confection de certaines parties de l'armure d'un Écuyer (1). II° Le plomb *sulfuré argentifère* se rencontre aussi dans la province. L'ancienne mine de ce métal, près de Melle, paraît avoir été connue et exploitée à une époque reculée, à en juger par quelques traces indicatives

---

(1) *Mill.*, *Hist. litt. des Troubad.*, t. ii, p. 299.

que l'on remarque dans ses excavations profondes. Peut-être même fournit-elle la matière des deniers d'argent frappés sous Charles-le-Chauve, dans cette petite ville, qui existait déjà au plus tard dès le sixième siècle, et qui était située sur la *via* de Saintes à Poitiers. Dans cette supposition, j'ai peine à me persuader que la découverte des minières de Melle ne remontât pas au tems de la possession romaine, à raison du peu de connaissances scientifiques en tous genres, qui se faisait sensiblement remarquer sous les petits-fils de Charlemagne. J'inclinerais donc à penser que l'on ne fit alors, plus probablement, que continuer une exploitation en activité, et dont les procédés étaient déjà familiers aux ouvriers attachés à l'établissement.

VII. Impôt. L'impôt est une redevance que chaque citoyen paie à l'Etat, pour prix de la protection qu'il lui accorde. César, après la conquête de la Gaule, n'avait réglé cet article que d'une manière en quelque sorte provisoire. Les guerres civiles, qui s'allumèrent presqu'aussitôt entre les *cités;* la première révolte de l'Aquitaine, en l'an de Rome 716, étouffée par Agrippa (1); celle de 726, qui valut à Messala les honneurs du triomphe (2); décidèrent Auguste à procéder à une nouvelle division de la Gaule, pour couper le mal dans sa racine. Il statua sur cet objet important dans l'assemblée tenue à Narbonne, en 727 (3). La nature de l'impôt, et sa quotité, furent déterminés d'une manière fixe et précise : mais si le mode de l'assiette ne varia

---

(1) *Appian. Alex., De bell. civil.*, L. v, p. 725, éd. de H. Etienne, 1592, in-fol.; *Dio Cass.*, L. LIII, p. 512, éd. de 1606, *Hanoviæ*; *Eutrop. Breviar.*, L. VII, c. IV, *apud Hist. Rom. script. Græc. min.*, p. 105, éd. de Francfort, 1590.

(2) Hunc fore Aquitanas posset qui fundere gentes,
　　Quem tremeret forti milite vinctus Atur.
Evenere, novos pubes Romana triumphos
　　Vidit, et evinctos brachia capta Duces.
At te victrices lauros Messala gerentem
　　Portabat niveis currus eburnus equis.
Non sinè me est tibi partus honor, Tarbella Pyrene,
　　Testis et Oceani littora Santonici.
Testis Arar, Rodanusque celer, magnusque Garumna.
　　Carnuti, et flavi cœrula limpha Liger.
　　　　　　　　　(TIBULL., L. 1, Eleg. VIII.)
Gentis Aquitanæ celeber Messala triumphis
　　Et magna intonsis gloria victor avis. (*Ibid.* II, Eleg. 1.)

(3) En 726, suivant dom Bouquet.

plus dans la suite des tems, il n'en fut pas de même de la masse, ou principal de la redevance exigée. Le tribut annuel de l'Aquitaine était *réel* et *personnel* : l'impôt *réel* portait sur les biens fonds; l'impôt *personnel* se répartissait sur chaque habitant.

I. L'*impôt réel* se payait en nature : son versement, dans les endroits déterminés par le prince, était aux compte et risques du cotisé, qui perdait sa propriété, lorsqu'il n'en acquittait pas les charges envers le fisc. Ce mode de paiement et de libération était infiniment vicieux sous différens rapports : il pouvait même compromettre le salut de l'État, en ce que, par le défaut quelconque de versement, il entravait la marche du gouvernement dans des circonstances importantes qui demandaient de la vigueur et de la célérité, notamment en cas de guerre inopinée, de soulèvemens, ou d'irruptions de la part d'un peuple voisin. En 354, l'empereur Constance attendait à Valence le versement des grains provenant des redevances de l'Aquitaine, pour entrer en campagne contre les Allemands qui avaient commis beaucoup de dégâts dans leurs fréquentes incursions sur les frontières de la Gaule (1). Au commencement de juillet 558, époque à laquelle les Gaulois commençaient leurs expéditions militaires, Julien s'inquiétait du retard qu'éprouvait le transport du tribut en nature de l'Aquitaine, qui ne pouvait lui parvenir avant que les chaleurs de l'été eussent rendu les routes praticables; retard qui l'empêchait de marcher en avant, et de pénétrer sur le territoire des Francs (2). Si le gouvernement se voyait ainsi exposé à des inconvéniens d'une nature d'autant plus grave,

(1) Constantius consulatu suo septies, et Cæsaris ter, egressus Arelate Valentiam petit, in Gundomadum et Vadomarium fratres Alamannorum reges arma moturus, quorum crebris excursibus vastabantur confines limitibus terræ Gallorum. Dùmque ibi diù moratur, commeatus operiens, quorum translationem ex Aquitaniâ verni imbres solitò crebriores prohibebant, auctique torrentes, etc. *Amm. Marcel.* L. XIV, C. X.

(2) At Cæsar hiemem apud Parisios agens..... opperiensque Julium mensem, undè sumunt Gallicani procinctus exordia, diutius angebatur. Nec enim egredi poterat, antequàm ex Aquitaniâ, æstatis remissione solutis frigoribus et pruinis, veheretur annona. *Amm. Marcell.*, L. XVII, C. VIII.

qu'ils étaient subordonnés à la variation des saisons, qu'on ne pouvait ni prévoir, ni combattre; la charge du transport était, d'un autre côté, singulièrement accablante pour le redevable. Un passage de la vie de saint Illier nous en fournit une preuve remarquable. Le saint évêque d'Auvergne avait, sur la fin du quatrième siècle, chassé du corps de la fille du tyran Maxime, le démon qui l'obsédait et la tourmentait cruellement. Cet empereur *de fait* offrit, par reconnaissance, au médecin spirituel de sa famille, une immense quantité d'or et d'argent. Le prélat la refusa. Il se borna à obtenir du prince la conversion en argent de l'impôt que sa *cité* payait en blé et en vin; redevance dont elle ne pouvait effectuer le transport à Trèves, dans le palais impérial, qu'avec une extrême difficulté (1).

II. L'*impôt personnel*, ou capitation, était bien autrement vexatoire que celui *réel*. Il se répartissait arbitrairement, d'après les facultés présumées des individus. On réunis-

(1) *Greg. Turon. Vit. patr.*, c. 11, n° 1, col. 1153, 1154; ed. Ruin.

sait plusieurs pauvres citoyens pour ne former qu'une seule *tête*; tandis qu'un riche propriétaire représentait plusieurs de ces *têtes* imaginaires. Sidoine Apollinaire, dont la fortune était considérable, sollicitait la remise ou la décharge de trois de celles dont il était grevé (1). Chaque cote-part, ou fraction de *tête*, répondait pour la cote intégrale; comme chaque *tête* pour la masse entière, ou le nombre de *têtes* inscrites sur la matrice cadastrale. Il résultait de ces solidarités respectives une variation continuelle dans le montant de la somme à supporter en principe, parce que le taux de chacune des *têtes* et de leurs fractions finissait par devenir si élevé, qu'il était impossible, ou du moins extrême-

---

(1) Geriones nos esse puta, monstrumque tributum
   Hic capita ut vivam tu mihi tolle tria. CARM. XIII.

Les décurions et les autres nobles, *honorati*, ceux qui occupaient ou avaient occupé des charges publiques (on distinguait les *honorati* en trois classes: *Illustres*, *Spectabiles*, *Clarissimi*), étaient exempts de cette sorte de capitation. (Vide *Cod. Theod. leg.* 2 *de Protost.*, 36 *de Decur.*; *Arcad.*, l. 18, *de Muner.*)

ment difficile d'en opérer la perception, en raison de l'insolvabilité résultant du mode arbitraire et vicieux de l'assiette de l'impôt. Sous Caracalla, le tribut ordinaire de chaque tête fut de dix *aurei* : Alexandre Sévère n'exigea que le trentième de cette somme (1). Ce soulagement paraît n'avoir été que momentané : il fallait que la charge fût redevenue bien forte, en 309, puisqu'Eumène, dans son panégyrique prononcé cette année à Trèves, devant Constantin, exalte la bonté généreuse de cet empereur, qui avait fait remise à la cité d'Autun de sept mille *têtes* de capitation (2)

---

(1) *Lampr. in Alex., apud Hist. Aug. script*, p. 191 ; ed. Casaub., 1603.

(2) Septem millia capitum remisisti..... Remissione istà septem millium capitum, viginti quinque millibus dedisti vires, dedisti opem, dedisti salutem. (*Paneg. ad Const.*, c. xi, *apud D. Bouq. Rec. des hist. des Gaul.*, t. 1, p. 720.) La note de dom Bouquet sur ce passage ne me paraît pas satisfaisante. Il observe qu'il ne résulte pas de cette remise de sept mille têtes, ou parts de cens, qu'un même nombre de citoyens furent affranchis de la capitation ; mais que vingt-cinq mille cotes-parts ou fractions de têtes cotisables furent réduites à dix-huit mille. Cela reviendrait toujours au même ; le soula-

Le taux en était remonté à vingt-cinq *aurei*, en 356, époque à laquelle Julien vint prendre le gouvernement de la Gaule. Ce prince l'avait réduit à sept seulement, avant de quitter cette province (1). III. La contribution lustrale,

gement n'eût tourné, par le fait, qu'au profit de sept mille imposés. Ce n'est point là, d'après mon opinion, le véritable sens de cette partie de la phrase : *remissione istâ septem millium capitum, viginti quinque millibus dedisti vires, dedisti opem, dedisti salutem.* Je pense que le panégyriste a voulu dire que le montant de la cotisation réunie de sept mille *têtes* tournait au dégrèvement général de vingt-cinq mille cotisés, à qui ce dégrèvement rendait de la fortune.

(1) Anhelantibus extremâ pænuriâ Gallis, hinc maximè claret; quod primitus partes eas ingressus, pro capitibus singulis tributi nomine vicenos quinos aureos reperit flagitari : discedens septenos tantùm, munera universa complentes. *Amm. Marcel.*, L. XVI, c. V. Suivant Gibbon (*Hist. de la déc. et de la ch. de l'emp. Rom.*, T. III, ch. XVII, p. 407, note 2, trad. de Guiz.; éd. de 1812), cinq de ces *aurei* étaient l'équivalent légal d'une livre d'argent, qui donne soixante-deux schellings à la fabrication. Or, le schelling représentant 1 fr. 25 c. de notre monnaie, il s'ensuit que vingt-cinq *aurei* qui valent cinq livres d'argent, ou trois cent dix schel-

ainsi nommée parce qu'elle se levait tous les quatre ans, ou la taxe assise sur l'industrie, offrait encore également, par sa nature, une répartition aussi arbitraire, que sa perception était rigoureuse; car la contrainte pour son paiement s'exerçait, au besoin, par des punitions corporelles (1). Ceux qui vendaient le produit de leurs domaines propres, jouissaient quelquefois, à la vérité, de certaines exemptions : mais elles étaient rigoureusement bornées à certains tems et à certains endroits. Toute espèce d'industrie quelconque, même dans le village le plus écarté, était soumis à une redevance envers le fisc. Le prince ne rougissait pas de participer au salaire infâme de la prostitution : Théodose n'y renonça (2) qu'après s'être assuré préalablement des moyens de combler ce déficit, par l'acceptation de l'offre que lui fit, à cet effet, le riche patri-

lings, font une somme de trois cent quatre-vingt-sept francs cinquante centimes, taux de chaque *tête* de capitation.

(1) *Cod. Theod.*, L. XIII, C. I et IV.
(2) Vide *Godef. ad Cod. Theod.*, L. XIII, tit. I, c. 1.

cien Florentinus de tous les biens qu'il possédait. Je passe sous silence d'autres taxes, telles que celles sur les legs et héritages, etc. : il n'entre point dans mon sujet de traiter à fond une partie aussi étendue que celle de l'impôt. Il me suffit d'exposer une des causes principales de la décadence et de la ruine de l'agriculture et du commerce dans l'Aquitaine, dont le Poitou faisait partie.

VIII. Belles-lettres. Antérieurement à la conquête de l'Aquitaine par les Francs, le Poitou ne peut s'enorgueillir d'avoir donné le jour à aucun autre personnage illustre dans les lettres, qu'à Saint-Hilaire-le-Grand, le *Rhône de l'éloquence latine*, suivant le témoignage du savant Saint-Jérôme (1). Ce prélat, justement célèbre dans l'église des Gaules,

---

(1) Quum et Hilarius latinæ eloquentiæ Rhodanus, Gallus ipse et Pictavis genitus, in hymnorum carmine Gallos indociles vocet. (*S. Hieron. Oper.*, т. iv, *Prolog.* in lib. ii, *Comment. in epist. ad Galat.*, c. iii, col. 255, 256 ; ed. de Martian., 1706.) Le même S. Jérôme dit ailleurs, en parlant de ce grand prélat, *Gallicano cothurno attollitur*. (*Ibid. epist. L. secunda ad Paulin.*, col. 567.)

est trop universellement connu, pour qu'il soit nécessaire de donner quelque notice sur sa vie et sur ses écrits. C'est par lui que les Bénédictins commencent la succession des évêques de Poitiers (1). Deux de ses prédécesseurs, ou successeurs, également recommandables, sont plus qu'incertains (2). Il est

(1) *Nova Gallia christiana*, т. II, *Eccles. Pictaviensis*.

(2) 1° Victorinus, honoré comme martyr. S. Jérôme lui attribue des *Commentaires* sur les *Dialogues de Cicéron* et les *Comédies de Térence*, et des *Interprétations* sur Origène. Il paraît qu'il s'exprimait difficilement (*quod intelligit eloqui non potest. Hieron. Oper.*, т. IV, *loc. suprad.*); son style manque d'élégance (*qui simplicitatem suam in eo probat, dum nulli molitur insidias. Ibid. Apol. adv. Rufin*, L. I, col. 351); et l'on cherche vainement de l'érudition dans ses ouvrages. (*In libris suis licèt desit eruditio, tamen non deest eruditionis voluntas. Ibid. epist.* LXXXIV *ad Magn.*, col. 656, 657). Besly prétend qu'il fut évêque de Poitiers (*Evêq. de Poit.*, p. 1); mais, suivant de Launoy, c'est au siége de Paderborn qu'il fut promu, opinion qui paraît mieux fondée. 2° S. Maxent, *Maxentius, Maximinus*. Hauteserre (*Rer. Aquit.*, L. V., C. II, p. 306, 307) et Besly (*Loc. dict.*, p. 6) le mettent aussi au nombre des évêques de Poitiers, sur la foi

au reste douteux que Saint-Hilaire ait reçu son éducation dans le chef-lieu de sa patrie. En le supposant même, cette circonstance

d'un ancien auteur de sa vie, qui a été publiée par Surius. On le fait descendre d'une famille noble, *senatorii ordinis*, de Poitou : il eut pour frère Maximin, évêque de Trèves. Paulin, un de ses disciples, qui lui succéda, vint en 353, à la tête d'une troupe choisie de son diocèse, chercher en Aquitaine, où il était décédé, le corps de son prédécesseur, qu'on lui disputa quelque tems les armes à la main. Besly, en rejetant comme évêque de Trèves, Maximin, prétendu frère de S. Maxent, dit ailleurs que, suivant la chronique de Tours, Philippe, évêque de Poitiers, procéda, le 11 octobre (le v des Ides) 1226, à l'élévation du corps de ce S. Maxent, *Maximinus* et non pas *Maxentius*, qui reposait dans le monastère de Sillé. (*Loc. dic.*, p. 134.) Je ne sais quel manuscrit a consulté Besly : le *Chronicon Turonense*, dont D. Martenne est le premier éditeur (*Veter. script. Coll. ampliss.*, T. v), ne dit pas un mot de ce fait sous l'année indiquée. Il est donc plus prudent de rejeter, avec les Bénédictins, ce S. Maxent du catalogue des évêques diocésains, quoiqu'il soit noté comme tel, ainsi que Victorinus, dans les *Notices* sur les *Litanies* des saints de la province (*apud Labbe, Nov. Biblioth.*, T. II, p. 728, 729) publiées par M. de Larochepozay, qui paraît avoir suivi généralement l'opinion de Besly.

seule ne suffirait pas pour en conclure la haute réputation de l'ancienne école de Poitiers, et je ne vois pas de quel témoignage on pourrait s'étayer pour la justifier. Sans doute la capitale du Poitou ne fut point dépourvue de professeurs, chargés de l'instruction de la jeunesse : Ausone en nomme deux particulièrement; mais il décoche contre un, Rufus le rhéteur, les traits mordans de l'épigramme (1); il s'arme contre le second, le grammairien Ammon Anastase, du fouet sanglant de la sa-

---

(1) *Imago Rufi rhetoris.*

Ore pulchro, et ore muto, scire vis, quæ sim ? Volo.
   Imago Rufi rhetoris Pictavici.
Diceret sed ille, vellem, rhetor hoc mi. Non potest.
   Cur ? Ipse rhetor est imago imaginis.
Epigram. L, n° 31.

De eâdem Rufi statuâ.

Rhetoris hæc Rufi statua est. Si saxea, Rufus.
   Cur id ais? Semper saxeus ipse fuit.
Epigram. LI, n° 32.

Vinet, dans ses commentaires sur la première épigramme (31 B), se demande si ce Rufus ne pourrait point être le même personnage que Sextus Rufus, auteur d'un petit abrégé de l'histoire romaine dédié à l'empereur Valentinien ?

tire (1). C'est à des époques plus modernes qu'il faut descendre pour voir briller l'école poitevine : ces époques n'appartiennent point à mon sujet. J'oserais croire que les études les plus suivies dans la province furent, très-particulièrement, celles du droit, science qui

(1) *Ammonio Anastasio, Grammatico Pictaviorum.*

>Et memora tenuem
>Qui rudibus pueris
>Prima elementa dabat,
>Doctrinâ exiguus,
>Sobrius et puerorum
>Moribus implacidis.
>Proindè ut erat meritum,
>Famam habuit tenuem:
>Burdigalæ hunc genitum,
>Et libertina
>Sacuro progeniem,
>Transtulit ambitio.
>Pauper ibi et tenuem,
>Victum, habitumque colens,
>Gloriolam exilem,
>Et patriæ, et cathedræ,
>Perdidit in senio.
>Sed tamen hunc noster
>Commemoravit honos :
>Pictonicæque dedit
>Pante et Anastasio
>Flebile musa melum :
>Ne pariter tumulus
>Nomen et ossa tegat.

Profess., n° xi, 155.

s'est implantée et naturalisée, en quelque sorte, dans le Poitou, et qui paraît y avoir jeté des racines profondes. Est-ce un bien, est-ce un mal, que cette impulsion donnée très-généralement à l'esprit de la jeunesse poitevine? L'instruction qui, notamment depuis quarante ans, a fait en France de si grands et de si heureux progrès, est bien loin d'avoir exercé une influence salutaire quelconque, sur le moral des campagnes superstitieuses de la ci-devant généralité de Poitiers. Je pourrais, à l'appui de cette assertion malheureusement trop véritable, en rapporter des preuves matérielles et authentiques : je dois les taire; dans la conviction où je suis, que la publicité des faits n'amenerait aucun résultat avantageux.

Qu'on me pardonne cette foule de détails dans lesquels je suis entré! Je les ai considérés comme n'étant point étrangers à l'histoire physique, morale et politique de Poitou. Me serais-je trompé?

Je passe maintenant à un court développement du chapitre II de cet ouvrage. Il est entièrement consacré à décrire les *voies* romaines qui coupaient la province dans diverses directions; à énumérer les *mansiones* que l'on rencontrait sur ces routes magnifiques et étonnantes encore par leur degré de solidité; à discuter l'antique emplacement de ces *mansiones*, et leurs distances respectives les unes à l'égard des autres. Nous avons été assez heureux pour pouvoir offrir à la géographie locale, la connaissance de plusieurs *viæ* et *mansiones* qui ont échappé aux recherches du savant d'Anville, de l'opinion duquel nous avons cru devoir nous écarter sous certains points de vue, avec cette réserve respectueuse que commande son profond mérite. Nous ne nous flattons point d'avoir réussi à épuiser un sujet si riche et si vaste : il existe encore, plus que probablement, quelques-unes de ces *viæ* inconnues jusqu'ici, ou fort incertaines. Nous ne sommes point parvenus à recueillir assez de données positives sur leur tracé, pour nous permettre d'en déterminer la véritable direction. Si le lecteur daigne accorder quelque indulgence au travail que nous lui offrons, ce sera pour nous un motif puissant de continuer à nous livrer à de nouvelles recherches, qui, généralisées dans les départemens, ou plutôt dans les anciennes provinces de France, fourniraient des documens précieux et certains pour la confection d'une carte de la Gaule; carte jusqu'ici incomplète, malgré les soins et les travaux de tant de savans géographes. Ce chapitre II est accompagné d'un plan, ou carte routière de Poitou, uniquement consacré à retracer l'*Itinéraire romain*.

Nous eussions bien désiré faire connaître au moins quelques-unes de ces nombreuses *mutations* que l'on trouvait sur toutes les *voies militaires*, et dont la célérité du service n'a point encore été surpassée dans l'établissement des *postes royales*. Mais le tems qui dévore tout, nous a dérobé la connaissance des anciens gisemens de ces *mutations*, établissemens assez vastes qui ont dû donner naissance à quelques petites villes actuelles, et châteaux autrefois célèbres dans le pays, ainsi que nous pourrons le faire entrevoir dans l'*Histoire de Poitou* que je me propose de publier.

Les chapitres I et II peuvent, en résumé, être envisagés comme des mémoires particuliers destinés à servir d'une sorte d'introduction à l'histoire moderne de la province, depuis l'établissement des Francs. Mais nous avons pensé que cette connaissance première de l'ancien état physique du Poitou serait en quelque manière incomplète, si nous n'eussions pas présenté quelques renseignemens sur sa capitale. Son emplacement actuel diffère-t-il de celui qu'elle occupait primitivement ? Quelle était son étendue ? Sa circonscription première fut-elle accrue successivement ? Par quels peuples ? Par quelles réunions de territoires ? Quels étaient et quels sont de nos jours ses monumens ? Par quelles mains furent-ils élevés ? Telles sont, entre autres, les questions que nous nous sommes proposés de discuter dans le chapitre III. En déterminant séparément chacune des trois enceintes diverses de Poitiers, et recherchant quels en furent les fondateurs, je passe en revue les monumens et établissemens publics qui s'y trouvent renfermés, depuis la fondation de la ville, jusque vers la fin du quinzième siècle au plus tard. Leur description pure et simple eût été, par sa nature, sèche et aride : nous y avons rattaché quelques souvenirs historiques, pour jeter plus d'intérêt et de clarté sur le sujet. On s'apercevra facilement que je n'ai pas mentionné quelques établissemens religieux et militaires qui se sont élevés pendant la période de tems que je me proposais de parcourir. Mon silence, en cette circonstance, a été entièrement indépendant de ma volonté, puisque je n'ai trouvé aucuns titres relatifs à ces établissemens dans les cartons, ou précieux recueils de chartes rassemblées par dom Fonteneau. J'ai donc dû préférer me taire, plutôt que d'avancer au hasard quelques conjectures peut-être mal fondées.

Un des monumens, dont j'offre la représentation extérieure et l'explication, appelle surtout l'attention et l'examen des antiquaires. Je le regarde presqu'unique en France de son espèce. Déjà décrit plusieurs fois, les opinions ont été et sont encore partagées sur le but et l'époque de son érection. J'ai cherché, en rapprochant et en discutant ces opinions diverses, à fixer enfin toute incertitude à son sujet, et à faire entrevoir les motifs de sa conservation. On verra si j'ai réussi dans le dessein que je me suis proposé. Pourquoi s'est-on montré, dans le dix-neuvième siècle, plus barbare que les hordes du nord dans le neuvième! Et ce qui échappa à leurs dévastations, et mérita, peut-être, leur religieux respect, ne devait-il se conserver jusqu'à nos jours, que pour nous rendre les tristes spectateurs d'une mutilation impardonnable aux yeux des arts éplorés!!!

Pour bien saisir l'ensemble de la ville de Poitiers, et pour faire reconnaître d'un seul coup d'œil ses agrandissemens successifs, nous avons joint à sa topographie historique, un plan sur lequel sont indiquées ses diverses enceintes.

J'ai été devancé, en quelque sorte, sur plusieurs points, par la publication d'un certain nombre de livraisons (1) des *Monumens et Antiquités du Haut-Poitou*. J'ai dû garder à leur égard un silence prudent. C'est au lecteur seul qu'il appartient de juger les écrivains qui fournissent réciproquement une même carrière.

---

(1) Il en a paru deux.

DE L'ANCIEN POITOU,

ET DE SA CAPITALE.

CHAPITRE PREMIER.

NOTICE GÉOGRAPHIQUE ET HISTORIQUE SUR LES PEUPLES DE L'ANCIEN POITOU.

Lorsque l'on veut étudier avec fruit l'histoire d'un peuple, on doit rechercher d'abord son origine; constater son état politique, et prendre connaissance du territoire qu'il occupait primitivement. Les notions que procurent les recherches de ce genre, facilitent la lecture des monumens historiques. Une fois familiarisé avec son sujet, la narration semble croître et s'agrandir. Les tableaux deviennent plus frappans de vérité à nos yeux. On s'identifie, pour ainsi dire, avec les personnages que l'histoire introduit sur la scène. Mais il ne faut pas se dissimuler les difficultés d'une semblable tâche : elle ne présente le plus souvent qu'obscurité, ou doute. Forcé de marcher pas à pas, et en tâtonnant, dans un sentier âpre et peu tracé, je dois me borner à essayer seulement de jeter quelque faible jour sur la position, l'étendue, la circonscription du territoire occupé par les peuples divers établis en Poitou, à l'époque de la conquête romaine, et postérieurement, ainsi que sur l'étymologie probable du nom du peuple principal (1).

L'origine des peuples se perd dans la nuit des tems. Les habitans primitifs de la Gaule Keltique ne nous sont connus que par les écrits des Grecs et des Romains : encore n'of-

---

(1) Je dis *principal*, parce que les territoires occupés par différens peuples limitrophes, furent successivement réunis à celui des Pictons. Il est assez probable que la circonscription du pays occupé par ces derniers, reçut ses premiers accroissemens sous le gouvernement romain, et peut-être même sous les premiers Césars. Le gisement, que l'on assigne assez unanimement au *Promontorium Pictonum*, paraîtrait justifier cette hypothèse. (*Vide* ci-après.)

frent-ils souvent que des renseignemens très-peu satisfaisans, et hasardés, jusqu'à l'époque de la conquête de César. Nous ignorons si, dans le principe, ces différens noms des peuples que renfermait la Keltique, exprimaient positivement des origines diverses; ou si ces peuples n'étaient que des branches, ou tribus sorties d'une souche commune, et dont les dénominations n'avaient d'autre but, peut-être, que celui de faire reconnaître leur position géographique, ou d'indiquer des coutumes particulières à quelques-uns d'eux. Quoi qu'il en soit, l'identité d'origine passait pour une vérité assez avérée, lorsque la liberté des Gaules succomba sous les armes romaines. Tous les peuples, ou peuplades de la Keltique, parlaient le même langage, et vivaient sous les mêmes lois, suivant le témoignage irrécusable de César (1). Les *Pictes*, ou

---

(1) *De bell. Gall.*, L. I, C. I. César n'a pu entrer, sur ce sujet, dans des détails qui eussent été cependant nécessaires pour éclaircir l'histoire des différens peuples qui habitaient la Keltique. En effet, à l'époque de la conquête des Gaules, les Keltes n'en occupaient guère que la partie la plus occidentale, où ils avaient été refoulés, 500 ans avant l'ère actuelle, du côté du nord et de l'est, par les Goths, connus sous le nom de Belges, et du côté du sud-ouest, par

Pictons (1), faisaient alors partie de la Keltique. Ce ne fut que vers l'an 727 de Rome, qu'Auguste, dans la nouvelle division qu'il fit des Gaules, réunit leur territoire à l'Aquitaine (2). Cette province ayant été subdivisée

---

les Ibériens, peuple d'origine maure, qui avaient passé d'Afrique en Espagne, et qui portèrent le nom d'Aquitains. Dans la portion de la Gaule nommée Keltique par César, on comptait les *Veneti*, qui, selon Strabon, étaient Belges ou Germains. Les *Senones* paraissent issus des *Senones* de la Germanie. L'alliance constante des *Bellovaces* de la Belgique avec les *Ædui* de la Keltique, porte à croire que ces derniers venaient de la Germanie. Vide *Pink., Rech. sur l'orig. et les div. établ. des Scyt. ou Goths*, p. 81, 82, 138, 141, 227, 231, 232.

(1) Le monosyllabe *on* est purement et simplement l'ancien pluriel Germain, tantôt employé, tantôt omis. *Pink., loc. dict.*, p. 287.

(2) *Strab. Georg.*, L. IV, init.; *Amm. Marcel.*, L. XV; *Plin., Hist. nat.*, L. IV, C. XVII, etc. Suivant le témoignage d'Aimoin (*De gest. Franc.*, L. C. IV), le nom d'Aquitaine fut donné à cette province, à raison du grand nombre de rivières et de sources qui coulent sur son territoire. Hauteserre (*Rer. Aquit.*, L. I, C. I, p. 7), prétend que la dénomination moderne *Guyenne* vient du mot *aigue*, dont on a retranché l'article *le*, *la*, pour éviter la contraction ou l'élision.

sous Valentinien (1), l'ancien Poitou fut compris dans la seconde Aquitaine. Il était originellement borné au nord par les *Andes* et les *Turones;* à l'est, par les *Bituriges Cubi* et les *Lemovices mediteranei;* au sud, par ces mêmes *Lemovices* et par les *Santones;* enfin à l'ouest, par les *Agesinates Cambolectri*, et par les *Lemovices Armoricani*, peuples tous également compris dans la Keltique.

On trouve encore sur la frontière des *Pictones*, les *Ambilatri* (2), qui, d'après Pline (3), étaient également limitrophes des *Santones;* et les *Anagnutes*, nommés *Agnotes* par Étienne de Bysance, que le P. Hardouin et dom Bouquet placent, contre toute vraisemblance, suivant dom Martin (4), entre les *Namnetes* et les *Pictones* (5) : mais le territoire occupé

___

(1) Ou, pour parler plus exactement, entre les années 362 et 370. (Vide *Vaiss. Hist.*, *de Lang.*, T. I, note XXXIII, n° XII, p. 627, col. 1.)

(2) D'Anville n'en fait aucune mention, ni dans sa *Carte de la Gaule dans son état au temps de la conquête par César.*, ni dans sa *Géographie ancienne*.

(3) *Hist. nat.*, L. IV, C. XIX.

(4) *Dict. topogr. des Gaul.*, p. 86, 88.

(5) Je les placerais, avec bien plus d'apparence de probabilité peut-être, entre les *Andes*, au nord;

par les *Ambilatri* et les *Anagnutes* n'a point encore été reconnu d'une manière très-positive. Il règne déjà bien assez d'incertitude dans la géographie de l'ancienne Gaule, sans chercher à l'embrouiller de plus en plus par des conjectures vagues ou hasardées. Les Romains ont tout obscurci, tout dénaturé, à l'aide de leur nomenclature latine. C'est à ce fatal présent d'un vainqueur fier et jaloux de sa puissance, que nous sommes redevables de ce chaos d'erreurs, que l'on remarque dans les récits de tant d'historiens; de cet oubli déplorable de tant de *cités;* de cette ignorance d'un si grand nombre de peuples, dont on recherche et dont on recherchera si inutilement quelques vestiges indicatifs. En

les *Turones*, à l'est; les *Pictes*, au sud; les *Lemovices Armoricani*, à l'ouest. On remarque à Doué, près Saumur, *Teodwaldum*, qui était encore un des palais royaux de l'Aquitaine, au commencement de la seconde race de nos rois, un amphithéâtre de construction romaine, fabrique qui tend à prouver que cette petite ville aurait été le chef-lieu d'un ancien peuple de la Gaule. Ce n'est en effet que dans leurs capitales, ou plutôt dans leurs faubourgs, *suburbium*, que l'on retrouve ces monumens consacrés au plaisir et à la réunion d'une population nombreuse dans les environs.

vain les Francs et les Bourguignons rendirent-ils aux villes, suivant l'assertion de Guy-Coquille (1), les anciens noms dont les avaient déshéritées les Romains : la nomenclature donnée par ceux-ci a généralement prévalu. Ce ne fut, tout au plus, que lorsqu'il fallut désigner particulièrement quelques petites localités, ou des usages nouveaux et propres aux Francs, qu'on se trouva forcé d'adopter le nom propre sous lequel ces localités ou ces usages étaient connus, soit dans l'idiome généralement parlé, soit dans celui du vainqueur. Mais comme, dans ces siècles de barbarie, le clergé seul savait lire, et qu'il était conséquemment et forcément le rédacteur unique de tous actes quelconques, il se crut autorisé à donner à ces noms locaux, ou coutumiers, une terminaison latine, langue dont il se conserva particulièrement l'usage : et pour se rendre plus facile la prononciation et l'orthographe de ces mots nouveaux, et intrus dans la latinité, il en supprima les consonnes trop gutturales, ou trop durement aspirées. Quelquefois encore, moins scrupuleux, il se permit d'altérer le sens primitif, et l'idée y attachée, par une traduction comparative-

---

(1) *His. du Nivern.*, p. 33 ; éd. de Paris, 1612.

ment équivalente à ses yeux, quoique dans le fond, fort inexacte. Il est de fait que la trop grande influence du clergé fut particulièrement la cause principale de la longue enfance de la langue *romane*, et, par une suite nécessaire, de sa pauvreté (1).

On ne remarque point le nom des *Pictons* dans la nomenclature des diverses peuplades de la Keltique, ou *ver sacrum*, qui émigrèrent de la Gaule, pour aller fonder des colonies. Les *Pictons* n'y étaient-ils pas encore établis, à l'époque de ces émigrations; ou bien n'y étaient-ils que nouvellement arrivés? Le témoignage de l'histoire est si moderne, qu'on ne peut se permettre que des conjectures. On trouve des *Pictes* dans l'Écosse (2). L'analogie de nom, quelques rapports dans les mœurs et dans les coutumes entre les *Pic-*

---

(1) Vide *Roquef.*, *De l'état de la poés. franç. dans les* xiie *et* xiiie *siècles*, p. 21.

(2) Les *Picks*, *Pehtar*, *Pihtar* de l'Ecosse, qui tiraient leur origine des *Pici*, ou *Peukeni*, branche des *Basternæ*, appartenaient à la nation germano-gothique de la Scandinavie, dont ils étaient une colonie. Ces *Picks* vinrent s'établir dans l'Ecosse actuelle, environ 300 ans avant l'ère chrétienne. *Pinck.*, *loc. dict.*, p. 511, 316.

tons et les *Pictes*, ont suffi à Picard et à J. Scaliger pour leur faire croire que les premiers descendaient de ceux-ci (1). Si de simples conformités pouvaient former isolément une preuve suffisante, j'en tirerais une conclusion toute contraire. Comme le continent Keltique a peuplé dans le principe, suivant les auteurs anglais les plus exacts (2), les îles de la Grande-Bretagne, il s'ensuivrait en conséquence, plus vraisemblablement, que les *Picks* de l'Écosse ne seraient qu'une colonie des *Pictons*. Mais l'histoire offre des preuves positives, fort opposées à l'opinion hypothétique de Hume. Dans le fait, les *Picks* ne sont que les *Calédoniens* des Romains, qui empruntèrent ce nom désignatif *Kelydhon*, habitans des forêts, des voisins *Kimbriques* de ces *Picks* (3). Suivant Heury's, ces nations ne furent même connues sous le nom d'*Écossais* et de *Pictes*, que vers le commencement du

---

(1) *La Tour-d'Auvergne-Corr.*, *Orig. Gaul*, p. 249, 250.

(2) Vide *Tacit.*, *Vit. Agricol.*, c. 11; *Gibb.*, *Hist. de la déc. et de la ch. de l'emp. Rom.*, T. V, p. 78; et les autorités qu'il cite, note 1, p. 79, éd. de 1812; *Pink, ubi suprà*, p. 350.

(3) *Pink.*, *ibid.*, p. 348.

quatrième siècle, époque par conséquent très-moderne. D'après le témoignage de ce savant historien, *Picte*, dans la langue bretonne *Pictiz*, signifie voleur, brigand, caractère des *Calédoniens*, ou *Picks* des côtes orientales. Aussi, ajoute encore Heury's, les écrivains latins qui parlent de ces *Pictes*, *Picti*, joignent souvent à ce mot les épithètes de *vagantes*, *raptores*, *feræ*, et autres semblables, traduction littérale de *Pictiz*, ou *Pictich* (1).

Tout ce que l'on peut dire de plus raisonnable, c'est que les noms latins de *Pictes*, *Pictones*, *Pictavi* (2), dérivent d'une même racine, *Pict*, traduction dans la même langue de l'ancien mot kelte-kimbrique (3), *brith*,

___

(1) Vide *Rob. Henr.*, *Histoire d'Angl.*, T. I, L. I, CH. III, sect. 1, p. 200-202 de la trad. franç, in-4°.

(2) Elie Vinet dit, dans ses *Commentaires sur Ausone* (155 c.) qu'il publia en 1580, que, si son âge et ses occupations lui en laissaient le loisir, il démontrerait ailleurs combien lui paraissait déraisonnable l'opinion des Poitevins de son tems, qui se prétendaient issus des Scytes et des Pictes agathyrses, et qui faisaient dériver leur nom *Pictavi*, de *picta vi*, la force peinte.

(3) « Ce que nous nommons aujourd'hui le celtique, dit Pinkerton, est à moitié gothique. Ce patois a été produit par le mélange des Belges, des Danois

ou *breiz,* moucheté, bigarré, peint de diverses couleurs (1). Il serait alors assez avéré que les anciens Poitevins se *bâgouaient,* ou se *tâtouaient,* et que c'est de cette coutume qu'ils prirent le nom sous lequel ils furent primitivement connus. Une telle circonstance dénote seule l'antiquité de l'origine d'un peuple, et son rapprochement de l'état de nature, observe l'illustre La Tour-d'Auvergne-

---

» et des Norvégiens avec les Celtes, en France, en
» Bretagne, en Irlande, et particulièrement dans les
» montagnes d'Ecosse, où le celtique est le plus
» corrompu.... Les langues irlandaise, welche et
» armorique, les seuls dialectes existans du celtique,
» sont, de nos jours, comme dans les plus anciens
» manuscrits parvenus jusqu'à nous, gothiques pour
» la moitié, et latins pour une grande partie... A la
» langue celtique se rapportent, I° l'ancien celtique,
» entièrement perdu ; II° l'ancien breton ou cim-
» brique, qui comprend, 1° le cornouaillien, 2° l'ar-
» morique, 3° le welche ; III° l'ancien irlandais, qui
» comprend, 1° le *manks,* ou dialecte de l'île de
» Man, 2° l'erse des montagnards écossais, 3° l'ir-
» landais. Tous ces idiomes ont, les uns par rapport
» aux autres, la même physionomie. *Pink., loc. cit.,*
» p. 110, 159, 162, 164.

(1) *La Tour-d'Auv.-Corr., tac. cit.,* p. 228; *Mém. de l'Acad. Celt.,* T. IV, note 14, p. 394; notes 71, 73, p. 411.

Corret (1). Mais quel était le procédé dont se servaient les *Pictons* pour se *bâgouer*, ou se *tâtouer ?* Était-ce en se scarifiant les chairs, comme les *Picks* de l'Ecosse (2), et en introduisant dans les incisions le *vitrum*, préparation de couleur bleue, dont parle César (3), et que Pline (4) appelle *glastum* (5)? Ou bien les *Pictons* se bornaient-ils seulement à se peindre la figure, et les parties du corps qu'ils pouvaient tenir découvertes (6)? Il est plus vraisemblable d'adopter cette dernière hypothèse, et de dire que, suivant l'étymologie de son nom, ce peuple se *tâtouait*. Cette coutume, qui paraîtrait lui avoir demeuré particulière dans la Gaule keltique,

---

(1) *Loc. dict.*, p. XLIV, note *h*.
(2) . . . . ferroque notatas
   Perlegit exangues, Picto moriente, figuras.
(3) *De bell. Gall.*, L. V, C. XIV.
(4) *De vocab. Gall.*, C. I.
(5) *Glas*, en Breton, signifie *bleu*.
(6) Vers la fin du cinquième siècle, les *Herules*, situés sur les côtes de l'Océan, qui envoyèrent une ambassade à Euric, roi des Visigoths, imitaient la teinte azurée des eaux de la mer, par les peintures dont ils ornaient leur nudité. Vide *Gibb.*, *Hist. de la déc. et de la ch. de l'emp. Rom.*, T. VII, p. 9; édit. de 1812.

lui fut, au surplus, originairement commune avec bien d'autres nations. Dans tous les cas, la dénomination de *Pictes*, ou *Pictons*, n'a pu, selon nous, convenir à ce peuple, à raison de l'habitude qu'il aurait eue de se teindre les cheveux en roux, à l'aide d'une espèce de savon composé de suif et de cendre, ou, selon d'autres, de suif de chèvre et de chaux pilée. Cet usage était général chez les Gaulois, et c'est d'eux que l'empruntèrent les dames romaines, au rapport de Pline (1).

Un auteur moderne trouve l'étymologie du nom *Pictones* dans ce vers de Lucain :

Pictones immunes subigunt sua rura (2).

Il prétend que ce peuple, « placé sous un sol gras et fertile (3), se distinguait par le

---

(1) Prodest et sapo : Galliarum hoc inventum rutilandis capillis : fit ex sebo et cinere. *Hist. nat.*, t. XXVIII, c. XII.

(2) *Phars.*, L. I, v, p. 536. Des critiques prétendent que ce vers et les trois suivans ne sont pas de Lucain.

(3) Il n'entend sûrement pas parler de la partie appelée Haut-Poitou, dont le sol est généralement maigre et aride : la portion fertile de la province de Poitou ne faisait pas partie du territoire primitif des *Pictones*.

génie de la culture. » Il est bien certain que la culture était, sous les Romains, très-perfectionnée chez les *Pictons*, et il paraîtrait que c'est à l'emploi de la chaux qu'ils durent la fertilité de leurs terres (1). « *Pic-dôn-is* sont des agriculteurs qui labourent profondément la terre avec le pic, instrument à fouir la terre (2). » Cette étymologie n'est pas admissible, comme l'a observé le savant secrétaire perpétuel de l'ancienne Académie celtique. La principale raison est que le radical du mot *Pictones* est *pict*, ainsi que le prouvent les désignations synonymes de *Picti*, *Pictones*, *Pictavi*; et que ce radical se trouve dénaturé dans *Pic-dôn-is*, les habitans du pic profond (3). Le vers cité de Lucain ne nous apprendrait qu'une seule chose intéressante, s'il était véritablement prouvé qu'il fût réellement de ce poète. Il serait alors démontré que les *Pictons*, quoique sous le joug de la servitude, puisqu'ils n'a-

(1) Hedui et Pictones calce uberrimos facere agros : quæ sanè et oleis et vitibus utilissima reperiuntur. *Plin.*, *Hist. nat.*, L. XXV, C. VI, VIII.
(2) *Baud. de Mais.*, *Rech. sur l'Armor.*; apud *Mém. de l'Acad. Celt.*, T. IV, p. 388.
(3) *Ibid.* p. 411, note 73.

vaient ni lois ni magistrats à eux propres, furent néanmoins, pour quelque considération particulière, qui nous est inconnue (1), exempts de tributs (2). Tel est les sens du mot *immunis* (3).

L'origine des *Pictons* est bien autrement difficile à constater que l'étymologie de leur nom. Un célèbre Bénédictin prétend qu'ils n'étaient qu'une branche des *Lemovices*. Le système de dom Martin est étayé de divers témoignages historiques, qui ne permettent pas, suivant nous, ni de les rejeter entièrement, ni de les adopter aussi d'une manière trop générale. Il est bien vrai que le territoire des *Lemovices* est assez singulièrement coupé en deux portions, au milieu desquelles sont enclavés les *Pictones*. Nous trouvons en effet sur la côte de l'Océan, dès le tems de César (4),

---

(1) Peut-être dès le principe de la conquête, en considération de ce Duracius, qui servait d'espion aux Romains.

(2) Mais non pas de l'impôt en nature, *Vectigal*.

(3) Vide *Berg.*, *Hist. des gr. ch. de l'Emp. rom.*, T. II, L. IV, CH. VIII, n° 7, p. 177; éd. de 1756.

(4) On a voulu élever des doutes sur l'authenticité du mot *Lemovices*; on a prétendu qu'il fallait lire *Léonices*, etc. : mais des manuscrits de Jules-César, qui datent de plus de onze cents ans, portent *Lemo-*

des *Lemovices Armoricani* (1), ainsi nommés de la position de leur territoire (2), et des *Lemovices mediteranei*, ou dans l'intérieur des terres. Il n'est pas douteux que ce ne soit un seul et même peuple, dont les surnoms retracent l'emplacement qu'ils occupaient. Mais doit-il s'ensuivre de ce que les *Pictones* sont enclavés dans le territoire de ces *Lemovices*, que ceux-là ne soient, par le fait, qu'une branche de ces derniers ? Si telle était la conclusion qui résulterait nécessairement de la position géographique des *Pictones*, il faudrait dire également que les *Agesinates Cambolectri* se trouvant à l'égard des *Pictones*, comme ceux-ci vis-à-vis des *Lemovices*, ces *Agesinates* ne doivent être qu'une branche des *Pictones*. Ce raisonnement certes ne serait qu'une hypothèse impossible à justifier. On voit bien que le système de dom Martin repose particulièrement sur l'autorité de Ptolomée. Ce géo-

----

vices, et cette version a été suivie par Saint-Ouen, dans la vie de Saint-Éloi.

(1) *De bell. Gall.*, L. VII, C. LXXV.

(2) *Armoricani*, mot composé de *ar*, sur, auprès, et de *mor*, mer. Toutes les *Cités* dont le territoire bordait l'Océan étaient qualifiées *armoriques*. (*Cæs.*, *loc. cit.*, C. LXXV.)

graphe, qui florissait vers l'an 138 de notre ère, place deux villes chez les *Pictons*, *Augustoritum* et *Limonum*. Magnon, grammairien du tems de Charlemagne, et qu'on peut regarder comme nous ayant transmis sur ce point le témoignage de l'antiquité, distingue parfaitement ces deux villes. *Limofex-Augustoretum*, dit-il, *Pictavus-Lemonum*. Les Limousins et les Poitevins ont ici chacun leur chef-lieu propre et particulier, distinction que n'établit pas Ptolomée. Ce géographe fait uniquement mention des *Lemovices*, qu'il place au-dessus des *Pictones*, et à qui il paraît donner *Ratiastum* pour capitale (1). Il semblerait donc résulter de ce témoignage que les villes des *Pictones* étant les mêmes que celles des *Lemovices mediteranei*, et vice versâ, ces deux peuples n'en formeraient qu'un seul par le fait, mais divisé en deux

(1) Dans sa *Carte de la Gaule au tems de la conquête par César*, d'Anville indique *Ratiastum* comme capitale, ou chef-lieu de *civitas*; mais il ne relate point le nom du peuple auquel elle appartenait. Ce savant géographe, dans sa *Géographie ancienne* (T. 1, p. 79, 80, éd. de 1768), en parle seulement comme d'une ville des anciens *Pictavi*, située dans l'extension de leur territoire, vers l'embouchure de la Loire : ce qui semble impliquer contradiction.

branches, comme on l'a déjà dit (1). Dom Martin tire une autre preuve d'identité du nom de *Lemonum*. Il trouve une origine *Limousine* dans toutes les syllables qui composent ce mot de *Lemonum*, ou *Limonum* : delà il pose en fait que les *Lemovices* ont fondé l'ancien chef-lieu des *Pictones*. Enfin s'étayant de cette vérité, assez généralement avouée, que la circonscription primitive des diocèses fut la même que celle du gouvernement civil (2),

(1) Le texte de Ptolomée est loin, suivant nous, de présenter un sens clair et positif. *In mediterraneâ autem Pictonibus subjacent Lemovices et civitas, Ratiastum.* I° Si l'on donne aux *Lemovices Ratiastum* pour chef-lieu, la position assignée au territoire de ce peuple est vicieuse, car *Ratiastum* se trouve sur la Loire, vers son embouchure, et n'est point au-dessous, mais au-dessus des *Pictons*. La même observation est égalemment fondée, si l'on suppose que, par *Lemovices*, il faut entendre seulement les Limousins qui habitaient les bords de la mer, ou *Armoricani*. II° Quand bien même la conjonction *et* ne serait point ici copulative, c'est-à-dire qu'elle n'aurait aucun rapport, pour le sens, avec la partie de la phrase qui la précède immédiatement, l'erreur géographique n'en subsisterait pas moins ; car la *cité Ratiastum* n'est ni dans l'intérieur des terres, *in mediterraneâ*, ni au-dessous des *Pictons*, comme nous l'avons déjà dit.

(2) « Les confins des anciens diocèses de France

le savant Bénédictin conclut que le territoire des *Lemovices Armoricani* ayant fait primitivement partie de l'évêché de Poitiers, nécessairement les habitans de la *civitas Ratiatum* et ceux de Poitou n'étaient qu'un même peu-

» ne diffèrent pas des limites des anciens peuples de
» la Gaule; les confins des peuples étaient, du tems
» de César, les mêmes qu'ils ont été sous la domi-
» nation romaine. » *D'Anvil., Expl. topog. du siég. d'Alés*, p. 453. *Le même, Géogr. anc.*, T. I, p. 53.
« Le gouvernement ecclésiastique de France a été
» réglé sur le gouvernement civil, tel qu'il était lors
» de l'établissement du christianisme dans les pro-
» vinces de la Gaule, en sorte que les anciens diocèses
» répondent aux territoires des anciens peuples. »
Et ensuite : « L'extension des coutumes n'a aucun
» rapport à l'étendue des diocèses ou des anciens
» peuples de la Gaule; ces coutumes ont plus ou
» moins d'étendue, suivant le degré de puissance des
» seigneurs particuliers qui se rendirent indépendans
» dans la décadence de la maison de Charlemagne,
» etc. » *Bell. Eclairc. Géogr. sur l'anc. Gaul.*, p. 172. Mais ne pourrait-on point soupçonner, avec non moins de vérité, que « l'étendue et les bornes des diffé-
» rens diocèses dépendirent d'abord, comme l'a ob-
» servé Gibbon (*loc. dict., t.* IV, p. 136), du succès
» des missionnaires, et varièrent relativement à ces
» succès, au zèle des peuples et à la propagation de
» l'Evangile?.. Les évêques de la Gaule.. gouvernaient
» un vaste territoire, et envoyaient leurs suffragans

ple, et qu'autrement ils n'eussent pas été réunis sous une même juridiction ecclésiastique (1). Cette conclusion n'est pas rigoureusement vraie, comme nous le ferons apercevoir ci-après. Mais, en adoptant, même pour un moment, le raisonnement de dom Martin, on est fondé à se demander, comment il a pu se faire alors que le territoire des *Lemovices mediteranei* et des *Pictones* en tant que ne formant qu'un seul peuple, d'après son hypothèse, ait néanmoins été divisé en deux diocèses? Un système, tant séduisant soit-il, n'équivaut jamais à une seule démonstration positive. Il vaut mieux avouer franchement que l'histoire et la géographie de l'ancienne Gaule sont, et resteront toujours enveloppées de ténèbres, que toutes les recherches des savans n'ont encore pu dissiper entièrement.

Il convient de rechercher maintenant quelle pouvait être par aperçu l'étendue du terri-

» (*chorepiscopi*) dans les campagnes, pour remplir
» les fonctions subordonnées du devoir pastoral.
» Un diocèse chrétien pouvait comprendre toute une
» province, ou être réduit à un village; mais tous
» les évêques avaient un rang égal, etc. »
(1) *Hist. des Gaul.*, т. II, p. 40, 278, 280, 350, 351.

toire occupé par les *Lemovices Armoricani.* Nous pensons qu'il se trouvait borné au nord par la Loire, *Liger fluvius;* à l'est, par la rivière de Laion, *Ladio*, qui faisait la limite du *pagus Andegavus* suivant d'Anville (1); au midi, par les *Agesinates Cambolectri*, dont ils pouvaient être séparés par la rivière de Vic; et à l'ouest par l'Océan.

Quant aux *Agesinates Cambolectri, Pictonibus juncti*, dit Pline (2), nous trouvons dans la Gaule deux peuples du nom *Agesinates*, assez éloignés l'un de l'autre : les *Cambolectri*, sur la frontière de Poitou; et les *Atlantici*

―――――――

(1) *Not. des Gaul.*, p. 68. *Vide* ci-après.

(2) *Hist. nat.*, L. IV, C. XX. Ces mots de Pline, *Pictonibus juncti*, ne présentent aucun sens positif. Cette union de deux peuplades n'existait-elle que depuis la conquête romaine, par suite de l'organisation politique de la Gaule, ou lui était-elle antérieure? Je serais assez porté à adopter cette dernière hypothèse; et je pense qu'on pourrait alors supposer que les *Pictones* et les *Agesinates* étant deux faibles peuplades, d'origine keltique en principe, avaient dû naturellement se lier entre elles d'une manière assez étroite pour se soutenir et se défendre contre de nouveaux empiétemens de la part d'un peuple puissant, les *Lemovices*, d'origine différente; qui s'était déjà emparé, par la force, d'une portion de

dans la Narbonnaise. On ignore s'ils différenciaient d'origine, ou s'ils n'étaient simplement que deux branches d'un même peuple. Nous sommes portés à croire que les *Agesinates Cambolectri* occupaient tout le terrain compris entre les rivières de la Sèvre-Niortaise, de la Vendée, du Vic, et partie de la Sèvre-Nantaise. L'abbé de Longerue et le P. Hardouin les plaçent, à la vérité, dans l'Angoumois : mais d'Anville retrouve leur nom dans celui d'*Aisenai,* ou d'*Azenais,* un des trois archidiaconés de l'ancien diocèse de Luçon (1). D'ailleurs le territoire de l'évêché d'Angoulême n'est réclamé par aucun peuple. Les savans sont assez généralement d'accord qu'il faisait très-vraisemblablement partie de celui des *Santones* (2), avant que l'empereur qui, vers l'an 400 (3), fit dresser la notice des *cités*

leur ancien territoire, et les avait refoulés et circonscrits dans un espace fort resserré, d'où on pourrait encore les chasser de nouveau. *Vide* la note dernière de ce chapitre.

(1) *Notic. des Gaul.*, p. 40 ; *Géograph. anc.*, T. I, pag. 80.

(2) Vide *la Carte de la Gaule dans son état au tems de la conq. par César*, et *la Géogr. anc. du même d'Anville*, T. I, p. 79.

(3) *Frer. OEuvr.*, T. v, p. 165, 326 et suiv. En

de l'Empire, élevât presque tout à coup *Incolisma* à la dignité de capitale d'un peuple de l'Aquitaine, sans qu'on puisse découvrir ni les commencemens de cette *cité*, ni les différentes phases de sa grandeur politique. Au surplus, il n'y aurait pas de motif suffisant pour ne pas attribuer le territoire du diocèse d'Angoulême aussi bien aux *Ambilatri* limitrophes des *Santones* et des *Pictones*, qu'aux *Agesinates Cambolectri*. Nous ne savons point également si le territoire de ceux-ci n'était dans le principe qu'un démembrement de la cité des *Pictons* (1). Faut-il les envisager comme *in fide*, sous la protection; ou comme *clientes*, sous le vasselage de ces derniers, ainsi qu'on voyait quelques peuples de la Keltique figurer l'un à l'égard de l'autre? Dans ce dernier cas, ces cliens étaient-ils vis-à-vis de leur patron, dans une position semblable, ou approchant de celle des peuples *Socii*, envers les Romains? Tout se réduit à des conjectu-

401, suivant *D. Maur. Hist. de Bret.*, T. I, note XV, p. 884.

(1) Hauteserre (*Rer. Aquit.*, L. I, c. XIV. p. 69), explique ainsi les expressions de Pline *Pictonibus juncti, id est Pictonibus contermini, vel potiùs pars Pictonum.* Ce n'est là qu'une opinion parti-

res, nous le répétons. Mais ce qui pourrait peut-être leur donner quelque apparence de probabilité, c'est que les *Agesinates Cambolectri*, et même les *Lemovices Armoricani*, doivent s'être fondus insensiblement dans les *Pictones*, avant la ruine de l'empire d'occident, puisque dès l'époque de la rédaction de la *notice des cités* de la Gaule, les territoires de ces peuples faisaient partie du diocèse de Poitiers (1). On peut donc penser avec raison qu'un assez grand nombre de peuples gaulois avaient déjà perdu leur existence politique, dès le commencement du cinquième siècle (2).

culière, qui n'est étayée d'aucune preuve, et je persiste dans la mienne. (*Vide* ci-dessus, note 3, p. 6.)

(1) Le témoignage de Grégoire de Tours suffirait seul pour corroborer cette assertion, du moins en ce qui concerne les *Lemovices Armoricani*. Le prélat historien s'exprime ainsi dans son livre de *la Gloire des Confesseurs* (c. LIV, *ed. Ruin.*), que l'on croit avoir été écrit en 588. (*Greg. Turon. Oper. præf.*, n° LXXXIII.) *Infrà ipsum Pictavorum terminum, qui adjacet civitati namneticæ, id est in vico Ratiatensi.*

(2) Lorsque César acheva la conquête des Gaules, on y comptait CCXIII peuples; savoir : dans l'Aquitanique, XXIX; dans la Belgique, XLIII; dans la Keltique, XCVIII; dans la *province romaine*, qui em-

Il ne faut pas néanmoins donner à cette conclusion une extension trop générale. Ce ne serait ni ma pensée, ni la vérité. Il est certain qu'un même diocèse, ou un même *vicariat* de l'Empire, que Labarre suppose être une même chose (1), renfermait originellement des peuples très-distincts entre eux. Si d'Anville, l'abbé Belley et d'autres savans, soutiennent affirmativement le contraire, il n'y a personne de bonne foi qui ne s'inscrive contre une telle

brassait une partie de l'ancienne Keltique, xliii. Je ne comprends pas dans ce calcul les xxxii peuples Gaulois qui habitaient les Alpes, ce qui porterait le total à ccxlv. Plutarque (*Vit. Cæs.*, t. ii, p. 715, éd. de Paris, 1624, in-fol.), Appien (*De bell. civil.*, t. ii, l. ii, p. 850; éd. d'Amsterd., 1670), et Josèphe (*De bell. Jud.*, l. ii, c. xvi, p. 558; éd. de Par., 1535, in-fol.), en comptent un plus grand nombre. La révolution française, et par suite la nouvelle division territoriale de la France, ont porté le dernier coup à la géographie ancienne. « Encore quelques
» instans, observe judicieusement Baraillon, et les
» petits pays qui s'étaient conservés au milieu des
» généralités, des provinces, qui rappelaient ou
» représentaient des peuples de l'ancienne géogra-
» phie, seront sans retour effacés du souvenir des
» hommes, même de celui de la nation dont ils ont
» fait partie. » (*Recherch. sur les peuples Cambiov.*, etc., p. 7, n° 15.

(1) *Mém. de l'Acad. des Inscrip.*, t. viii, p. 415.

décision, parce que les faits parlent d'une manière très-contradictoire. En voici une preuve. Sous les Empereurs Romains, et cet exemple fut suivi par les rois Francs, on consacra une partie de territoire « que nous appelons de tout tems et ancienneté *marches* (1) » pour la protection et la défense des pays frontières. Les peuples qui habitèrent ensuite ces anciennes *marches* (2), étaient réellement distincts de tous les autres (3). Or, nous trouvons sur la frontière des *Pictones* plusieurs *marches*. L'une, au sud-est, a conservé son nom primitif jusqu'à l'époque de la révolution, et elle a fait une ligne constante de démarcation, tant entre les *cités* qui lui étaient limitrophes, qu'entre le royaume d'Aquitaine; comme an-

---

(1) *Pasq.*, Rech. de la Fran., L. VI, C. L. *Marf, mark, merk, marge, marca, merca, marchia, margo.*

(2) Les cités de la Germanie regardaient comme une gloire d'étendre autour de leurs territoires les solitudes les plus vastes, et des frontières dévastées. Elles considéraient comme un témoignage de leur courage l'appréhension respectueuse que l'on avait de les approcher, et elles se croyaient par ces précautions, à l'abri du danger d'une invasion subite. *Cæs.*, De bell. Gall., L. VI, C. XXIII.

(3) *Pellout.*, Hist. des Celt., T. 1, p. 85.

térieurement entre les provinces romaines sous la domination des Empereurs, et celles possédées par les Visigoths (1). Une seconde *marche*, au nord-ouest des *Pictons*, était connue sous le nom de *haute marche commune de Bretagne et de Poitou* (2). Il faut subdiviser cette *marche* en deux portions. L'une, où la *marche commune*, comprenait tout le territoire situé entre les rivières du Lignon et de la Boulogne (3). Les habitans ont toujours

---

(1) *Barail.*, *Rech. sur les ruin. de Toull.*, p. 323, n° 60.

(2) « Les marches du Poitou qui séparaient cette » province de la Bretagne, formaient, depuis l'île » de Bouin jusqu'à Tiffauges, une grande lisière de » terrain large d'une demi-lieue, quelquefois de » plus d'une lieue, et longue de quinze à dix-huit. » Ce pays, qui comprenait dix-sept paroisses, avait » conservé des privilèges qui constataient son an- » tique état et son indépendance des provinces » voisines. Il était exempt de tailles, de gabelles et » d'autres droits, auxquels les provinces du Poitou » et de Bretagne étaient assujéties. » *Dulaur.*, *Des cult. qui ont préc. et amen. l'idol.*, p. 117.

(3) « Ces deux rivières ayant *Aoun* ou *Aon*, peur, » frayeur, pour radical commun en celte, signifient, » la première, rivière *de la peur*; la seconde, rivière » du *gouffre de la peur*, ce nom de *Boulogne* étant

joui de priviléges fort considérables. La seconde portion de cette *marche commune* était propre, partie au Poitou, partie à la Bretagne (1). Il y avait donc dès-lors dans la circonscription du diocèse de Poitiers, au moins deux peuples distincts. Comment donc pouvoir considérer avec d'Anville et l'abbé Belley, les diocèses, ou *vicariats* modernes de l'Empire, comme ne comprenant qu'un seul et même territoire? Rappelons encore de nouveau que celui des *Agesinates Cambolectri* faisait partie du diocèse de Poitiers : ainsi, en définitif, voilà trois peuples différens réunis néanmoins sous un même gouvernement ecclésiastique.

J'ai dit plus haut que le territoire des *Lemovices Armoricani* était borné à l'est par le Laion, *Ladio*. Cette rivière faisait la limite du pays connu plus tard sous le nom de *Mauge*, *pagus Meldagicus, Meldacensis, Metallica regio, Metellia*. Il s'étendait au midi jusqu'à Montfaucon (2), puisque cette petite ville et la

» de plus composé du celtique *poul*, fosse, ou
» gouffre. » *Mém. de d'Acad. celt.*, T. V, p. 95.

(1) *Lobin., Hist. de Bret.*, T. I, p. 471, n° XCVI ; p. 612, n° XLI.

(2) Et même jusqu'à Saint-André-de-la-Marche, ainsi que l'indique ce surnom.

rivière de *Moine* étaient limitrophes des *marches communes* d'Anjou, de Bretagne, et de Poitou, dont les habitans, comme tous ceux des *marches*, jouissaient de priviléges particuliers. La circonscription de l'ancien Poitou est donc encore fixée de ce côté d'une manière certaine. Je ne balancerai point à attribuer aux *Lemovices Armoricani* tout le terrain qui borde l'Océan et la Loire. Je citerai en preuve une charte de Louis-le-Débonnaire, de l'an 839 : *Villam juris nostri nomine Scobrit, quæ est in pago Pictavo, in vicaria Ratinsi cum ecclesia S. Vitalis* (1). Le territoire nommé ici *vicaria Ratinsis*, le pays de Retz, *Raiz*, fut ensuite cédé par Charles-le-Chauve, en 851, à Erispoë, prince Breton (2); et son étendue n'est pas connue d'une manière positive (3). Mais avant que le

(1) *Ann.* apud *H. Vales. Notit. Gall.*, p. 466.
(2) *Lobin ubi suprà*, t. II, p. 465, col. 2.
(3) Je rechercherai, dans l'*Histoire de Poitou* que je me propose de publier, quelle pouvait être cette étendue. Il suffit d'observer, pour le moment, que le traité conclu entre Guillaume, dit *Tête-d'Etoupe*, comte de Poitiers, et Alain *Barbetorte*, comte de Nantes, ne saurait être envisagé comme une nouvelle ratification de la cession faite primiti-

pays connu sous le nom de *Mauge* fût démembré du Poitou, tant pour le civil que pour le spirituel, il faisait partie de l'évêché de Poitiers. Une charte donnée au Vieux-Poitiers par Charles-le-Chauve, en faveur du monastère de Saint-Florent-le-Vieux, nous en offre une preuve irrécusable. *Imo potius hortantibus Ven. episcopis Didone Pictav. cujus præsulatui subjacet Pagus Meldagicus, in quo supradictus locus* (Saint-Florent-le-Vieux) *situs est* (1). Nous pouvons ainsi diviser tout le territoire des *Lemovices Armoricani* en trois *pagus*, suivant le témoignage moderne de l'histoire.

I. *Pagus Meldagicus* le pays de Mauge (2). Il appartenait bien certainement à un peuple, ou plutôt à une tribu d'origine Gothique, puisqu'il nous offre encore un très-grand nombre de *Barrow*, ou tombelles; de *Dol-men;* de

---

vement par Charles-le-Chauve : celle-ci était beaucoup moins étendue.

(1) Apud *Lobin.*, *loc. cit.*, т. II, p. 51.

(2) Je soupçonne fort que la terminaison *auge*, comme dans les noms de Mauge, Tiffauge, Herbauge, Pousauge, désigne une frontière, une *marche;* et non pas une simple ligne de démarcation; mais une ceinture de terrain primitivement

Men-hir (1); et de *pierres branlantes*, dans une étendue de terrain pourtant assez circonscrite. C'est à la nature du pays, et aux mœurs de ses habitans, que nous sommes redevables de leur conservation. Le site est mélancolique et sauvage. On ne voit de tous côtés que bois et haies épaisses, landes incultes, et des mas-

inculte, et plus ou moins large. Toute l'étendue de ce terrain, où se trouvaient souvent des lacs, des rivières, des forêts, des montagnes, fut regardé, dit Dulaure (*loc. dict.*, p. 119), comme un terrain sacré. (A une lieue et demie environ de Pousauge, on trouve la commune de Saint-Michel-du-*Mont-Mercure*, dont le surnom indique une montagne *sacrée*.) Et voilà pourquoi on retrouve tant de monumens Gothiques dans les lieux ci-dessus dénommés, et très-particulièrement dans les pays de *Mauge* et d'*Herbauge*, quoique leur ancien territoire ait été cruellement saccagé par les Normands. (*Frag. hist. Brit. armor.*, apud *Mart. Thes. anec. nov.*, T. III, col. 832, n° 2.) Mais une sorte de conformité dans les idées religieuses explique suffisamment la cause de la conservation de ces monumens.

(1) Les antiquités qu'on nomme *Druidiques* sont toutes des monumens Gothiques, et les Keltes, d'après la description de leurs mœurs par Diodore de Sicile, et d'autres écrivains, n'avaient aucune espèce de monumens. *Pink.*, *loc. dict.*, p. 112 et suiv.

ses granitiques entassées dans les champs, sur le bord des rivières, espèce de ruines gigantesques que la main de la nature semble avoir dispersées au hasard. L'œil ne peut se promener que dans des vallons tortueux, étroits et profonds. Il cherche vainement à découvrir quelques habitations au milieu de ce désert : rien n'annonce la présence, ou le séjour de l'homme. Si quelque être vivant s'offre accidentellement aux regards du voyageur inquiet, il ne trouve qu'un paysan taciturne, sombre, abruti par un sentiment de terreur religieuse qui l'assiége et le tourmente sans cesse : misérable créature, dont le costume, l'expression de la physionomie décèlent un individu encore garrotté des vieux langes du servage; véritable automate politique, que peuvent diriger et faire mouvoir à leur gré, ceux que d'anciennes traditions lui ont appris à considérer comme ses maîtres (1). Tel j'ai vu, à une époque déplorable de notre révolution, l'habitant campagnard du pays de *Mauge.*

(1) Pour prévenir toute interprétation forcée que l'on chercherait, peut-être, à donner au sens de cette dernière partie de ma phrase, interprétation qui serait sans doute fort loin de ma pensée, je dois déclarer que par le mot *maître,* j'entends parler uni-

II. Le pays d'*Herbauge*, ou *Erbauge*, *Pagus Arbaliticus*, *Herbidilicus*. Il fut fréquenté antérieurement à la conquête des Gaules par César, car on remarque sur son territoire plusieurs monumens gothiques, dont un est connu dans le pays sous le nom de *Pont-du-Diable*, ou pont de Saint-Martin (de Vertou) et un *men-hir*, entre autres, appelé *la Vieille de Saint-Martin*. Quand on admettrait même que la population du canton d'*Herbauge* serait due à cette portion des habitans de *Condivicum*, Nantes, qui, lors de l'invasion romaine, se réfugièrent dans un endroit marécageux de la forêt de *Vertave*, suivant les uns, ou de *Men*, suivant les autres; la présence d'une peuplade Keltique, ou Gotho-Keltique, ne serait pas moins une vérité incontestable. Et comment la repousser, lorsque les noms appartiennent à leur langue. Vertave, en Kelte-Kimbrique *Bertav*, signifie *le ruisseau du silence, ou de la paix*; Men, *la pierre* (1). Au reste la version donnée par le manuscrit de la cathédrale de Nantes, ne nous paraît pas mé-

quement des anciens *seigneurs* propriétaires des domaines du pays.

(1) *Mém. de l'Acad. celt.*, t. v, p. 97, notes 1 et 2.

riter une grande confiance. L'expérience a prouvé depuis long-tems qu'une colonie forcée d'abandonner ses foyers, pour conserver la liberté individuelle du petit nombre de citoyens qui la composent, reçoit, mais ne donne point des lois. Il n'est donc pas croyable que le territoire sur lequel on suppose que se transportèrent les réfugiés Nantais, eût été favorisé à un tel point, que leurs arrière-descendans, établis, comme leurs pères, entre le Lignon et la Boulogne, eussent joui jusqu'à nos jours de priviléges particuliers. Il résulte de ce fait une toute autre conséquence. Il prouve victorieusement, à nos yeux, que les habitans primitifs de ce petit territoire, favorisés par son site, surent constamment défendre leurs institutions (1). Ne pouvant dompter entièrement leur farouche courage, on ne réussit à triompher de la résistance qu'ils opposaient avec tant de constance et d'opiniâtreté, qu'à l'aide d'un traité tout à

---

(1) La guerre de la Vendée justifie cette opinion : l'ancien territoire des *Lemovices Armoricani* fut un des foyers principaux de l'insurrection royaliste. Rien ne donne à l'âme du ressort et de l'énergie, comme la crainte du danger continuel auquel on est exposé.

leur avantage. Observons au surplus que les pays de *Mauge*, *Herbauge* et *Tiffauge* ne paraissent avoir été connus généralement sous ces dénominations, que depuis la première invasion des Normands dans le comté Nantais, en 842; du moins l'histoire ne les consacre pas d'une manière très-authentique (1), quoique le radical du mot TIFFAUGE, *Teifalia*, exprime néanmoins et incontestablement le nom de la peuplade, ou tribu, qui s'établit sur le local. Il n'exista jamais de ville appelée *Herbauge* (2), et le *pagus Herbidilicus* représente, à peu de chose près, le pays de Retz *pagus Ratiatensis, Ratensis*, sous lequel il fut connu dans le moyen âge.

Son chef-lieu, ou sa capitale, donna son nom à cette partie du territoire des *Lemovices Ar-*

---

(1) Cependant Grégoire de Tours (*De glor. mart.*, L. I, C. XC, col. 822) fait mention du pays d'*Herbauge*.

(2) *Lobin.*, *loc. dict.*, T. I, L II, p. 77, n° CCXXV. La submersion de cette prétendue ville, dont il est parlé dans la *Vie* de saint Martin de Vertou, est accompagnée de circonstances tellement absurdes, qu'on doit la regarder comme une fable; d'autant encore que les chroniques du tems gardent le plus profond silence sur cet événement.

moricani qui bordait particulièrement l'Océan, et à l'extrémité gauche de l'embouchure de la Loire. D'Anville observe que deux manuscrits de la bibliothèque du roi cités par l'abbé Belley, rangent sous les *Pictones*, et nomment même en premier lieu, comme première en longitude, la ville dont le nom est *Ratiatum*, aliàs *Ratiastum*, nom qui se lit également dans plusieurs manuscrits de Ptolomée (1). On est fondé à dire que cette ville était la capitale d'un peuple, suivant le témoignage irrécusable d'un monument historique, qui date du commencement du sixième siècle. Parmi les souscriptions des évêques présens au premier concile d'Orléans, tenu le 10 juillet 511, on remarque celle du prélat des *Pictavi, Adelphius de civitate Ratiatisca* (2).

---

(1) *D'Anvil.*, *ubi suprà*, p. 539.

(2) Dans la lettre qu'écrivirent à Chludwig les évêques présens à ce concile d'Orléans de 511, la souscription du prélat des Poitevins est : *Adelfius episcopus ecclesiæ Pictavorum subscripsi*, suivant la version donnée par dom Bouquet (*Rec. des hist. des Gaul.*, T. IV, p. 104), qui a suivi celle de Sirmond. (*Conc. Gall.*, T. I, p. 177.) Il est certain néanmoins que le manuscrit de Pithou porte, *Adelfius de civitate Ratiatica*; et celui de Corbie, *Adel-*

Civitas ne peut s'entendre que d'une *cité*, c'est-à-dire, du territoire entier d'un peuple, avant la rédaction de la *Notice de l'empire*, ou, depuis cette *notice*, que de la ville capitale du peuple qui composait la *cité* : telle est la signification précise et constante du mot *civitas*. Je ne comprends pas comment dom Martin a pu s'appuyer de cette souscription de l'évêque de Poitiers, pour en inférer que ce prélat, en honorant *Ratiatum* du nom de *cité*, la détacha de sa métropole, et l'affranchit de sa juridiction, puisque le territoire de chaque peuple, quelque étendu qu'il fût, ne formait jamais qu'une seule *cité*. C'est ainsi, ajoute le même auteur, que plusieurs villes des Gaules, comme Orléans, Auxerre, Macon, etc., qui n'étaient primitivement que des *castra*, furent distraites du ressort de la capitale du peuple à qui elles devaient leur fondation, pour être érigées en *cités*, et par une conséquence nécessaire en capitale d'un peuple, soit par un privilége de *métropole* obtenu de l'Empereur, ou du Préfet des Gaules, soit par suite de l'érection d'un siége épiscopal (1).

―――

fius episcopus de Ratiate. (Vide *Labbe, Concil.*, T. IV, col. 1411, note 14.)

(1) D. Mart., *loc. dict.*, T. II, p. 32. Je soupçonne

Voilà, il faut le dire, une conjecture bien singulière. Pour lui donner quelque apparence de vérité, il eût fallu, ce nous semble, prouver d'abord qu'un évêque eût, de son chef, le droit de diviser son diocèse à son gré, et d'élever la portion qu'il en détachait au rang de *civitas*, par là conséquence pure et simple qui résultait de l'érection d'un nouveau siége épiscopal. L'exemple de Saint-Remi qui, en 515, démembra la *cité* de Rheims, pour en annexer une partie au nouvel évêché qu'il érigeait à Laon, n'est qu'une exception, et ne peut être regardé comme l'exercice d'un droit constant et avoué. D'ailleurs, je présume fort que ce démembrement avait uniquement trait à la juridiction spirituelle. Quant au gouvernement civil, il devait être réglé bien antérieurement d'une manière très différente; autrement comment expliquer que Rheims, toute capitale qu'elle était de la *cité* des Remois, ressortissait cependant, et a ressorti, presque jusqu'à nos jours, du bailliage de

que ce qui a pu tromper peut-être dom Martin, c'est qu'en Italie, aucun lieu habité n'obtenait le titre de ville, que par l'autorité du Pape, qui y établissait un siége épiscopal. Mais il n'en était pas de même dans la Gaule, à l'époque dont il s'agit.

Laon, suivant le témoignage du même dom Martin. (1) Certainement, puisque cette dernière ville était du domaine royal, dès 515, il résulte qu'elle en faisait également partie sous les Empereurs romains, aux droits desquels Chludwig succéda par droit de conquête. Au reste, *Ratiatum*, ou le pays ensuite nommé de *Retz*, ne fut jamais avantagé d'un évêché. Il fit constamment partie de celui de Poitiers, jusqu'en 851, époque de sa réunion à l'évêché de Nantes, comme nous l'avons dit précédemment. La preuve tirée de la conduite de Saint-Remi n'était donc pas applicable dans la circonstance.

Il convient encore d'observer que, vers la moitié du onzième siècle, le *pays de Retz* était qualifié du titre de *provincia*, ainsi que le prouve une concession faite par Arscutus, ou Harscuit, fils de Gestin, qui se qualifiait *senior Provinciæ Radesii* (2).

III. Il reste à parler du pays de *Tiffauge*, *pagus Thaifalicus, Thaiphalgicus, Theofalgicus*, quoique son existence, comme on l'a vu, ne date que d'une époque postérieure

---

(1) *Ibid.* p. 137, 294.
(2) Vide *Lobin.*, *loc. dict.*, T. II, p. 172-175.

à la domination Romaine. Les *Teifales* (1), qui donnèrent leur nom (2) à cette portion du

(1) Les *Teifales*, ou *Taifales*, étaient une tribu Gothe, qui eut ses rois particuliers, et ensuite des chefs héréditaires. « Sa réputation militaire fut souil-
» lée et déshonorée par leurs mœurs publiques.
» Chaque jeune homme de cette nation, à son entrée
» dans le monde, s'attachait à un des guerriers de la
» tribu, par les liens d'une honorable amitié et d'un
» amour odieux, et il ne pouvait se soustraire à cette
» liaison contre nature, qu'après avoir prouvé sa vi-
» rilité en abattant, sans aucun secours, un ours
» énorme ou un sanglier de la forêt. » *Hanc Taifalo-rum gentem turpem, et obscenæ vitæ flagitiis ita accipimus mersam; ut apud eos nefandi concubitus fœdere copulentur mares puberes, ætatis viriditatem in eorum pollutis usibus consumpturi. Porro, si qui jam adultus aprum exceperit solus, vel interemit ursum immanem, colluvione liberatur inberatur incesti. Marcel.*, L. XXXI, C. IX.) Le christianisme qu'ils ne tardèrent pas à embrasser, et leur commerce avec les Romains, étouffèrent sans doute par la suite ces passions honteuses qui déshonoraient les *Teifales*.

(2) Je ne trouve dans les anciens historiens aucun monument, aucun renseignement qui puisse servir à fixer, même approximativement, l'époque à laquelle les *Teifales* firent un établissement dans le Bas-Poitou. Ce serait probablement ne pas trop s'écarter de la vérité, que de considérer la fondation de la *Teifalie* comme une conséquence de la cession de la

pagus Ratiatensis, et à une grande partie de l'ancien territoire des *Agesinates Cambolec-*

seconde Aquitaine aux Visigoths. En faisant aux *Teifales* la concession d'un territoire peut-être inculte, et presqu'inhabité, il est présumable qu'Euric, indépendamment de l'avantage que présentait leur population, sous le rapport de la culture, attachait à sa cause de nouveaux défenseurs, au besoin, dans la personne d'anciens concitoyens habitués depuis long-tems au maniement des armes, mais dont la présence, dans le chef-lieu d'une *cité* nouvellement acquise, pouvait devenir dangereuse. Il est, au surplus, certain que la conquête des Francs n'apporta aucun changement dans la possession des *Teifales*. Ce qui le prouve, c'est que Grégoire de Tours nous apprend que S. Senoch, qui fonda un monastère en Touraine, était un *Teifale* originaire du Poitou. (*Hist. Fr.*, L. IV, c. VII, col. 211 ; *Vit. Patr.*, c. XV, col. 1225, n° 1.) Ruinart, dans ses notes sur Grégoire de Tours (*ad* L. IV, c. XVIII, note *d*) prétend, à la vérité, que les *Teifales* étaient un de ces peuples barbares qui inondèrent les Gaules, au commencement du cinquième siècle, et que quelques-uns se fixèrent en Poitou, dans un *vicus* auquel ils donnèrent leur nom ; mais, comme il n'étaie son opinion d'aucune autorité, on peut d'autant mieux la rejeter, qu'il n'est pas croyable que des *barbares* avides de pillage, et à qui la guerre procurait sans peine toutes les commodités de la vie, se fussent déterminés à s'établir sur un local qui ne leur offrait aucune res-

7

tri, dont ils se rendirent maîtres, ou qui leur furent concédées (1), avaient déjà leurs quar-

source, ou du moins leur en présentait un très-petit nombre. D'ailleurs S. Jérôme, qui nous a donné la liste des peuples qui se débordèrent dans les Gaules, après avoir passé le Rhin le 31 décembre 406 (*Hieron., Epist. ad Ager.*, т. IV, p. 748; éd. de *Martian.*), ne nomme point les *Teifales*. Il serait encore possible, dira-t-on, que le corps de cette tribu, au service de l'Empereur d'Occident, ait profité de l'invasion des Barbares pour abandonner ses drapeaux, et se former un établissement civil; mais alors pourquoi, déjà fixés à Poitiers, allèrent-ils volontairement choisir une résidence bien moins avantageuse, bien moins agréable que celle de leur garnison présente? Cela n'est ni naturel, ni vraisemblable. Valois distingue les *Teifales* en garnison sédentaire à Poitiers, d'avec les *Teifales* établis en Poitou. Il pense que ces derniers vinrent se fixer aux environs de la Loire, pendant le règne d'Honorius, sous la conduite d'Ataulphe, roi des Goths, ou qu'ils ne passèrent dans les Gaules qu'avec les Alains, ayant à leur tête le roi Goar. Cette dernière hypothèse lui semble plus admissible, parce que, suivant le rapport de Jornandès, il est constant que sous P. Valentinien, successeur d'Honorius, une partie des Alains résidait au-delà de la Loire. (*Not. Gall.*, p. 543, col. 1.) Mais, 1° ce mélange des *Teifales* avec les Alains est, comme le

(1) V. la note, pag. 108.

tiers en Poitou, lors de la division de l'Empire romain. La *Notice de l'Empire* fixe à Poitiers

dit Valois, son opinion purement personnelle. II° Les *Teifales* n'habitèrent point aux environs de la Loire; ils en étaient assez éloignés, et s'en trouvaient séparés, d'un côté par le pays d'*Herbauge*, déjà connu sous ce nom du tems de Grégoire de Tours (*De glor. mart.*, c. xc, col. 822); et, de l'autre côté, par le pays de *Mauge*. III° Ce fut le patrice Ætius qui, vers 439, distribua des terres incultes aux environs d'Orléans, et le long de la Loire, aux Alains qui servaient comme auxiliaires dans son armée : et, comme ils lui étaient personnellement attachés, il leur donna des établissemens fixes. La nature de cette concession était telle, que les terres devaient être partagées entre ces Alains et les habitans (*Chron. Prosp. Tiron. Aquit*, apud *Max. bibl. Pat.*, т. vɪɪɪ, p. 202), qui en furent dépouillés à main armée, en 442, suivant dom Bouquet. (*Rec. des hist. de la Gaul.*, т. ɪ, p. 639.) Le même auteur nous apprend qu'Ætius plaça une autre colonie d'Alains à Valence : c'est à ceux-ci qu'il faut attribuer les ravages de l'Auvergne, que déplore Sidoine-Apollinaire. Ses habitans, devenus victimes des exactions de tout genre que se permettaient leurs nouveaux concitoyens, abandonnèrent les villes mêmes pour se réfugier auprès des Goths, ou des Bagaudes. (C'est-à-dire, les provinces Armoriques confédérées. Vide *Sidon. Apoll. in paneg. Avit* v. 246 et seq. ; *Paulin.*, *Petrac. De vit. S. Mart.*, ʟ.

la résidence du chef militaire et du corps de ces *Teifales* et des *Sarmates* (1) au service de l'Empereur d'Occident (2).

vi, v. 216; *Salv., De gubern. Dei,* L. v, apud *Max bibliot. Patr.,* T. VIII, p. 359, 360; *Novel Major. ad ann.* 458, *Cod. Th.,* tit. I.) Il demeure alors constant que cet établissement des Alains ne fut que le long de la rive droite de la Loire, et non pas au-delà de la rive gauche, dans l'intérieur des terres, où se fixèrent les *Teifales*. Il faut d'ailleurs remarquer que la révolte des Armoriques, dont Ætius venait de subjuguer une partie, paraît avoir été une des causes principales, si même ce ne fut pas l'unique, de la fondation de cette colonie militaire des Alains, destinée, suivant toutes les apparences, à conserver la conquête du général de Valentinien III, et à réprimer, pendant son absence, les entreprises des confédérés Armoricains, encore indépendans. Ce qui semble même le dénoter d'une manière assez évidente, c'est qu'à son retour de Rome, Ætius voulant achever de soumettre entièrement les Armoriques, chargea de cette expédition le féroce Eocariax, roi de ces Alains cantonnés sur les bords de la Loire. (Vide *Const., De vit. S. Germ.,* L. II, c. v.; *Vit. S. Germ.,* apud *Duchesn. Hist. Franc. script.,* T. 1, p. 520; *Sirmund. In not. ad Sidon,* p. 131; *Bed. Hist. eccles.,* L. I, c. XXI, p. 72; ed. *Cantab.*) D'après ces considérations, on ne

---

(1) V. ces deux notes, pag. 108 et 109.

En résumé, on peut conjecturer, peut-être sans erreur, que les *Pictones* étaient une peu-

voit pas trop, dans l'opinion de Valois, de quel grand secours eussent été pour le patrice Romain les *Teifales* établis en Poitou, pour tenir en bride les provinces situées, par rapport à eux, au-delà de la rive droite de la Loire, qui avaient proclamé leur indépendance! Une partie des *Turonos* de la rive gauche de ce fleuve n'était point encore, il est vrai, rentrée sous la domination Romaine, puisque, vers 446, ils demeuraient maîtres de Chinon : mais n'étaient-ils pas déjà contenus de ce côté, au moins par les *Sarmates* et les *Teifales*, dont le quartier était à Poitiers!

Quand on manque de matériaux historiques, on se trouve trop souvent forcé de recourir à des hypothèses pour éclaircir, ou déterminer la nature d'un fait. Lorsque j'écrivais une partie de cette note, je n'avais pas encore connaissance d'un passage de Procope, qui jette un assez grand jour sur le sujet que nous traitons. Je crois donc devoir le rapporter dans son entier. *Alii verò Romani milites, qui erant in extrema Gallia stationarii, cum nec Romam redire possent, neque ad hostes Arrianos desiscere vellent; seipsi cum signis et regionem, quam Romanis ante servabant, Arborychis* (Armoricanis) *ac Germanis* (Francis) *permiserunt, moresque omnes patrios retinuere : quos eorum posteri ad se transmissos adhuc ritè observant. Nam et ex numeris, in quos olim contributi militavent, hac*

plade ancienne et indigène dans la Gaule. Cette hypothèse semblerait pouvoir se justifier,

etiam ætate agnoscuntur, et signa propria præferentes invadunt prælia. Constanter patriis utuntur legibus, et præter alias Romani habitus partes, redimiculum capitis etiam num gestant. (De bell. Gothic., L. I, C. XII, n° II.) Il n'y a pas de doute que par *Romani milites*, Procope qui, dans sa qualité de secrétaire de Bélisaire, dut être parfaitement instruit, n'ait entendu désigner toute troupe quelconque au service des Empereurs romains. La légion *Sarmatique* et *Teifalienne* en garnison à Poitiers, était bien stationnaire *in extrema Gallia*, par rapport à l'Italie. Le voisinage où elle se trouvait des *Armoriques* et des *Francs* lui permit d'entrer avec eux dans une négociation qui finit par le traité d'alliance de 497, en vertu duquel elle abandonna définitivement le service de Rome. Voilà qui est positif : nous avons néanmoins à regretter quelques autres éclaircissemens importans. Que devinrent les *Teifales* depuis 475, époque de la cession définitive de l'Aquitaine seconde par l'empereur Nepos, jusqu'en cette année 497, que nous les voyons contracter en leur nom particulier? Allèrent-ils, du moment de la conquête Visigothe, se cantonner volontairement dans le Bas-Poitou, pays où ils se flattèrent, peut-être, de pouvoir se défendre, au moins momentanément? Est-il bien naturel de penser que ces militaires, accoutumés à l'aisance que procure toujours, un peu plus, un peu moins, le séjour d'une capitale,

1.° par la position géographique de ces *Pictones*, dont le territoire était comme enclavé dans

se soient décidés tout à coup à s'en éloigner, pour aller habiter un pays presque désert et inculte, qui ne pouvait leur procurer que par un travail pénible, auquel ils n'étaient point accoutumés, je ne dirai pas les commodités de la vie, mais seulement des moyens assurés et prompts d'existence? Fut-ce bien aux environs de Tiffauge qu'ils se fixèrent primitivement? Ou se rapprochèrent-ils des bords de la mer et de la Loire, pour se ménager des communications faciles, soit avec les Armoriques, soit avec les Francs? Comment parvinrent-ils à se soustraire pendant vingt-trois ans à la domination d'un peuple avec qui ils refusèrent de prendre parti, parce qu'ils étaient Ariens? Euric, qui pouvait soumettre aisément un aussi petit corps de troupes, négligea-t-il de s'occuper d'un ennemi que son nombre lui rendait peu redoutable? En un mot, comment et sur quel pied se maintint-il en Poitou? Ce sont ces considérations qui me portent encore à soupçonner qu'il pût y avoir un accord, une convention quelconque au moins provisoire conclue entre le conquérant Visigoth et la légion *Teifalienne*. Son sort, ou sa condition politique, est assez positivement connu depuis 498, ou 499 au plus tard. Il est plus que vraisemblable que leur établissement définitif fut débattu et fixé dans l'entrevue qu'eurent, cette année, dans une île de la Loire, proche Amboise, les monarques Franc et Visigoth. Chludwig,

celui des *Lemovices*, peuple d'origine Gothique, qui s'était emparé de vive force de la

en effet, était intéressé à embrasser la cause d'un nouvel allié, dont il prévoyait bien tirer un jour du secours pour l'exécution des projets qu'il méditait sans doute déjà. D'un autre côté, Alaric ne connaissait-il, ou ne se doutait-il point de ce traité de 497, puisque c'est lui qui provoqua une conférence avec Chludwig! Grégoire de Tours le ferait soupçonner. *Igitur Alaricus Rex Gothorum, cum videret Chlodovechum Regem gentes assiduè debellare, legatos ad eum dirigit, dicens: si frater meus vellet, insiderat animo ut nos Deo propitio pariter videremus.* (*Hist. Franc.*, L. II, C. XXXV.) C'est tout ce que le père de notre histoire nous apprend sur un fait d'une importance aussi majeure. Mais l'intention secrète du roi Visigoth perce à travers ce simple récit. Alaric voyait son rival continuellement occupé à étendre sa domination. Il ne voulait pas rompre ouvertement avec lui; et néanmoins il lui importait de se fixer sur le compte des *Teifales*, devenus les alliés des Francs, quoique résidant dans ses propres états. En éloignant ces premiers de la côte maritime et des bords de la Loire, il entravait leurs relations journalières avec des ennemis secrets, qu'il privait ainsi de la faculté de porter de prompts secours, au moindre signal d'attaque de sa part. C'était un acte de politique infiniment sage, que celui de concentrer sur un point unique et isolé des sujets, sur la fidélité desquels on ne pouvait plus prendre le change. On

majeure et meilleure partie du pays primitivement occupé par ces premiers. 2° Les noms

se ménageait, par cette mesure prudente, les moyens de comprimer à l'instant le plus léger mouvement de révolte ouverte. Les Francs ne pouvaient paraître s'offenser d'une semblable disposition, sans témoigner trop évidemment leurs dispositions hostiles. Enfin la province entière, quoique soumise en apparence, était mécontente ; elle recélait des germes manifestes de sédition ; il ne fallait qu'une étincelle pour allumer rapidement l'incendie. Telle était la position critique dans laquelle se trouvait Alaric II. Ce prince ne prit jamais le change sur les menées sourdes et les véritables intentions d'un voisin de plus en plus entreprenant : aussi, pour le contenir davantage au besoin, se ménagea-t-il constamment l'appui de Théodoric, roi des Ostrogoths, dont il épousa une des filles, Theudichuse, ou Thiudicote. Déjà, si l'on en croit la chronique d'Idace, plusieurs combats avaient eu lieu entre Chludwig et Alaric, antérieurement à la guerre de 507. (*Idac. Chron.* apud *D. Bouq.*, *loc. dict*, T. II, p. 463.) Je ne sais pourtant si l'on peut bien s'en rapporter entièrement au témoignage de l'auteur cité. J'admets que le fond de son récit soit vrai : mais il y mêle trop de circonstances qui semblent assez peu vraisemblables, et quelques-unes même ridicules. L'ambassade de Paternus, la décision de Théodoric, etc., sont, à la vérité, rapportées également par Roricon (L. IV, apud *D. Bouq.*, *loc. dict.*, T. III, p. 15). Mais ce

latins *Pictes*, *Picti*, *Pictones*, *Pictavi*, ne sont qu'une même dénomination qui exprime

Franc qui, de son aveu, garda les troupeaux, n'est le plus souvent qu'un copiste de fables, sans mérite et sans considération aux yeux des savans, qui ignorent dans quel siècle il vécut. Dom Vaisette (*Hist. de Lang.*, T. I, L. V, n° XVII, p. 234) dit que l'exil et la mort de Volusien, évêque de Tours, qui avait toujours témoigné trop ouvertement son désir de passer sous la domination de Chludwig, fut, *peut-être*, l'origine des démêlés qui survinrent entre le roi Franc et celui Visigoth. Ce mot *peut-être* n'est qu'une conjecture à laquelle il ne faut pas donner une trop grande importance. Alaric ne fut point persécuteur, comme son père : ce qui le prouve évidemment, c'est qu'en 506, il permit aux évêques *orthodoxes* de son royaume de se rassembler en concile à Agde. Volusien mourut le 18 Janvier 499. (*Lecoint.*, *Annal. eccles. Franc.*, T. I, p. 202, n° VI, et p. 231, n° X.) Le savant Bénédictin dit encore qu'Alaric avait reçu depuis peu de nouveaux sujets de mécontentement de la part de Chludwig, au sujet desquels il lui envoya une ambassade solennelle, que le Franc reçut avec un accueil fier et hautain, et à qui il donna une réponse piquante. Alaric déclara alors la guerre. Théodoric intervint comme médiateur. (En 498. Vide *Cassiod. Epist.*, L. III, *ép.* I et IV.) Les deux princes s'abouchèrent ; l'harmonie se rétablit entre eux. Il y eut même cette année un traité d'alliance conclu entre Alaric et Clud-

la coutume qui régnait parmi eux de se *tâtouer* : ainsi *Pict-on* signifie littéralement *les wig*, suivant la chronique de Sigebert de Gemblours. (Apud *D. Bouq, loc. dict.*, T. III, p. 337.) Ce témoignage ne contrarie point celui de Grégoire de Tours, qui ne parle pas de guerre antérieure à celle de 507. L'autorité du père de notre histoire me paraît devoir faire loi. En admettant cependant l'opinion de dom Vaisette, la date de 499 ne répugnerait point à celle que j'ai indiquée de la conférence d'Amboise : il faudrait seulement, pour plus grand éclaircissement, dire : sur la fin de 498, A. S., ou au commencement de 499, N. S., date à laquelle je conclus, d'après tout ce qui vient d'être dit, que les *Teifales* eurent, au plus tard, un établissement fixe et légal dans le Bas-Poitou ; si même, comme je l'ai soupçonné d'abord, cet établissement ne remonte pas à 475. Alors leur traité de 497, avec les Armoriques et les Francs, eût eu pour but principal de se faire garantir, ou assurer, en tout événement, par la médiation de ces alliés puissans, la jouissance libre et paisible d'un pays qui leur avait été déjà, ou qui devait leur être concédé, comme on s'y engagea sans doute Un autre fait intéressant dont Procope nous donne connaissance, c'est que ces *Teifales* retinrent les mœurs de leur nation, et qu'ils les transmirent à leurs enfans : preuve incontestable que les Romains, très-tolérans par principe politique, n'obligèrent point les *Barbares* à leur solde, à se plier à leurs usages. En définitif, comme l'histoire n'offre point de renseigne-

peints, les tâtoués, ce qui dénoterait qu'ils

mens complètement satisfaisans sur l'établissement des *Teifales*, c'est au lecteur à apprécier le mérite de ces diverses hypothèses. (*Vide* le ch. III, part. III, subdiv. 1, sect. II.)

(1) Dans la partie du Bas-Poitou, connue sous le nom de *marais*, on parle un idiome particulier, appelé *patois Vendéen*. Il serait aussi intéressant que curieux d'examiner s'il n'existerait point quelque analogie entre le *Teutonique*, langue des *Teifales* et de tous les peuples Goths d'origine, et ce *patois Vendéen*, qui diffère totalement, et doit en effet différer en tout point de notre langue française, dérivée de celle *Gothe*, dont le Grec et le Latin n'étaient eux-mêmes qu'un dialecte raffiné. Vide *Pink.*, *loc. cit.*, pag. 345.

(4) L'engagement des hommes qui la composaient était volontaire. Il paraît qu'ils passèrent au service des empereurs, au plus tard après le règne de Constantin (si ce n'est même du vivant de ce prince, d'après un passage de *Zozime*, L. II, p. 687, 25, apud *Rom. Hist. scrip. Græc. min.*; éd. de Francf. 1595, in-fol.), lorsque l'admission des *Barbares* dans les armées devint de jour en jour plus commune et plus nécessaire. (Vide *Gibb.*, *loc. dict.*, T. III, p. 452.) Un corps de *Teifales* et de *Sarmates* faisait partie de l'armée de Constance, contre les *Quades* et les *Limigantes*. (*Ibid.*, T. IV, p. 36.) On n'a pas de notions sur la force de celui qui tenait garnison à Poitiers; mais il est proba-

étaient d'une origine très-ancienne (1), et fort attachés à leurs antiques coutumes. 3° Le Poi-

ble qu'il ne comportait pas un plus grand nombre de soldats que la Légion qui, sous Constantin, était réduite de 6,000 hommes à 1,000 ou 1,500 (*Le même*, т. III, p. 376.) Sous le déclin de l'Empire d'Occident, Poitiers dut sans doute souffrir beaucoup de l'intolérable oppression de ce *quartier militaire*.

(2) *Præfectum Sarmatorum et Teifalorum Gentilium Pictavis in provincia Aquitania II.* (Notit. utr. dign. cum not. G. Pancir, f° 181 recto, n° 39 éd. de 1608.)

(1) Il reste à peine en France quelques vestiges de Keltes, dont la race s'est perdue par de fréquens mélanges avec d'autres peuples. Les meilleurs critiques ont démontré que les fameux *Galli* des Romains étaient Gaulois-Germains, et non pas Keltes. Ceux originels paraissent avoir été une race d'hommes de petite taille, ayant le visage plat, les joues élevées, et de petits yeux noirs. (Vide *Pink.*, *loc. dict.* préf., p. VI.) Les *Pictones* ne formaient qu'une peuplade peu nombreuse, par conséquent faible, et sans influence dans le système politique de la Gaule. Nous en trouvons la preuve évidente dans le témoignage de César. Les *Poitevins*, les *Tourangeaux*, les *Parisiens* et les *Helviens*, ne fournirent qu'un contingent de huit mille hommes pour l'armée Gauloise destinée à faire lever le siége d'Alise, tandis que les *Limousins* seuls en fournirent dix mille. (*De bell.*

tou, antérieurement à la conquête des Francs, comportait sur son territoire les descendans de quatre anciens peuples, I. les *Pictones*, Keltes d'origine, qui ont donné leur nom à la province; II. les *Lemovices mediteranei*, III. et

Gall., L. VII, C. LXXV.) Le territoire de ces derniers était donc très-considérable, eu égard à celui des *Poitevins*, ce qui me confirme dans l'opinion hypothétique, à la vérité, que ceux-ci avaient été dépossédés d'une partie de celui qu'ils occupèrent primitivement, et que par conséquent ils seraient plus anciens dans la Gaule que les *Lemovices*. S'il était vrai, comme l'ont avancé d'Anville et l'abbé Belley (note 2, p. 74), que les anciens diocèses répondent aux territoires des anciens peuples, comment se ferait-il que les *Pictons* eussent fourni un si faible contingent, comparativement à celui demandé aux *Lemovices?* Certes l'ancien diocèse de Poitiers, avant son démembrement pour former la circonscription des évêchés de Maillezais et de Luçon, et les portions réunies à ceux de Nantes et d'Angers, était bien plus étendu que celui de Limoges : il faut donc alors supposer que la population des *Pictones* se trouvait dans une très-grande disproportion avec la surface de son territoire. Mais, d'un autre côté, comment concilier cette disproportion de population avec l'état de prospérité de l'agriculture dans le Poitou, dont parle Pline (*vide* ci-dessus, p. 70), et les dimensions de l'Amphithéâtre de Poitiers? (*Vide* ci-après, *chapitre* III, II*e partie, section* I.)

les *Lemovices Armoricani*, d'origine Gothique; IV. les *Agesinates Cambolectri*, Keltes d'origine. 4° Enfin, sous le déclin total de l'Empire romain d'Occident, les *Teifales*, tribu Gothe.

Quelque longue que soit la période de tems écoulé depuis la première irruption, ou premier établissement des Goths dans la Gaule, je pense néanmoins qu'il serait, peut-être, possible de saisir encore quelques traits caractéristiques, indicatifs de l'origine diverse des peuples qui ont peuplé et habité l'ancien Poitou. J'inclinerais donc à croire que la population au nord de la province, hors d'un rayon de sept ou huit lieues tracé autour de sa capitale, est un mélange de sangs différens, plus généralement Kelto-Romain, car la physionomie, la corpulence, la stature différencient de celles des habitans des environs de Poitiers. Cette dernière population, toujours restreinte dans le même rayon de sept à huit lieues, me paraît absolument Kelte. Les femmes y sont généralement d'une faible complexion, petites et maigres (1). La stature des

---

(1) On conçoit parfaitement que la pénurie de moyens d'existence, le travail pénible, la profonde ignorance, doivent opposer une forte barrière au

hommes, et leur constitution physique sont dans un rapport parfait avec celles des femmes. On ne commence à observer quelque changement que vers *Lusignan :* il est très-sensible aux environs de *Saint-Maixent,* sous les rapports de la taille, du coloris du visage, de la régularité des traits, et de la force du corps. D'après cette considération, je soupçonne que cette partie du territoire Poitevin fut occupé

développement de la beauté, qui me paraît tenir, sous divers rapports, au moins autant aux qualités morales, qu'aux qualités physiques. La nature reste toujours la même, quand elle n'est pas modifiée par l'action du gouvernement. Dans la portion de territoire occupée par les *Pictons,* le mélange très-peu nombreux d'individus appartenant à des peuplades remarquables par la belle proportion des formes et la haute stature, se noya dans les flots de la population locale, et elle ne put contribuer conséquemment, par le croisement des races, au perfectionnement de celle qu'enfantait la région. Encouragez l'agriculture et l'industrie ; propagez les lumières à l'aide d'une instruction, non pas puérile, mais basée sur des principes sages et véritablement religieux ; combattez par les armes du raisonnement toutes ces idées superstitieuses dont on encroûte l'esprit de l'enfance dès le berceau ; faites chérir le gouvernement ; la génération se relevera bientôt plus belle au moral, comme au physique.

par ces Goths, connus sous le nom de *Lemovices mediteranei*. L'ensemble du costume des gens de la campagne, ou paysans, chez lesquels le tems n'amène que peu de variations dans la manière de s'habiller, éprouve aussi un changement assez notable. De *Saint-Maixent* à *Houlmes*, je n'ai observé aucune différence bien sensible, et j'en conclus que la souche de la population est la même. Mais depuis les environs de *Houlmes* jusqu'à *Fontenai*, et plus particulièrement encore au nord et au nord-est de cette dernière ville, on est frappé de la dissemblance notable qui se trouve entre ces habitans et ceux précédemment observés. Les hommes y sont d'une stature plutôt grande que moyenne, bien proportionnés, nerveux, et d'une agréable physionomie. Les femmes sont belles, et fortement constituées. Leur mode d'habillement, différent de celui en usage dans les envions de *Saint-Maixent* et de *Niort*, n'est pas avantageux. Il cache la richesse et l'élégance de la taille : on regrette que les formes de la gorge soient en quelque sorte masquées; que tout le sein soit comme emboîté dans une pièce d'estomac piquée, entre laquelle néanmoins il se meut librement, et qui, sans causer le moindre déplacement ou la moindre pression des mamelles, paraît uniquement destinée à les protéger contre toute percussion. C'est dans ces contrées que l'on reconnaît, en un mot, cette magnifique population Gotho-Teifale, et que l'on ne peut douter du séjour qu'ils y firent, si même ils ne les peuplèrent pas pour la première fois. Comme à leurs ancêtres, sauvages géans du Nord, à chevelure épaisse, dont l'aspect alors dégoûtant et l'odeur insupportable repoussaient ceux qui voulaient les aborder (1), on peut reprocher aux habitans actuels d'être dissimulés, vifs, colères, impétueux dans la vengeance, et, pour l'assouvir, trop impatiens de verser le sang. Comme leurs ancêtres, leurs manières sont généralement grossières, leur joie bruyante, leur appétit vorace. Si vous descendez sur la gauche de Fontenai, vous êtes douloureusement frappé du dépérissement de la population, et l'on s'aperçoit évidemment que l'on entre sur l'ancien territoire des *Agesinates Cambolectri*. On peut particulièrement se convaincre de cette vérité aux environs de *Luçon*, dont le nom *Luc-on* signifie mot à mot, dans la langue Kelto-Kimbrique, *les marais*. La population a les rapports les plus frappans avec celle des environs de Poitiers.

(1) *Gibb.*, *loc. dict.*, T. VII, p. 7.

Ce rapport semblerait assez bien expliquer l'espèce d'alliance ou de fédération qui existait, sous les Romains, entre ces *Agesinates Cambolectri* et les *Pictones*, malgré la distance qui les séparait : alliance qu'on pourrait envisager comme une suite de l'identité d'une même origine, ainsi que je l'ai déjà fait entrevoir. Quant à la population qui couvrait l'ancien territoire des *Lemovices Armoricani*, je la considère comme un mélange des sangs Kelte, Teifalien, et peut-être encore Normand. On sait que ces derniers firent de fréquentes descentes sur les côtes de ce pays, ainsi que de la *Teifalie-Poitevine*, et qu'ils y pénétrèrent et séjournèrent à diverses époques.

Je ne parle point des Visigoths, parce qu'ils n'habitèrent pas assez long-tems le Poitou pour avoir formé une souche particulière, et que les alliances qu'ils purent y contracter ne durent produire tout au plus qu'un croisement des races existant à l'époque de leur occupation. Je passe également sous silence les Francs, parceque, après le gain de la bataille de *Vouillé*, il est très-probable qu'il ne dut s'en établir qu'un bien petit nombre, en principe, dans le Poitou, en ce que 1° la plupart de ces Francs (1)

---

(1) Suivant Gibbon (*loc. dict.*, T. VII, p. 11.)

se trouvaient déjà en possession d'autres terres acquises par leurs conquêtes précédentes sur les Romains; 2° parce que Chludwig, ainsi que nous le dirons ailleurs (1), rendit assez vraisemblablement aux habitans de l'Aquitaine, non pas la totalité, mais au moins quelque partie des terres dont les Visigoths les avaient dépossédés. Quant aux Romains d'origine, ils n'ont jamais existé qu'en très-petit nombre dans le Poitou (eu égard à la masse des habitans qui couvrait le sol de cette province), pendant le laps de tems qu'ils l'ont possédée.

Les différences notables dont nous venons de parler, dans le physique de la population actuelle de l'ancienne province de Poitou, les villes exceptées, sont indépendantes de la nature et de la qualité du sol, de la situation du local, et de l'influence qu'exerce sur les corps et l'air atmosphérique, et le degré de pureté des eaux potables. Ce n'est guère que dans le

---

Chludwig ne comptait pas sous ses drapeaux, à l'époque de son baptême, plus de cinq mille guerriers, ses sujets directs; mais il attira dans son armée d'autres Germains.

(1) *Vide* ci-après, *chapitre* III, III*e partie*, 1*re subdivision*, *section* II.

marais, proprement dit, qu'on s'aperçoit de l'altération évidemment produite dans la constitution physique des individus par la nature des eaux, et des alimens journaliers. Il existe encore dans cette même partie du territoire, connu sous le nom de *marais*, une certaine classe d'individus, très-peu nombreuse, appelée *Collibert, Cagot*, etc., dont le domicile habituel, ainsi que celui de toute leur famille, est dans des bateaux. D'où provient cette population exiguë, presque sauvage? Elle descend évidemment de ces anciens et mêmes *Colliberts*, assez nombreux autrefois dans le Bas-Poitou. Il en est fréquemment fait mention dans les anciennes chartes; et dans les onzième et douzième siècles, on gratifiait les abbayes, et autres établissemens religieux de ces *Colliberts*, et même de leur famille. Ils n'étaient chargés que du soin de la pêche, et de fournir le poisson nécessaire pour la table des monastères auxquels ils appartenaient. Mais quelle fut la souche primitive de ces *Colliberts*, trop peu connus, dont on sait cependant que la condition politique était intermédiaire entre celles de l'homme libre, et de l'homme de *poote* (1)? Les enfans d'un *Col-*

(1) J'ai consulté, outre le *Glossaire de Ducange*,

libert, ou d'une *Colliberte*, n'étaient pas la propriété de leur *Patron*, ou seigneur, comme ceux des *serfs* qui appartenaient de droit à leur maître : c'est ce qui les faisait distinguer sous le nom de *homines conditionales*. Un *Collibert* avait la liberté d'aller s'établir dans un autre fief que celui où il était né. Le seigneur de son nouveau domicile ne pouvait disposer de sa personne, comme étant devenue sa propriété par l'effet de la résidence; il lui fallait au préalable obtenir le consentement du seigneur primitif de ce *main-mortable*. Celui-ci ne pouvait au surplus se marier sans la permission de son *seigneur*, qui choisissait quelquefois ses *Prévôts* dans cette classe. Pierre de Maillezais, qui passa une partie de sa vie dans le voisinage des *Colliberts* du Bas-Poitou, qui survécurent à la destruction de leur peuplade, nous apprend qu'ils cherchaient également leur nourriture dans les produits de la pêche, à laquelle ils se livraient sur la rivière de la Sèvre-Niortaise, à l'extrémité de l'île de Maillezais, où ils avaient élevé quelques huttes grossières.

plusieurs titres autographes de donations et fondations, qui m'ont donné les renseignemens dont j'ai fait usage.

Les uns prétendent, continue Pierre de Maillezais, que leur nom dérive de la coutume qu'avaient ces pêcheurs de rendre un culte à la pluie ; d'autres, de ce que, lors des débordemens de la Sèvre, ils abandonnaient leurs cabanes, et allaient se livrer dans différens lieux, souvent assez éloignés, à l'exercice de la pêche. Que ce soit là, ou non, la véritable origine du nom de *Collibert*, on s'accordait à les peindre comme des gens très-irascibles, presqu'implacables, méchans, cruels, incrédules, indociles, et à qui tout sentiment d'humanité était en quelque sorte étranger. Les Normands, dans leurs fréquentes incursions vers l'embouchure de la Sèvre-Niortaise, dépouillaient et mettaient à mort tous les *Colliberts* qu'ils rencontraient, et l'on rapporte qu'ils en exterminèrent un grand nombre (1).

―――――――

(1) In extremis quoque insulæ undè agitur (*l'île de Maillezais*) supra Separis alveum quoddam genus hominum piscando queritans victum, non nulla tuguria confecerat, quod à majoribus Colliberforum vocabulum contraxerat. Quod nomen quamquam quedam servorum portio sortita sit, videtur tamen quod in istis conditione aliqua derivatum sit. Undè quoniam adest occasio, ipsius vocabuli perscrutetur interpretatio. Etenim Collibertus, à cultu imbrium

Le portrait que fait de ces pêcheurs habituels Pierre de Maillezais, convient fort bien à une ancienne peuplade barbare, et est encore applicable à leurs descendans actuels. Il faut seulement rejeter l'opinion particulière des contemporains de l'auteur cité, qui croyaient que les *Colliberts* rendaient un culte à la pluie. Ceux existans de nos jours sont chrétiens-catholiques, mais d'une ignorance crasse. J'i-

descendere putatur ab aliquibus. Progenies autem ipsorum Collibertorum, hinc fortè istud ore vulgi, multa interdum ex usibus rerum vera dicentis, contraxit vocabulum, quoniam ubi inundatia pluviarum Separis excrescere fecisset fluvium, relictis quibus incolebant locis; hinc enim procul habitabant nonulli, properabatur illò, causa piscium. Sive igitur sit hoc aut aliud aliquid, hoc unum de illis fertur, quod sint et ira leves, et penè implacabiles, immites, crudeles, increduli et indociles, et omnis propemodum humanitatis expertes. Aquilonalis certè gens, Normanni videlicet, quæ semper prædis, incendiis, et rapinis ultra modum alios vexare parata predicatur, prefatum flumen, quam sæpè solita erat introire, ac quoscumque poterat bonis omnibus nudatos neci dabat. Horum gladio, Collibertorum post non minimam suorum stragem deleta cantatur maxima multitudo. *Petr. mon., de Antiquit. et Commut. in met. Mailliac. ins.*, apud *Besly, Comt. de Poit.*, p. 286, 287.

gnore sur quels documens se sont appuyés certains auteurs modernes, pour prononcer que nos *Colliberts* étaient des espèces de *crétins*. C'est, à parler franchement, porter un jugement sans connaissance de cause. On peut être sale, dégoûtant même dans ses vêtemens ; paraître idiot, hébété dans toutes ses actions ; avoir le regard effaré, sans être un *crétin*. J'ai eu occasion d'en voir quelques-uns : je suis intimement persuadé que *leur maladie* principale tient essentiellement et particulièrement au défaut absolu d'éducation, à leur genre de vie, et à la privation de communications avec les autres hommes, dont ils restent constamment séquestrés. Rendez ces malheureux à la société; faites leur en apprécier les avantages, et vous aurez bientôt perfectionné leur *moral*, et changé leur *physique*.

Je demeure encore convaincu que, d'après la situation des parages où ils se tiennent, et qui sont encore les mêmes que ceux fréquentés par leurs pères, dans le onzième siècle, sauf les changemens survenus dans quelques localités, par suite du retrait des eaux de l'Océan, nos *Colliberts* actuels ne sont autres que les malheureux descendans des *Agesinates Cambolectri,* dont la postérité aura continué d'habiter cette portion du territoire possédée par leurs aïeux, dont ils ont également conservé les mœurs et les habitudes.

Sous le rapport du moral, on pourrait également faire entrevoir d'autres nuances très-prononcées dans le caractère, etc., des diverses populations dont nous venons de parler.

CHAPITRE II.

RECHERCHES GÉOGRAPHIQUES ET HISTORIQUES SUR L'ITINÉRAIRE ROMAIN DE L'ANCIENNE PROVINCE DE POITOU.

Si la perte de la liberté, ce bien le plus cher et le plus précieux pour un peuple, était jamais susceptible de pouvoir se compenser, ce serait, sans doute, par les bienfaits résultant de la civilisation. Les Romains, en ouvrant dans les Gaules de nombreuses communications entre ses différens peuples, leur facilitèrent les moyens de pouvoir adoucir l'âpreté de leurs mœurs. Pourquoi faut-il que ces *voies* superbes, dont la solidité a bravé les efforts de tant de siècles, et dont la construction eût pour premier but d'assurer la conquête de notre territoire, aient elles-mêmes procuré aux hordes du Nord la déplorable facilité de le ravager sur tant de points, et de couvrir de deuil, de sang, et de ruines, tant de *cités* déjà illustrées, soit par la culture des sciences et des arts, soit par les monumens qu'elles recélaient dans leur sein !

Lyon était le point de départ de toutes les *voies* romaines, ou chemins pavés de la Gaule, *viæ consulares, pretoriæ, militares, solemnes, aggeres publici* (1). Leur direction générale était donc, quant au Poitou, de l'est à l'ouest. Nous les parcourerons dans un sens inverse, en raison de l'usage que nous ferons de divers monumens, dont l'explication deviendra plus facile et plus claire, en suivant cette marche.

SECTION PREMIÈRE.

Voie de Saintes a Tours
ou
Voie de Tours a Saintes } passant par Poitiers.

La première des *voies militaires* que nous ayons à déterminer et à suivre, est celle qui

(1) Vide *Berg.*, *Hist. des gr. ch. de l'emp. Rom.*, T. II, L. III, CH. LI, n° 2, p. 133, et CH. LIV, n°ˢ 2 et seqq., p. 141.

tendait de *Cæsarodunum*, Tours, à *Limonum*, Poitiers (1), et ensuite à *Mediolanum*,

(1) La Carte de Peutinger, ou Table Théodosienne, fait embrancher cette *voie* dans une autre, qui de *Cæsarodunum* conduisait à *Avaricum*. Je ne sais si l'on doit bien avoir confiance dans le tracé de cette route : ce qui pourrait cependant militer peut-être en faveur de son témoignage, c'est que la *via* de *Limonum* à *Cæsarodunum* paraît avoir passé par *Manthelan*, le *Montolomagus* de Grégoire de Tours (quoique, suivant cet auteur, la fondation du bourg, ou petite ville de *Manthelan*, ne date que de l'épiscopat de Volusien, c'est-à-dire entre les années 491 et 499, et que ce ne soit pas la direction en droite ligne de Poitiers à Tours.), que l'abbé de Marolles place sur la grand'route de Poitiers à Tours. (*Hist. des Franc.*, T. 1, p. 732, note 58.) Sur une carte de la généralité de Tours, dressée en 1711, *Manthelan* est désignée comme un lieu d'étape. D'après cette direction, il serait assez vraisemblable que son embranchement, tel que l'indique la *Table Théodosienne*, existait réellement : mais au lieu de déterminer ce même embranchement dans la *via* de *Cæsarodunum* à *Avaricum*, je la fixerais dans celle de *Genabum* à *Avaricum*, passant par *Argenton*. J'ai fait des recherches multipliées, et malheureusement infructueuses, pour retrouver quelques débris de cette route, *via*, de Poitiers à Tours. Je n'ose me fier à quelques données traditionnelles du pays, qui tendraient à prouver qu'elle passait également sur le

Saintes, *et vice versâ*. Cette *voie* entrait sur le territoire des *Pictons*, par *Ingrande*. Le témoignage de Grégoire de Tours peut venir à l'appui de cette assertion. Ce père de notre histoire, en parlant de l'expédition de Chludwig contre Alaric, en 507, dit que le roi des Francs dirigea son armée sur Poitiers, où résidait alors le monarque Visigoth (1). L'armée

territoire de la commune actuelle de *Tauxigni*, au nord de *Manthelan* : je n'ai pu constater authentiquement son gisement qu'au *Bois-au-Chantre*, dans *Vancé*, aujourd'hui *Saint-Avertin*, près Tours.

(1) Je ne puis comprendre le récit de Gibbon (*loc. dict.*, note 1, p. 39, T. VII), qui a suivi trop aveuglément, ce me semble, l'opinion de l'abbé Lebœuf. L'auteur anglais, après avoir dit qu'Orléans assurait aux Francs un pont sur la Loire, ajoute que la crue extraordinaire des eaux de la Vienne leur ferma le passage à quarante milles environ de Poitiers : l'armée des Visigoths couvrait la rive opposée. Quarante milles donnent 30,240 toises; on en compte 30,000 à vol d'oiseau du Port-de-Pile à Poitiers. Cette parité de distance porterait donc à croire que c'est dans ce dernier endroit que l'armée de Chludwig ne put passer la Vienne. Mais, d'un autre côté, puisqu'elle marchait sur Poitiers, par la route de cette ville à Orléans, où elle traversa la Loire, les Francs ne durent pas arriver au Port-de-Pile, pour effectuer le passage de la Vienne, parce que ce n'était pas là

des Francs traversa le territoire des *Turonos*, c'est-à-dire, marcha par Amboise et Cornillé, tout près et au nord de Loches. C'est d'un de ces points, et plus probablement du dernier, que Chludwig envoya des présens à l'église de Saint-Martin de Tours, et fit consulter le saint sur le succès de son expédition, ce qu'on ap-

la direction de la *voie* qu'ils suivaient. Cette *voie* passait par Amboise, Cornillé, Saint-Senoch, et se continuait le long des bords de la Creuse, comme nous le prouverons ci-après, *section* vi. Elle devait correspondre à la *via* de *Limonum* à *Cæsarodunum* par une *via vicinalis*, ou route de traverse, qui, partant de *La Haye*, ou des environs de *La Haye*, aboutissait à *Ingrande*. Ce chemin, que je qualifie *via vicinalis*, existe encore : il est une portion de de l'ancienne grand'route qui conduisait de *Poitiers* à *Orléans*, la seule fréquentée avant la confection de celle actuelle passant par *Tours*. J'observerai de plus que le passage de la Vienne au Port-de-Pile n'aurait pu conduire les Francs à Poitiers, qu'autant qu'ils eussent marché par Chinon, puisque le chemin de Poitiers se trouvait sur la rive droite de la Vienne, et non pas sur la rive gauche. C'est d'ailleurs la Creuse qui passe au Port-de-Pile : cette rivière n'a son embouchure dans la Vienne qu'un peu au-dessous, le bec des deux eaux ne se rencontrant qu'à l'ouest-nord-ouest de ce dernier bourg. (*Vide* ci-après, *section* vi, *ad finem*.)

pelait alors *sortes sanctorum*. Chludwig étant arrivé sur les bords de la Vienne, il ne put passer cette rivière, parce qu'elle était enflée par les eaux de la pluie (1) : mais une biche qui la traversa, le lendemain (2), lui indiqua

(1) Cette difficulté provenait de ce que la communication d'une rive à l'autre avait lieu seulement par bateau. Les Romains avaient établi dans les Gaules des *colléges*, ou compagnies de nautonniers, chargés de cette sorte de service public, et que l'on nommait *Utriclarii*, ou *Utricularii*, parce que leurs bateaux avaient la forme d'une outre. (Vide *Spond. Miscel. Erud. Antiq*, p. 61 et 171.) On trouvait encore de ces passeurs d'eau, dans la première partie du moyen âge, en Provence, où ils habitaient le bord des rivières.

(2) On peut tirer de ce fait quelque induction pour déterminer l'époque de l'année, ou la saison dans laquelle Chludwig marcha contre les Visigoths. Ce n'est que dans le tems du rut, que le cerf est si fort échauffé, qu'il cherche l'eau partout, non-seulement pour apaiser sa soif brûlante, mais pour se baigner et se rafraîchir le corps. Le rut commence, pour les *vieux cerfs*, vers le milieu du mois d'août, et finit vers la fin de septembre; pour les cerfs de *dix cors* et de *dix cors jeunement*, il commence vers le 7 septembre, et finit vers le 2 octobre; pour les jeunes cerfs, c'est depuis le 23 septembre, jusqu'au 17 octobre. (Vide *Nouv. Dict. d'hist. nat.*, T. IV, p. 506, 509; éd. de l'an XI-1803.) Je conclus de

un gué (1). Le récit de Grégoire de Tours, d'après l'examen du local, est très-clair et très-exact. Alaric, qui ne voulait pas combattre avant d'avoir été joint par les troupes que lui envoyait Théodoric, se borna à prendre une position avantageuse, ayant devant lui la Vienne, et Poitiers sur ses derrières pour point de retraite. Cette position déjà retranchée en quelque sorte, ne pouvait être que l'ancienne *mansio* Fines, qui se trouvait en face du passage ordinaire de la Vienne, et au confluent du Clin. La crue des eaux de cette première rivière ne permettant point à l'armée de Chludwig de la traverser dans cet endroit, ce monarque la remonta jusqu'au gué, encore aujourd'hui connu sous le nom de *Gué-de-la-Biche* (2), commune de *Bonneuil-Matours*, où il effectua son passage. A cette nouvelle, Alaric fit retirer ses troupes, et Chludwig s'é-

---

ces particularités que l'expédition de Chludwig date du commencement de l'automne, et est postérieure au concile d'Agde, tenu le 11 septembre, auquel assistèrent les évêques de l'Aquitaine seconde. (*Vide* ch. iii, iiie part. 1 subd. sect. ii, *note*.)

(1) *Grég. Turon.*, *Hist. Franc.*, l. ii, c. xxxvii, col. 92 et seq.; éd. *Ruin*.

(2) Quelques auteurs lui donnent le nom de *Gué-du-Cerf*.

tant mis à leur poursuite, les atteignit après une marche forcée de neuf à dix heures.

§. I. FINES, Mansio.

Partant d'Ingrande, la *voie* se continuait entre la Creuse et la Vienne, pour atteindre la première station sur le territoire des *Pictons*. Fines est cette première station. Quelques-uns veulent que Fines soit *Châtelleraud;* d'autres la placent à *Haings*, *Heings*, ou *Aingts*. Nous n'adopterons ni l'une ni l'autre opinion. On n'a pas assez fait attention, ce nous semble, que la *Table Théodosienne* (1), ainsi que l'*Iti-*

(1) La carte dite de *Peutinger* fut rédigée, selon quelques auteurs, par ordre de Théodose, vers l'an 390, ou dans l'intervalle de 368 à 396. La meilleure édition de cette carte est celle donnée par *Franc. Christ de Scheyb, Vindob. Ttattner*, 1753, xii pl., g^d in-fol. Les erreurs et les omissions qu'on y remarque, faisaient présumer que c'était une copie faite à la dérobée par un soldat chrétien, (quoique la confection d'une telle copie entraînât la peine de mort.), ou par quelque autre main inhabile. (Vide *Berg.*, *loc. dict.*, T. 1, L. III, ch. vii et suiv.) Mais *Mannert* (*Géog.*, T. 1, p. 203) a presque démontré, dans un mémoire très-savant, que l'origine de cette carte remonte au tems de l'Empereur Sévère, c'est-

néraire d'*Antonin* (1), ne nous indiquent pas exactement ni toutes les *voies* Romaines, ni les *mansio* qui existaient sur ces *voies*. Nous en offrirons dans ce chapitre des preuves irrécusables.

Le mot Fines exprime une espèce de *marche*, de limite d'un territoire, comme on l'a déjà observé. Je trouve sur la lisière du Poitou deux localités désignées sous le nom de *Fines* : l'une, au Nord, indiquait la ligne de démarcation entre les *Pictones* et les *Turones ;* l'autre, à l'Est, celle des *Pictones* et des *Bituriges Cubi*. Le même emplacement m'offre aussi deux autres localités, connues encore aujourd'hui sous le nom d'Ingrande, ou *Igorande*, comme on l'écrivait autrefois : l'une, à l'Est, sur la rive droite de Langlin, était l'*Ingressus Pictonum :* l'autre Ingrande, au Nord de Poitiers, était l'*Ingressus Turonum*. Bien certainement la station Fines, au Nord de *Limonum*, n'est pas autre que le lieu appelé le

à-dire à l'an 230 de notre ère, et que la copie actuellement existante est due aux loisirs d'un moine du treizième siècle.

(1) Dans toutes les citations que je ferai de cet *Itinéraire*, je me servirai de l'édition de Cologne, 1600, in-12, avec les notes de *J. Surita*.

Vieux-Poitiers. Une colonne itinéraire déterrée dans l'ancien cimetière de *Cenon*, et placée actuellement dans le parc du château du *Fou*, porte l'inscription suivante (1) :

IMP CAESAR DIVI HA
DRIANI FIL DIVI tra
IANI PARTHICI NE
POS DIVI NERVAE PRO
NEP T AEL HADRIA
nus antoninus
AVG PIVS PM TR P
III COS III PP
LIM   FIN
  IX   II. (2)

Cette colonne, ou cippe itinéraire, employée par la suite comme couverture de

---

(1) Les petits caractères indiquent ceux rétablis pour compléter l'inscription.

(2) Cette inscription suffit seule pour détruire l'opinion absurde de ces prétendus antiquaires, qui

sarcophage (1), avait été primitivement élevée, d'après l'indication donnée par son inscription, à neuf lieues Gauloises de *Limonum*, et à deux de Fines. Neuf lieues Gauloises donnent dix mille deux cent six toises, puisque cette lieue répond à onze cent trente-quatre de nos toises (2). Mais comme il y avait encore deux lieues à parcourir du point où était érigée cette colonne, jusqu'à Fines, il convient d'ajouter les deux mille deux cent soixante-huit toises, dont se compose cette distance, ce qui donne en totalité douze mille quatre cent soixante-quatorze toises. C'est donc à six lieues et un quart de nos lieues de poste, qu'il faut chercher l'emplacement de la station Fines qui nous occupe, et nous le trouvons évidemment sur le territoire de la commune actuelle de Cenon, dans l'endroit

avancent au hasard que l'ancienne ville *Limonum* gisait sur l'emplacement du lieu nommé *le Vieux-Poitiers*.

(1) La colonne itinéraire découverte par Pajonnet, dans le nouveau cimetière d'*Anchamp*, près la Bruère, département du Cher, servait également de tombeau. *Barail.*, *Rech. sur les Cambiov.*, etc., p. 207, n° 23.

(2) Je la calcule sur ce pied, pour éviter les fractions.

appelé le *Vieux-Poitiers* L'étendue de terrain qu'occupait cette *mansio* (1), sa position, le

(1) Je crois devoir consigner ici des documens qui, quoique fournis par une personne fort peu versée dans la science de l'antiquité, pourront néanmoins jetter quelque jour sur l'ancien état des lieux. « Le
» plus ancien aveu où il en soit fait mention (du
» *Vieux-Poitiers*), est de 1408. Il porte : *Item*, les
» murailles du Vieux-Poitiers, avec les terres et autres
» choses appartenant à icelui, étant entre le Clain
» et la Moullière, contenant douze septerées de terre.
» (A peu près deux cents boisselées.) Ces murailles,
» toutes démantelées qu'elles soient, annoncent avoir
» été un ancien temple. Le parvis en est encore en-
» tier, à la voûte près, qui est en partie fondue. Le
» portique du milieu, dont l'aspect est au levant,
» est dans son entier de huit pieds de large, sur
» vingt-quatre de hauteur. Ce parvis, qui forme une
» tour carrée, est de quinze pieds en tout sens, sur
» soixante de haut. Il paraît, par la naissance des
» voûtes, qu'il y a eu deux autres portiques; l'un à la
» droite, et l'autre à la gauche de celui du milieu, et
» de même hauteur... Les murs du Midi et du Cou-
» chant sont absolument rases. Mais, par la fouille
» que j'en ai fait faire, il paraît que ce temple avait
» cent pieds de long sur soixante-dix de large, et
» que ses murailles en avaient au moins soixante de
» haut. Outre ce parvis ou tour carrée dont j'ai parlé,
» il n'existe plus qu'une partie de la muraille qui
» est au Nord, c'est-à-dire du côté de la rivière du

genre de construction de ses édifices, dont il ne reste plus guère maintenant que des ruines

» Clain. Elle est ornée en dehors de quatre portes
» feintes. Rien n'annonce qu'il y ait eu aucun jour
» pour éclairer ce temple; c'était sans doute par le
» dôme qu'il le recevait. Il n'y a aucune trace de
» fenêtre, ni à cette muraille, ni à la tour carrée....
» Le tout est revêtu de petites pierres de tuf, tail-
» lées exprès, de six pouces au carré. Ce monument
» antique existe à environ deux cent cinquante toises
» du Clain, à environ quatre cents toises du confluent
» de cette rivière avec la Vienne.. à six lieues de
» Poitiers. A en juger par les traces laissées par
» l'inondation du Clain, en 1770, cette ville (du
» *Vieux-Poitiers*) n'avait pas au total plus de deux
» cents toises de large, sur environ trois cents de
» long. Cependant les ruines d'un ancien pont, situé
» entre le port de Souhers et celui des Bertons, sur
» la même rivière du Clain, et quelques vestiges
» d'un ancien temple, qui se voient encore dans les
» tailles de la forêt de Châtelleraud, annoncent qu'il
» y avait des habitations au Midi et au Nord de cette
» rivière, et que, par conséquent, il est impossible
» de fixer exactement la circonférence de cette an-
» cienne ville. Il paraît qu'elle commençait depuis
» les environs d'un village appelé actuellement le
» Prieuré, qu'elle comprenait les villages de Chezelle,
» de Souhers et des Bertons, jusqu'au moulin de
» l'Estiacre *(Voyez ci-après une note du paragraphe*
» v, *section* 1, *pour la signification de ce mot)*; car,

à fleur de terre, ne permettent pas de méconnaître sa destination primitive. On peut

» près ce moulin, existait aussi une ancienne tour
» totalement détruite, dont il ne reste plus qu'une
» masse de pierre qui a servi de fondement, et ce lieu
» s'appelle encore le Puy-de-la-Tour. Au confluent
» du Clain avec la Vienne, est un bourg appelé Saint-
» Pierre-de-Cenon; ce lieu se nommait anciennement
» Ghenon; il y a été trouvé une quantité prodigieuse
» de tombeaux de toutes formes, mais la plus grande
» partie oblongs... Toutes celles (les monnaies) qui se
» sont trouvées en différens tems dans ses ruines (du
» Vieux-Poitiers), et même lors de l'inondation de
» 1770, sont des pièces romaines, les unes en argent..
» les autres en cuivre... sous Néron, Caligula, Claude,
» Vespasien, Trajan et autres... On sait que Charles-
» Martel vainquit, en plusieurs rencontres, Abde-
» rame, roi des Sarrasins, qui dévastait toute l'A-
» quitaine. On prétend que ce chef ennemi fut tué
» dans une de ces batailles, qui se donna près-le
» Vieux-Poitiers, et qu'il fut inhumé dans un lieu que
» l'on appelle encore *la Fosse au Roi*, sur le chemin
» de Cenon à Jumeaux. Il est à présumer que la
» grande quantité de tombeaux qui se sont trouvés
» aux environs de Cenon ou Ghenon, au confluent
» de la Vienne et du Clain, sont ceux des princi-
» paux militaires Français qui périrent dans cette
» bataille. Je vous adresse quelques effets trouvés
» dans ces tombeaux; ce sont des crochets, des bou-
» cles, des agraphes, des chaînes, et autres parties

d'ailleurs la justifier, en quelque sorte, par le témoignage de l'histoire. Quatre anciens annalistes (1), Adon (2), et d'autres auteurs, en parlant de l'expédition de Carloman et de Pepin contre Hunald, duc d'Aquitaine, en 742, disent que ces deux princes, après s'être emparés de *Luccæ*, Lochés, arrivèrent au *Vieux-Poitiers*, où ils se partagèrent le royaume des Francs. Les expressions dont se servent les chroniqueurs cités sont particulièrement remarquables dans le sujet dont il s'agit : *et in ipso itinere; in ipso itinere positi.* Il est donc bien avéré que la route, ou plutôt la portion de la route qui, passant à Loches, conduisait au *Vieux-Poitiers*, n'est ici autre que la continuation de l'ancienne *voie* Romaine d'Orléans à Bourges. Et dès-lors que les princes Francs s'arrêtèrent au *Vieux-*

» d'armures. » *Aff. du Poit.* des 28 juin 1781, 5 et 26 juillet et 30 août, n°⁸ 26, 27, 30 et 35, p. 101, 105, 117 et 139.

(1) *Ann. Franc.*, apud *Duchesn.*, *Hist. Franc. script.*, T. II, p. 11; *Annal. Bert.*, *ibid.*, T. III, p. 150; *Ann. Franc. Met.*, *ibid.*, T. III, p. 272; *Annal. Titian.*, apud *Lecoint.*, *Annal. eccl. Franc.*, T. V, p. 65.

(2) *Adon. Vien. chron. ætas sext.*, p. 212; éd. *Morel.*

Poitiers, où ils se partagèrent le royaume, ce qui entraîna nécessairement un traité entre eux, dont la rédaction ne put être l'effet d'un moment, cette station, nommée le *Vieux-Poitiers*, ne saurait être que l'ancienne *mansio* désignée sous le nom de Fines dans l'inscription de la colonne itinéraire trouvée à Cenon. Il n'y avait alors en effet dans la France qu'une ville, ou une *mansio*, qui présentât les facilités requises pour y recevoir Carloman et Pepin, marchant à la tête d'une armée.

Je ne passerai pas sous silence un autre monument historique, très-précieux à raison des renseignemens qu'il nous offre sur la direction de la *voie* Romaine que nous parcourrons : je veux parler de l'itinéraire que l'on suivit, en 681, lorsque l'on transféra à Saint-Maixent le corps de saint Léger (1), martyrisé le 3 octobre 678. Le moine anonyme d'Autun, auteur de la vie du saint évêque de ce diocèse, ne nomme aucun des endroits où l'on dût s'arrêter depuis Tours jusqu'à la frontière des Poitevins. Il se contente de dire que le corps du saint entra dans le diocèse de Poitiers par Ingrande, Igorande, qualifiée *viculus*, ou petit bourg. Il men-

___
(1) Il avait été abbé de Saint-Maixent.

tionne ensuite *Inter-Amnes*, aujourd'hui *Antran*, et mieux *Entraigues* (1). Arrivés sur les bords de la Vienne, les conducteurs du pieux dépôt ne purent d'abord la traverser, pour atteindre Cenon, *vicus Sannone*, parce que le vent qui régnait alors, rendait cette rivière très-houleuse. On parvint cependant à la passer en bateau. De ce point, on continua de suivre directement la *voie* pour arriver à JAULNAI, *indè recto itinere perventum est ad quamdam villam Gelnacum* (2).

(1) C'est-à-dire le cortége passa devant *Antran*, mais n'y arriva pas, ce qui est indubitable, d'après la topographie donnée par l'Itinéraire. On marchait en effet sur la rive droite de la Vienne, et *Antran* se trouve sur la rive gauche. Ce bourg a pris son nom de sa position entre deux ruisseaux qui ont leur embouchure dans la Vienne, et son chef-lieu actuel existe toujours sur son ancien emplacement. Ce n'était qu'une simple *villa*, en 681, qui appartenait à Ansoalde, alors évêque de Poitiers. J'en parlerai plus au long dans un ouvrage subséquent.

(2) *Jaulnai*, ou *Jaulnais* se trouve sur la rive gauche du Clin. La *voie* ne passait pas dans ce bourg, puisqu'elle se continuait sur la rive droite de cette rivière. D'ailleurs l'entrée de *Poitiers* s'y trouvait également, comme nous le verrons *chapitre* III ci-après. Ce qui confirme encore ici cette dernière assertion, c'est que le corps du saint fut transféré, sitôt

où l'évêque de Poitiers reçut le corps du saint, et le transporta à l'église de Sainte-Radégonde, ensuite à celle de Saint-Hilaire, d'où il partit pour Lusignan, *vicus Zezinoïalum*, lieu où il en fit remise aux moines de Saint-Maixent (1).

son arrivée, d'abord à Sainte-Radégonde, ensuite à Saint-Hilaire, ce qui n'eût pas eu lieu, si la porte de la ville eût existé sur la rive gauche du Clin, dans où vers l'endroit où se trouve aujourd'hui la porte dite de *Paris;* car alors l'église de Saint-Hilaire eût été plus proche que celle de Sainte-Radégonde. La position de *Jaulnai* sur, ou le long de l'ancienne *voie* Romaine, serait d'autant plus incroyable, qu'outre le crochet que l'on ferait faire fort inutilement à cette *voie*, il eût nécessairement fallu d'abord passer le Clin, ensuite le traverser de nouveau coup sur coup, pour entrer dans la capitale du Poitou. Ce double et brusque trajet eût considérablement entravé la célérité des communications, et ne pouvait conséquemment entrer dans la combinaison du système d'administration des Romains. Il me paraît donc démontré que les conducteurs du corps de S. Léger ne se rendirent à Jaulnai, que parce qu'ils avaient été prévenus que l'évêque de Poitiers les y attendait.

(1) *Act. SS. ord. S. Benéd. Sæc.* II, p. 696, 697, 704, 705, note *a*; *Vit. S. Leod.* apud *Duchesn. loc. dict.*, T. I, p. 614; c. XXIII, p. 623.

Enfin l'*Itinéraire* du roi Jean en 1356, nous fournirait encore, s'il en était besoin, une preuve en faveur de l'exactitude du tracé de la *voie*, tel que nous l'indiquons; nous en ferons usage dans la *section* suivante.

La colonne leugaire du château du *Fou* est un des monumens antiques les plus précieux du Poitou, et le prince qui y est dénommé, mérite l'éternelle reconnaissance des habitans de cette province. L'inscription de cette colonne nous apprend qu'Antonin-Pie fut le créateur de la *via* qui conduisait de *Saintes à Tours*, passant par *Poitiers*, car on n'y lit point le mot *restituit*, ou *refecit*, que l'on employait, lorsque l'on voulait désigner seulement que la réparation de la route était due à l'empereur y dénommé. D'ailleurs cette inscription est au nominatif : c'est en conséquence une preuve incontestable qu'Antonin-Pie fit, par lui-même, et en son nom, la *voie* dont il s'agit (1). Une autre colonne leugaire, dont nous parlerons ci-après, *section* II, prouve que les chiffres indicatifs de la puissance tribunitienne et du consulat, qui se

(1) Vide *Berg.*, *loc. dict.*, T. I, L. I, CH. XXIX, n° 9, p. 112; T. II, L. IV, CH. XLI, n° 4, p. 310.

trouvaient effacés, et que l'on a restitués, donnent bien réellement le nombre III. Nous en devons conclure que la création de la *via* date de l'an de Rome 893, ce qui correspond à celui 140 de l'ère actuelle.

Le cippe itinéraire dont nous venons de parler n'est pas le seul qui ait été trouvé sur le territoire de *Cenon*. Siauve fait mention d'une autre colonne, dont il rapporte l'inscription suivante :

```
DD           NN (1)
FLAVIO  VA
   LERIO
CONSTAN
TIO MAXIMO
NOBIIISSI
  MO (2) CAES
  G     X (3)
```

(1) *Dominibus nostris*. On lit sur des médailles d'Aurélien *Deus* et *Dominus*. Il paraît que cet Empereur est le premier qui se soit ainsi qualifié. Sous les règnes de Dioclétien et de ses collègues, la formule *Dominus noster*, en parlant de l'Empereur, fut régulièrement admise dans les lois, et dans les monumens publics.

(2) Suivant Gibbon's (*loc. cit.*, T. VII, p. 37),

Les caractères de la dernière ligne qui suit la dédicace, ont presque disparu ; cependant, dit Siauve, j'ai cru y reconnaître un G (1), un L et un X numéral. Il lit en conséquence GH.L.X., qu'il explique par *Ghenono leugas decem*, de Cenon dix lieues. Les caractères, si toutefois on peut regarder comme tels ceux que Siauve désigne être un L et un X numéral, prêtent singulièrement matière à contestation. Ce qu'il appelle un L, ne ressemble pas en la moindre chose à cette lettre, telle

le mot *nobilissimus*, sous les prédécesseurs de Constantin-le-Grand, était une épithète vague, plutôt qu'un titre légal et déterminé. D'après cet auteur, la nouvelle et singulière dénomination de *nobilissime* fut créée par Constantin, en faveur d'Annibalianus, son neveu. Cependant M. Julius Philippus, fils unique de l'empereur Philippe, et associé au trône de son père, est qualifié sur ses médailles *nobilissimus cæsar*. (Vide *Berg. loc. dict.*, T. II, L. III, n° 9, p. 81.) Observons au surplus que ce titre « n'a » pas paru jusqu'à présent sur les monumens des » princes antérieurs à Geta, quoique Commode ait » reçu celui de *nobilissimus princeps* dans une » inscription. » (Vide *Barth. OEuvr. compl.*, T. IV, II° part., p. 575 ; éd. de *Bet.*)

(3) *Mém. sur les antiq. du Poit.*, p. 101 et pl. 6.

(2) Il n'ose pas prononcer sur les traces peu apparentes qu'il avait prises d'abord pour un H.

qu'elle est figurée dans les divers alphabets Romains. Cette espèce de signe, et non pas de caractère alphabétique, a plutôt, dans son état actuel, une analogie frappante avec notre accent circonflexe, dont l'angle du sommet serait tourné à gauche, au lieu d'être perpendiculaire, et dont les branches du triangle seraient très-évasés. La dernière ligne de l'inscription a donc été incontestablement mutilée : mais néanmoins, comme le corps principal en est resté intact, la version qu'il donne suffit pour nous apprendre, d'après son énoncé au datif, que la *voie de Saintes à Tours* fut réparée, non pas par Constance-Chlore personnellement, mais sous son règne, par les *curatores viarum*, les commissaires des grands chemins, qui employaient à ces réparations les deniers publics, et non les leurs propres. « Et c'est pourquoy, dit Bergier (1), par les Inscriptions qu'ils faisoient » mettre aux colonnes miliaires, ils dédioient » l'œuvre entier aux empereurs, durant le » règne desquels ils y faisoient travailler (2). »

―――――

(1) *Ubi suprà*, T. II, L. IV, CH. XLI, n° 4, p. 310.
(2) *Voyez* le supplément à la fin de ce chapitre.

§ II. LIMONUM, chef-lieu de la Civitas Pictonum.

Limonum, Lemunum, Lomunnum, Lomounum, Lemonum, Lunonem, Liminum, est bien certainement *Poitiers*. La *Table Théodosienne* indique une distance de quarante-deux lieues Gauloises entre cette ville et Tours, qui répondent précisément à celle existant entre ces deux villes, suivant d'Anville. Nous entrerons dans quelques détails sur le gisement de *Limonum*, ancien chef-lieu de *cité*, dont on voudrait vainement contester l'identité d'emplacement avec celui de la ville actuelle de Poitiers (1).

Il ne faut pas juger de l'étendue des anciennes villes de la Gaule par l'enceinte des villes actuelles. La circonscription de celles-ci n'est devenue aussi considérable que par la réunion ou l'agglomération de leur *suburbium*, et des divers *burgum* et *villa* qui existaient autour des monastères, ou qui furent fondés par ces maisons religieuses (2).

(1) Vide *Bullet. de la Soc. acad. d'agric. bell. lett. scienc. et arts de Poit*. Séance du 15 novembre 1819, p. 26, 27.

(2) *Vide* ci-après, *chapitre* III.

César ne parle qu'en passant, et comme pour mémoire, des *Pictones*, qu'il place au nombre des peuples de la Gaule-Keltique déjà soumis à la domination Romaine (1). Hirtius Pansa, continuateur des *Commentaires*, nous offre quelques renseignemens un peu plus satisfaisans. Caninius, lieutenant de César, dit-il, reçut la nouvelle que l'ennemi s'était rassemblé en grand nombre sur l'extrême frontière des *Pictons*, dont une partie avait secoué le joug. Il se mit aussitôt en marche pour délivrer Duracius, ami des Romains (2), que Dumnacus, chef des *Andes*, ou Angevins, tenait assiégé dans *Limonum* (3). Mais comme ses troupes étaient trop inférieures en nombre à celles de l'ennemi, pour se permettre une attaque, ce lieutenant se contenta de camper dans le voisinage de la place, et de se fortifier dans son camp. Dumnacus vint aussitôt l'y

---

(1) *De bell. Gall.*, L. III, C. XI.

(2) » Ce Duracius, noble de la cité des *Pictons*, » et ancien espion des Romains, leur donnait avis » de tout ce qui se passoit. C'est par lui que C. Ca-» ninius apprit qu'une nombreuse armée de Celtes » s'assembloit sur les frontières. » Vide *Lav. Hist. des prem. peupl. lib. qui ont habit. la Fran.*, T. 1, p. 302.

(3) En l'an de Rome 702.

attaquer. Ses efforts ne furent pas heureux. Il perdit beaucoup de monde, et désespéré de ne pouvoir forcer les Romains à lever leur camp, le chef Gaulois retourna former de nouveau le siége de *Limonum*, qu'il fut peu après obligé de lever en toute hâte sur la nouvelle de l'approche de l'armée de Fabius, autre lieutenant de César (1). L'existence de *Limonum* est bien constatée par ce récit ; mais nous ne pouvons en tirer aucun renseignement sur l'emplacement du chef-lieu de la cité Keltique dont il s'agit. Le tems qui moissonne les générations, épargne à peine quelques-uns de leurs monumens. Le genre de fortification des villes Gauloises n'était pas de nature à laisser reconnaître quelques vestiges de leur ruine après une période de vingt siècles. Leurs murs, d'après la description que nous en a laissée César (2), ne se composaient que de longues poutres posées transversalement de deux en deux pieds, dont les interstices étaient remplis de pierres, et le parement extérieur formé de gros quartiers de roche. Ces murs avaient peu d'élévation.

On ne peut raisonnablement assigner la po-

---

(1) *De bell. Gall.*, L. VIII, C. XXVI, XXVII.
(2) *Ibid.* L. VII, C. XXIII

sition de l'antique LIMONUM que sur les hauteurs de *Bernage* (1), et peut-être aussi ses habitans occupaient-ils les petites îles qui se trouvaient dans le marais qui s'étendait dans le vallon compris entre *Bernage* et la ville actuelle. Ces îles existaient encore dans les douzième et treizième siècles, et elles étaient alors connues sous le nom d'*insulæ chareriæ* (2). Les environs de ce local sont une terre classique pour un observateur. On y retrouve les monumens du culte des *Pierres* et des *Fontaines*, culte long-tems enraciné dans l'esprit

(1) *Ber* est un vieux mot Gaulois, qui signifie *seigneur*, et *Bernage*, assemblée *de seigneurs*.

Pour son couronnement y ot *Bernage* grant
De Comtes et de Ducs qui furent molt vaillant.
Roman de B. DU GUESCLIN.

(2) Les îles de la *Carière*, c'est-à-dire, du grand chemin, assez large pour permettre la circulation des voitures, ou charrettes. Ce mot *carière* comporte au surplus différentes significations, ou exceptions, suivant les localités. (Vide *Berg.*, *loc. cit.*, T. II, L. III, CH. L, n° 8, p. 132.) Ces îles, nommées aussi de *Chaurnia*, étaient situées au-dessous du pré dit de *Sainte-Radégonde*, et furent reconnues propriété de Montierneuf, par une tansaction de 1224, entre les religieux de ce monastère et les chanoines de S.-Pierre-le-Puellier. *M. S. de Fonten.*

d'un peuple grossier, qui embrassa le christianisme, peut-être moins par conviction (1), qu'à l'imitation de ses chefs (2). Aussi, les défenses sévères et les punitions cruelles prononcées, dès le sixième siècle (3) et postérieurement, par divers capitulaires et par différens conciles (4) contre la pratique du

(1) « Il n'est pas aisé, dit Gibbon (T. VI, p. 528, » 529), d'établir les différens motifs, soit de raison, » soit de passion, qui purent contribuer à la con- » version des Barbares; le caprice, un accident, un » songe, un présage ou le récit d'un miracle, l'exemple » d'un prêtre ou d'un héros, les charmes d'une épouse » pieuse, et plus encore le succès d'une prière ou » d'un vœu adressé au Dieu des chrétiens dans le » moment du danger. »

(2) Le camp de Théodebert d'Austrasie, le plus puissant et le plus belliqueux des rois Mérovingiens, fut cependant souillé, dans son invasion d'Italie en 539, par le sacrifice de quelques femmes et de quelques enfans qu'on immola impunément aux Dieux. (Vide *Gibb., loc. dict.*, T. VII, p. 455, 456.)

(3) « Childebert, un des fils de Clovis, condamna » toute personne de condition non libre qui refusait » de détruire ses idoles, à recevoir cent coups de » verge ou de courroie. » (*Greg. Turon. Op. in Append.*, col. 1329.) *Vide* cette constitution de Childebert dans D. Bouquet. (*Loc. dict.*, T. IV, p. 113.)

(4) *Capit. Karol. magn.*, L. I, tit. LXIV, p. 239;

culte Druidique et du Polythéisme, furent-elles très-long-tems bravées ou méconnues. Il fallut, pour déraciner le mal, s'emparer du mal lui-même, et substituer une superstition nouvelle à une superstition antique. « Le paganisme était rentré tout entier dans la religion qui avait semblé l'anéantir (1). » Mais l'histoire rejette aujourd'hui, comme indignes de sa majesté, ces misérables contes enfantés par le délire et l'ignorance, au sein de l'oisi-

---

L. VII., tit. CCXXXVI, p. 1093; *Burch. Coll. can.*, L. X, C. XXXII; *Capit. Aquisgr. ann.* 789, C. LXIII; *Conc. Namn.* apud *Labbe, Conc.*, T. IX, p. 474; *Conc. Arel.* II, C. XXIII; *Conc. Turon.* II, can. XXII, etc. L'institution des Druides paraît être une invention moderne, qui s'implanta de la Grande-Bretagne, dans une partie de la Gaule. César l'insinue d'une manière assez positive : (*De bell. Gall.*, L. VI, C. XIII.) Le système religieux des Druides est visiblement d'origine Phénicienne, dit *Pinkerton :* « il fut
» enseigné aux Bretons du pays actuellement connu
» sous le nom de Cornouailles, où ils venaient faire
» le trafic de l'étain. Delà il s'étendit au Nord, jus-
» qu'au pays de Galles, et au Sud jusqu'à la Garonne.
» Au-delà de ces limites, on ne retrouve pas même
» l'ombre de son existence. » (*Pink., loc. dict.*, p. 111, 112.)

(1) *Simond. de Sism., Hist. des rép. ital. du moy. âge*, T. I, CH. III, p. 120; 2ᵉ édit. 1818.

veté poudreuse des cloîtres. Qui peut croire, suivant la tradition du pays, que sainte Radégonde ait apporté sur sa tête la table de la *pierre-levée* dans l'endroit où elle se trouve, et les piliers qui soutiennent cette table dans son tablier; enfin, que le diable ramassa et emporta le sixième pilier, que la sainte avait laissé tomber (1). Les *Notices sur les litanies* du diocèse de Poitiers (2) ne nous apprennent rien de bien satisfaisant, historiquement parlant, sur saint Simplicien, décapité un certain jour, 31 mai d'une année inconnue, par ordre de son père, prétendu gouverneur d'Aquitaine. On montre, chaque année, dans un pré au bas du pont *Saint-Cyprien* (3), un enfoncement pratiqué, dit-on, par le bond de la tête de saint Simplicien,

---

(1) *Expil. Dict. des Gaul. et de la Fran.*, T. V, p. 728. En fait de croyances religieuses populaires, il y a toujours certains traits de ressemblance, quoique diversement déguisés. Les Grecs disaient que Minerve avait transporté le mont Lycabettus dans l'Attique, en le mettant dans les plis de sa robe, pour l'apporter depuis Pellene jusqu'au lieu où elle le laissa tomber. *Antig. Carist. Periiserion parad.*, c. XII.

(2) Apud *Labbe, Bibliot. nov.*, T. II, p. 730.

(3) L'entrée de ce pré est fermée au moment où j'écris.

lorsqu'elle tomba sous la hache du bourreau (1). On cueille une poignée de l'herbe qui croît autour de ce trou, dans lequel on la trempe; et elle acquiert alors la vertu de guérir ou de préserver des maux de tête : telle est l'opinion du peuple. Il n'est pas difficile de reconnaître dans cette pratique les traces de l'ancien culte des *Fontaines* : il en existe une qui coule dans un fossé, près l'endroit même où l'on prétend que la décollation du saint eut lieu; et j'observe que cette fontaine est située au Sud de l'endroit où je place *Limonum*. Elle n'est pas, au surplus, la seule en Poitou qui soit encore l'objet de la vénération populaire (2).

(1) Quelle que soit l'époque que l'on veuille assigner au martyre de S. Simplicien, il sera toujours fort embarrassant de prouver que le théâtre de son supplice ait été dans le pré où on le place aujourd'hui, parce que ce n'était qu'un marais.

(2) Je ne citerai pour preuve que celle dite de *S.-Macou*, dans la commune de La Celle-Lévescaut, *Cella episcopalis*, dont le domaine appartint long-tems aux évêques du diocèse, et sous les yeux desquels avait conséquemment lieu journellement la pratique superstitieuse du culte des *Fontaines*. « Près de la chapelle de S.-Macou, il y a une fon-
» taine, sous le même nom, où les femmes viennent
» d'assez loin pour savoir si leurs enfans sont tachés

Le monument religieux connu sous le nom vulgaire de *pierre-levée,* est un *Min-sao* (1).

» du mal de S. Macou, qui est d'avoir les reins
» foibles, de ne pouvoir se tenir, de ne pouvoir
» *demarcher.* Pour le connaître, elles portent un
» béguin qui a servi à l'enfant. Si le béguin qu'elles
» jettent dans la fontaine, surnage, ce n'est point
» de ce mal que l'enfant est taché; s'il enfonce,
» c'est une preuve qu'il l'est; et alors, qu'il fasse
» froid ou chaud, on baigne en plein le malheureux
» enfant dans cette fontaine prétendue miraculeuse. »
(*Aff. du Poit.* du 2 mars 1780, n° 9, p. 35.) Je regarde cette pratique comme étant d'origine Kelte. « Il était d'usage, dit Robert Henry, chez tous les
» peuples Celtiques, de plonger les enfans, nou-
» veaux-nés, dans quelque lac ou rivière, même
» dans la saison de l'hiver, afin d'éprouver la force
» de leur constitution et d'endurcir leurs corps. »
(*Hist. de la gran. Bret.*, т. I, ch. vii, p. 501 de la traduction française in-4°.)

(1) *Mém. de l'Acad. Celt.*, т. III, p. 208. Caylus a décrit ce monument, et en a donné la figure. (*Antiq.*, т. IV, p. 171, 172, pl. III.) Voici son état actuel : la table de ce *min-sao,* ouvert au Nord et au Sud, est cassée en deux morceaux, et le bloc le plus considérable n'est soutenu que par une seule pierre posée de champ. Ses supports me semblent avoir formé primitivement un mur contigu Est et Ouest. La pierre restée debout du côté du Nord, est élevée de quatre pieds un pouce, au-dessus

C'était autour de cet argolithe, ou autel brut, dans cet *hiéron* (1), que les Druides prati-

du sol actuel. Sa largeur est de deux pieds six pouces; son épaisseur d'un pied. Un autre support renversé, et dans la même direction que le précédent, porte quatre pieds trois pouces, dans sa plus grande longueur, sur deux pieds huit pouces de largeur; et dix pouces d'épaisseur moyenne. Il me paraîtrait que les pierres posées de champ auraient été originellement au nombre de neuf. Elles sont de nature calcaire, ainsi que la table, dans laquelle on distingue quelques rognons d'un quarz très-grossier. Le grain est le même que celui des diverses assises qui forment le coteau sur lequel repose le monument : il est conséquemment très-probable que les matériaux ont été pris sur le lieu. La dimension du bloc principal de la table est, jusqu'à sa cassure, de quatorze pieds de long, sur treize pieds de large : l'autre fragment porte quatre pieds six pouces de longueur sur huit pieds de largeur. L'épaisseur moyenne est de deux pieds six à sept pouces. On remarque vers le milieu de la table, et à son Ouest, une rigole, ou couloir, formant un carré non fermé du côté qui touche le bord extérieur de la pierre, où se trouvait alors l'égout. A deux pieds huit pouces de l'extrémité Nord de cette même table, et sur sa surface, on avait pratiqué un trou rond d'un pied de diamètre, sur six pouces de profondeur. Ces particularités indiquent suffisamment que le monument était destiné à l'exercice de pratiques religieuses.

(1) Enceinte sacrée à ciel ouvert.

quaient leurs cérémonies. C'était également là la place destinée aux échanges commerciaux, l'emplacement des *Foires* (1); et ce *mallus*, ce *forum* (2), qui réunissait toutes les institutions consacrées à l'utilité et à la vénération publiques, se trouvait situé sur les limites de la ville (3). Enfin les Gaulois de *Limonum* venaient encore tenir leurs assemblées civiles dans ce sanctuaire, dont il n'était pas permis, sous peine d'un sacrilége inouï, de remuer la terre, de peur de troubler l'action de la divinité qui y résidait.

L'identité de l'emplacement de Poitiers, chef-lieu de cité Keltique, et de Poitiers, ville Romaine, nous semble encore résulter de l'analogie de position de plusieurs autres villes de la Keltique. Je ne citerai pour exemple que deux capitales voisines du Poitou : *Cæsarodu-*

---

(1) « Quelques mémoires de l'Hôtel-de-ville portent qu'avant 1478, les foires se tenoient à la Pierre-Levée, hors le faubourg de Poitiers. » *Thibaud.*, *Abr. de l'hist. du Poit.*, т. ii, p. 95.

(2) *Forum burgi*, ou *Foris burgum*, d'où dérive le mot français *Faubourg*, qu'on devrait écrire et prononcer *Forbourg*.

(3) Vide *Dulaur.*, *Des cult. qui ont préc. et amen. l'idolât.*, ch. xix et xx.

num, Tours, cité Gauloise, sur les hauteurs de Saint-Symphorien, rive droite de la Loire; *Cæsarodunum Turonum*, ville Romaine, sur la rive opposée de la Loire, et dans la plaine (1): *Mediolanum*, Saintes, cité Gauloise, sur les hauteurs de Saint-Vivien; *Mediolanum Santonum*, ville Romaine, au-dessus de celle-là (2). La prudence et la politique guidaient en effet les Romains dans le choix de l'emplacement sur lequel ils se proposaient d'élever de nouveaux remparts. « C'étoit une an-
» cienne coutume des Romains de transporter
» dans les plaines les habitans des villes et des
» villages situés sur des lieux elevés : parce
» qu'ils étoient persuadés que le caractère des
» hommes se ressent toujours des lieux qu'ils
» habitent, et que par conséquent l'aspérité
» des montagnes rend leurs habitans plus in-
» traitables (3). » Nulle position n'était plus propre à atteindre le but que se proposait le conquérant d'un peuple toujours prêt à ressaisir ses armes (4), et dont l'esprit léger, in-

---

(1) *Duf.*, *Dict. hist. d'Ind. et Loir.*, T. I, p. XIII.
(2) *Bourign.*, *Rech. topograp. sur la Saint.*, p. 25.
(3) *Pit. de Tass. Tr. des lois polit. des Rom.*, T. I, CH. V, p. 243.
(4) *Cæs.*, *De bell. Gall.*, L. III, C. XIX.

constant, inquiet (1), avait besoin d'être contenu, que celle assignée sur la côte opposée, mais bien moins élevée que l'autre, à la nouvelle ville, qui devait s'embellir par la suite de monumens, dont les ruines de quelques-uns sont encore assez intactes, pour faire reconnaître, au premier coup d'œil, la main qui les érigea. On ignore l'époque précise à laquelle Poitiers cessa d'être connu sous son nom primitif de *Limonum*. Ce ne fut, suivant Pelloutier (2), que sur la fin du quatrième siècle, ou au commencement du cinquième, que la plupart des villes de la Gaule perdirent leur ancienne dénomination, pour prendre celle du peuple dans le territoire duquel elles étaient situées. L'arrivée de Poitiers devait être primitivement sur la rive droite du Clin. Je tire cette conséquence du mode de la première entrée de l'évêque du diocèse, mode qui subsistait encore au commencement du quinzième siècle, et même très-postérieurement pour d'autres entrées solennelles (3). *Hic est modus*

(1) *Ibid.*, L. IV, C. V et XIII.

(2) *Hist. des Celt.*, T. II, L. II, CH. VI, n° 7, p. 122; éd. de *Chin.*

(3) En 1615, lors du passage de Louis XIII : en 1622, lors de la première entrée de M. Châtaigner de S.-Georges, nommé gouverneur de Poitiers. En

qualiter Dominus Episcopus intrat Civitatem suam Pictaviensem in receptione sua nova. I. Et primò quando est ante Ecclesiam S. Saturnini (rive droite du Clin), *intrat si vult dictam Ecclesiam, et ibi se debet induere vestimentis albis, et recipit albam mitram, et venit equitando equum album ad urbem predictam, videlicet ad portam S. Enjoberti* (rive gauche du Clin), etc. (1). Cet usage antique rappelle bien certainement l'ancien état des lieux.

Un manuscrit de Saint-Denis porte que le roi Dagobert, qui ne pourrait être que celui I du nom, voyant que le comte de Poitiers refusait de reconnaître son autorité, vint mettre le siége devant cette ville, et la détruisit de fond en comble : *cujus subversionem hodieque testature jusdem translatio civitatis* (2), ajoute le moine anonyme,

---

1539, lors du passage de Charles-Quint, cet empereur, pour se rendre, conjointement avec les enfans de France, et leurs suites, au château du *Fou*, sortit de la ville par la porte de *Rochereuil*. (*Thibaud.*, *loc. dict.*, T. IV, p. 19; T. VI, p. 92.)

(1) Apud *Besly*, *Comt. de Poit.*, p. 316.

(2) F° 390, apud *Nov. Gall. christ.*, T. II, col. 1141, note *a*. Les Bénédictins ont traduit en latin ce passage isolé des *Chroniques de S. Denis*.

auteur de la chronique. Il convient d'examiner de quel poids peut être son témoignage.

Il est certain qu'il n'y eut point de comte héréditaire de Poitiers, avant 630, au plus tôt, comme nous allons le voir: ainsi il ne peut s'agir ici que du comte temporaire de la province de Poitou. Le royaume de Toulouse et d'Aquitaine fut rétabli, en 630, dans la personne de Charibert, fils de Chlothacaire, II du nom, à qui Dagobert I, son frère aîné, céda, sur la fin de Mai de cette année, le Toulousain, le Querci, et d'autres provinces (1) La chronique citée de Saint-Denis entend-elle parler de la soumission d'une partie de la Neustrie aux armes de Dagobert, immédiatement après la mort de Chlothacaire II, son père (2), c'est-à-dire, après le 1er octobre 628; ou de l'expédition du même Dagobert contre les Gascons, ou Aquitains, en 636 (3)? Cette première époque semble celle dont il est question. Ce sentiment acquiert une grande force par l'autorité de Vaisette. Ce savant Bénédictin croit que le Poitou fut cédé à Charibert,

(1). *Fredeg. Chron.*, apud *Greg. Turon. Op.*, c. LVII, col. 634; éd. *Ruin.*
(2) *Ibid.*, c. LVIII, col. 634.
(3) *Ibid.*, c. LXXVIII, col. 648.

par le traité de 630, ou du moins, peu de tems après (1). Ainsi, dans cette hypothèse, il ne peut y avoir le moindre doute que le siége de Poitiers, dont il s'agit ici, ne soit antérieur à cette même année 630. La seule difficulté résultant du passage cité de la *chronique de Saint-Denis*, roule donc uniquement sur l'interprétation à donner à cette partie de la phrase : *testatur ejusdem translatio civitatis*. L'emplacement de la ville de Poitiers, en 628, était certainement le même qu'antérieurement, suivant le témoignage de Grégoire de Tours (2) : d'ailleurs les premiers rois Francs n'ont fondé aucune ville. Ces mots *translatio civitatis* ne peuvent donc s'entendre tout au plus, selon nous, 1° ou que de la translation momentanée du gouvernement de la province dans un autre local que celui de la ville de Poitiers; 2° ou que des domiciliés de l'ancienne ville Gauloise, à laquelle se rapporterait alors la qualification *civitas ;* 3° ou que des habitans de l'antique *mansio* FINES, qui, sous le règne de Carloman et de Pepin, était connue, on ne sait depuis quelle

---

(1) *Hist. de Langued.*, T. I, note LXXVIII, n° XVII, p. 683, col. 1.

(2) *Vide* ci-après, *chapitre* III.

époque, sous le nom de *vetus Pictavos*. Quoi qu'il en soit, aucun auteur, que je sache, soit contemporain, soit peu postérieur au règne de Dagobert I, ne mentionne la translation de Poitiers, ancienne ville Romaine, sur un emplacement autre que celui où elle existe aujourd'hui. Ainsi le témoignage hasardé, ou incertain d'un anonyme (1), induit peut-être en erreur par la dénomination de *vetus Pictavos* donnée à un autre local que celui actuel de Poitiers, d'où il aura conclu, sans examen préalable, qu'il avait existé deux villes de ce nom (2), ne saurait être une autorité suffisante pour justifier, suivant nous, cette *prétendue* translation, inconnue à tous les auteurs, et démentie par les ruines encore existantes des enceintes Romaine et Visigothe de la capitale de l'ancien Poitou (3).

(1) Cette chronique est écrite en français.
(2) C'est aussi l'opinion de *Hauteserre*, qui prétend, on ne sait d'après quelle autorité, que l'ancienne capitale des *Pictons* fut détruite, en 407, par les Vandales, et que son emplacement était dans le lieu nommé le *Vieux-Poitiers*. (*Altas. Rer. Aquit.*, L. V, C. VIII, p. 339.)
(3) *Vide* ci-après, *chapitre* III, *Gaule Aquitanique*. Je parlerai dans un ouvrage postérieur, et

§ III. RAURANUM, Mansio.

Rauramunum, Raurana, Rarauna, sur la route de Poitiers (1) à Saintes, est *Rom*, sur la

d'une manière plus etendue, de cette *prétendue* translation.

(1) Il est souvent fait mention d'une route de *Poitiers* à *Lusignan*, passant par *Macets*, dans les titres des onzième, douzième et treizième siècles. Elle est qualifiée *Strata*, dans des lettres de Thibaud de Neuvi, datées du vendredi après la fête de S. Mathias 1261, par lesquelles ce Sénéchal de Poitou, d'après l'ordre qu'il en avait reçu d'Alphonse, comte de Poitiers et de Toulouse, mande au monastère de S.-Cyprien d'abattre les fourches patibulaires qu'il avait fait élever près d'une maison, située au lieu dit *le Grand-Orme*, dans le voisinage de la route qui conduit de *Poitiers* à *Lusignan*, et défend en outre à ces religieux de faire brûler les femmes pour les délits dont elles pourraient se rendre coupables. (*MS. de Fonten.*) L'expression latine *strata*, qui a toujours signifié un *chemin pavé*, ou *ferré*, et par conséquent une *voie* Romaine, me donnait lieu de croire que la direction de la *via* de *Poitiers* à *Rom* passait par *Lusignan*. Mais outre les preuves évidentes du contraire que nous rapportons dans le texte, les détours qu'eût fait cette *voie*, et la nature

Dive, *mansio*. Sa distance de Limonum est marquée dans l'*Itinéraire d'Antonin* (1) de

de sa construction, m'ont bientôt convaincu qu'elle ne pouvait être celle qui conduisait à *Rom*. Cette première, ou le chemin de *Poitiers* à *Lusignan*, est absolument moderne. On en trouve encore quelques fragmens, à un demi-quart de lieue environ de *Poitiers*, sur la gauche de la grande route actuelle de Paris à Bordeaux. Il n'est bien reconnaissable que dans un seul endroit. Sa maçonne n'est plus celle des *voies* Romaines, autant que j'ai pu en juger par les ruines assez intactes que j'ai observées le long d'un fossé qu'elles débordent. Ce ne sont que de longues et assez larges pierres, posées à plat l'une contre l'autre, qui probablement furent recouvertes ensuite de petits cailloux. D'ailleurs comme *Macels*, aujourd'hui Mezeaux, Massellis, Mazellis, nemus de Mazelis était une dépendance immédiate du château de *Lusignan*, il n'y a pas de motifs suffisans pour ne pas attribuer aux seigneurs de ce lieu la construction du chemin dont nous parlons. Du reste *Mezeaux*, dont le chef-lieu est situé dans un lieu bas, enfoncé, aquatique, et même marécageux, mérite toute l'attention d'un antiquaire. Les Romains avaient su tirer parti des nombreux ruisseaux qui coulent sur son emplacement, pour approvisionner d'eau de source les monumens de Poitiers, où elle était d'une indispensable nécessité. On rencontre de tous les côtés du bourg, une foule de conduits sou-

(1) P. 104.

xxi lieues Gauloises. Ce calcul est exagéré : il faut avec d'Anville, donner la préférence à celui indiqué par la *Table Théodosienne*, qui porte seize lieues seulement. On compte dix neuf mille toises environ de Poitiers à Rom (1) seize lieues Gauloises font dix-huit mille cent quarante-quatre toises : la différence est trop peu considérable pour former une difficulté sérieuse (2), d'autant que dans cette direction constamment en ligne droite depuis Poitiers on retrouve l'ancienne *voie* (3) entre *Vivonne* et les *Minières*, *via* encore appelée par les gens du pays, le *chemin chaussé*, le *chemin ferré*, le *chemin de César* (4), et qui conduit directement à *Rom*, en traversant les terri

terrains, qui paraissent s'être réunis dans un canal principal. Je ne doute point qu'il existât ancienne ment sur ce local un *château d'eau*, et que de recherches suivies n'en fissent retrouver quelque ruines indicatives.

(1) *D'Anv.*, *Notic. de la Gaul.*, p. 542.

(2) *Vide* les observations de Fréret sur ces différences, *OEuvr.*, t. xvi, p. 153; éd. in-18.

(3) Il faudrait compter xvii lieues Gauloises, qui font dix-neuf mille deux cent soixante-dix-huit toises, et non pas xvi, comme l'indique la *Tabl Théodosienne*, pour avoir la distance vraie.

(4) *Aff. du Poit.* du 1 Février 1776, n° 5, p. 18

toires de *Sainte-Souline* et de *Maisonnais*. Le pont de *Rom* est aussi qualifié par les habitans *pont des Romains* (1). Il est fait mention de cette *mansio* dans une épître de S.-Paulin à Ausone (2). De RAURANUM la *voie* se continuait toujours en droite ligne, pour atteindre *Briou*.

§ IV. BRIGIOSUM, Mansio.

BRIGIOSUM, *Briou*. L'*Itinéraire d'Antonin* ne parle point de cette *mansio* : mais, suivant la remarque de d'Anville (3), l'*Itinéraire* est néanmoins d'accord avec la *Table Théodosienne*, puisqu'il marque vingt lieues

___

(1) *Mém. de l'Acad. Celt.*, T. V, p. 269. Il me paraît démontré qu'il n'y avait point de pont, mais une chaussée soutenue par des arcades, qui régnaient sous toute l'étendue du bourg actuel, dont le sol, par la succession des tems, se trouve aujourd'hui considérablement exhaussé. Ce sont là les souterrains que le peuple croit communiquer avec l'ancien château, nommé le *château du Sarrazin*, dont on croit les ruines distantes d'une lieue de *Rom*.

(2) Rauranum Ausonias huc devexisse Curules. (*Paul. epist.* III *ad Auson.*, édit. *Et. Vinet.*, n° 567 B, 1580, in-4°.)

(3) *Loc. dict.*, p. 175.

de Rauranum à Aunedonanum. D'après cette table Brigiosum, *mansio*, est à huit lieues d'*Aunai* et à douze de *Rom*. Cette première distance est exacte. On compte de *Briou* à *Aunai* neuf mille toises, et huit lieues Gauloises en donnent neuf mille soixante-douze. Mais, comme l'observe encore d'Anville (1), la distance de *Brigiosum* à *Rauranum* est fautive, en la déterminant de douze lieues. Le chemin à parcourir d'*Aunai* à *Rom*, passant par *Briou*, est de vingt-six mille toises. Vingt lieues ne donnent que vingt-deux mille six cent quatre-vingts toises, d'où ôtant neuf mille soixante-douze, distance exacte, comme on l'a dit, de *Briou* à *Aunai*, il ne resterait que douze mille six cent huit toises entre *Briou* et *Rom*, au lieu de seize mille neuf cent vingt-huit qu'il faudrait trouver. Cette différence a fait penser au savant géographe cité ci-dessus, qu'il convenait lire sur la *Table Théodosienne* xv lieues, au lieu de xii, en liant par le bas les jambages des deux unités pour en faire un *V* numéral. Alors xv lieues donneraient dix-sept mille dix toises, qui sont, à très-peu de chose près, la distance réelle entre les positions dont il s'agit.

(1) *Ibid.* p. 175, 541.

Briou, sur la Boutonne, est un lieu aquatique, où l'on a trouvé beaucoup d'arcades qui appartenaient à une chaussée (1), et déterré autrefois les restes de la *voie* Romaine (2). A l'époque de la révolution, on remarquait dans le pavé de la cour du prieuré, une *mensa*, pierre sépulcrale, sur laquelle on lisait l'inscription suivante :

```
QVINTVS IVLIVS
Q F TER CETRVS
DOMO AREL MILES
LEG XVIII VOL
H    S    E
```

§ V. AUNEDONACUM, Mansio.

Aunedonacum, Avedonacum, Aunedonnacum, Aunedunnacam, Aundona-

(1) Il en existe encore une, construite très-vraisemblablement sur les ruines de celle antique.

(2) Les habitans de *Briou* vous assurent que, d'après une tradition immémoriale, leur bourg était anciennement la capitale du Poitou. Fiez-vous aveuglément à la tradition !

cum, Anedonacum, écrit Avedonaco sur la *Table Théodosienne*, est la dernière position en Poitou, sur la route toujours en droite ligne, de *Limonum* à *Mediolanum Santonum*. Aunedonacum, *Mansio*, est bien certainement *Aunai*, et l'*Itinéraire d'Antonin* marque XVI lieues de cet endroit à *Saintes*. Nous avons vu que la *Table Théodosienne* ne donnait la distance que de *Briou* à *Aunai*. Les XVI lieues de l'*Itinéraire* font dix-huit mille cent quarante-quatre toises : une carte manuscrite que possédait d'Anville, évaluait l'espace entre *Saintes* et *Aunai* à dix-huit mille toises (1). La différence très-légère entre ces deux calculs ne provient peut-être que de ce que la *voie* passait près de l'église, à cent toises environ de la petite ville actuelle d'*Aunai*. Il existait sur le même emplacement, il y a environ cinquante ans, une pierre brisée, sur les fragmens de laquelle on reconnaissait, quoiqu'avec peine, des caractères Romains. Dom Fonteneau conjecturait que ces débris pourraient avoir appartenu à la colonne leugaire qui y était plantée. D'Aunedonacum la *voie* se continuait hors du

---

(1) *Loc. dict.*, p. 131.

territoire des *Pictons*, pour atteindre *Saintes*. On en découvre quelques vestiges au Nord-Est de cette dernière ville, sur la commune d'*Ebuon*, et jusqu'à *Varaize* (1). Ces portions de *voie* sont connues dans le pays sous le nom d'*Estrées* (2), *Strata*.

SECTION II.

Voie d'Argenton au Vieux-Poitiers, Fines,
ou
Voie du Vieux-Poitiers, Fines, à Argenton.

La *Table Théodosienne* fait mention de cette *voie*, dont l'empereur Antonin-Pie fut

---

(1) Il existe encore un chemin vicinal conduisant d'*Aunai* à *Saintes*, passant par *Varaize* et *Brisembourg*.

(2) Ce mot est corrompu. *Estrées*, dans l'ancien langage, signifie les coins d'une maison, suivant Lacombe; mais *Estrac* ou *Estrie* veut dire le chemin, les chemins. (*Apud Mém. de l'Acad. Celt.*, T. II, p. 274, n° 8; T. III, p. 66.)

aussi le créateur, ainsi que le prouve l'inscription de la colonne leugaire ci-après rapportée. Mais la direction qu'on a donnée à cette *voie*, et la distance d'*Argenton* à *Poitiers* sont tellement fautives, que la *Table Théodosienne* ne peut servir simplement que pour l'indication de l'existence et du nom d'une *mansio* intermédiaire entre ces deux villes. Heureusement le tracé de la route est constaté à son Nord par un monument irrécusable : les nombreux vestiges que nous en trouverons vers l'Est, nous guideront dans la recherche de la station Fines, qui est aussi mentionnée dans l'*Itinéraire d'Antonin*.

Il faut ici distinguer deux routes. L'une qui n'était qu'un chemin de traverse, proprement dit, *via vicinalis* (1), et dont l'époque de la construction est inconnue, partait de Poitiers (2), et prenant à l'Est, dès la sortie de cette ville, passait sur le territoire des communes actuelles d'*Anxaumont, Essomons*,

---

(1) Cette espèce de chemin était cependant réputé chemin public. (Vide *Berg.*, *loc. cit.*, T. I, L. I, CH. XXII, n° 5, p. 82.)

(2) Elle est particulièrement relatée dans un titre d'acquisition, daté du Jeudi après la Purification 1254. (*MS. de Fonten.*)

et de *Lavoux*, Laliacum, Lavatorium, d'où elle allait s'embrancher vers *Chauvigny*, Calviacum, Calviniacum, dans la *voie* militaire. L'existence de ce chemin, et la direction que nous lui assignons, résultent du libellé de certaines concessions faites à l'abbaye de Saint-Cyprien de Poitiers, sur la fin du dixième siècle; concessions bornées, d'un côté, par la voie publique, qui, dans un des titres, est désignée simplement sous le nom de *chemin* (1). Une charte sans date d'Isembert I du nom, est encore plus positive. Ce prélat du diocèse concède à l'église du Saint-Sépulcre, qu'il avait fondée dans sa ville de *Chauvigny*, une pièce de terre située au-delà de la Vienne, et renfermée par le chemin de Poitiers et celui de Mortemer. *Tradidit quartam terræ ultrà Vigennam sitam sicut via Pictavina dividebat usque ad viam Mortemorensem* (2).

---

(1) Apud *Besly*, *loc. dict.*, p. 292, 362.
(2) *Besly*, *Evéq. de Poit.*, p 52, 53. *Mortemer* se dit en latin *Mortuummare*; ainsi il pourrait bien y avoir erreur dans l'indication de la localité nommée *Mortemorensem*. Peut-être conviendrait-il mieux de lire *Montemorensem*, qui serait alors incontestablement *Montmorillon* : mais, au reste, cela est fort indifférent pour l'explication du passage cité, car le chemin qui conduit encore aujourd'hui de *Poi-*

La seconde route, ou la *voie militaire*, venait de Fines, le *Vieux-Poitiers*, ou y aboutissait, selon que l'on dirigeait sa marche de l'Est à l'Ouest, ou de l'Ouest à l'Est. La preuve de cette assertion résulte de l'inscription d'une colonne leugaire rapportée par Siauve. Cette colonne sert aujourd'hui de jambage à la porte d'entrée d'un clos planté en vignes, situé proche l'ancien cimetière de *Saint-Pierre-des-Églises*, près *Chauvigny*. Elle en avait été probablement tirée, puisque, lors de sa découverte, elle formait, comme celle de *Cenon*, la couverture d'un tombeau.

Siauve a lu judicieusement l'inscription de la colonne de *Chauvigny* : mais, dans l'explication qu'il en a donnée (1), il a mal à propos

tiers à *Montmorillon*, traverse une partie du territoire de la *Chapelle-Mortemer*; et en supposant que sa direction fut la même à l'époque dont il s'agit ici, ce chemin menait également à *Mortemer*, comme à *Montmorillon*. Il n'est donc pas rigoureusement nécessaire de supposer une altération du texte, dans la copie qui en a été donnée par Besly; d'autant qu'il devait exister un chemin quelconque, fort ancien, qui, partant de *Poitiers*, se dirigeait à la plaine de *Civaux*. J'expliquerai ailleurs le besoin présumable de ce chemin.

(1) *Loc. dict.*, p. 81.

ajouté l'abréviation *Lim* devant celle *Fin* XI, ce qui signifierait alors, selon lui, *Limono Finibus* XI. Cette explication manque tout à fait de sens, et n'est nullement du style propre aux indications Romaines des distances. Il faut lire, comme il est écrit, *Fin* XI, c'est-à-dire, *a Finibus*, ou *ad Fines* XI. Voici l'inscription de ce cippe leugaire, qui est aujourd'hui mutilé par une rainure du haut en bas :

IMP CAES DIVI hadri
ANI FIL DIVI Trajani
PARTHIC NEPOs divi
NERVAE PRONepos t ael
HADRIAN ANToninus
AVG PIVS PM Tr p III
cos III pp
  FIN
  XI

Il est bien évident que dès-lors qu'il n'y a qu'une seule position mentionnée, c'est à cette position que se rapporte la distance indiquée. Par conséquent la *voie* aboutissait à cette position qui est ici Fines, le *Vieux-Poitiers*, comme nous l'avons démontré, et non pas

LIMONUM, *Poitiers ;* car, dans ce dernier cas, l'espace à parcourir jusqu'à cette ville eût été marqué, ainsi que la colonne leugaire du château du *Fou* en offre la preuve. Celle dont il s'agit ici, exprime une distance de onze lieues. Cette indication prouve que le cippe était primitivement placé au Nord de *Saint-Pierre-des-Églises*, c'est-à dire, sur un emplacement plus rapproché du *Vieux-Poitiers*, que celui où la colonne a été retrouvée. Onze lieues Gauloises représentent douze mille quatre cent soixante-quatorze toises, ou six lieues et un quart de poste environ. On compte de *Chauvigny* à *Cenon*, six lieues et demie à vol d'oiseau : mettons sept lieues, à raison de quelques sinuosités probables de la route. Il résulte que la colonne gisait originellement à trois quarts de lieue environ de la place où elle fut enfouie, et sur la rive gauche de la Vienne, que longeait la *voie*. On en remarquait encore des vestiges, avant la révolution, au *Breuil-Saint-Julien*, commune de *Jardres*. De ce point, elle se dirigeait vers la Vienne, et traversait cette rivière, un peu au-dessus de la ville actuelle de *Chauvigny* (1), après s'être embran-

---

(1) Vide *Siauv.*, *Antiq. du Poit.*, p. 83, *note* 1.

chée avec le chemin partant de *Poitiers*, dont nous avons parlé.

Cette ancienne route du *Vieux-Poitiers* à *Chauvigny* était encore fréquentée dans le quatorzième siècle, époque à laquelle la France n'était pas percée de ces nombreux chemins qui la traversent aujourd'hui dans toutes les directions, et où les *voies* Romaines étaient, pour ainsi dire, les seules grandes routes pratiquées. Froissard nous a conservé l'itinéraire du roi Jean, qui marchait à la poursuite du prince de Galles. « Le monarque Français partit » de La Haye en Touraine, et tous ses gens » après luy, et chevauchèrent vers Chauvigny, » où ils se logèrent un Jeudy (15 septem- » bre 1356), tant en la ville que dehors, tout » contreval un beau pré, au long de la rivière » de Creuse (1). » De ce dernier point la *voie* se continuait par *Saint-Pierre-des-Églises* ; ensuite passait près du village de *Raguillé* ; de là près le *Charraut*, qu'on laisse sur la droite ; aux *Abattys*, métairie, entre celles de la *Pluvoisinière*, et la *Richardière* ; près de *la Grange-au-Bornais* ; à *Saint-Cyprien*, ancien

---

(1) *Hist. et chron.*, 1 vol., CH. CLIX, p. 169 ; éd. de D. *Sauv.*, Paris, 1574. Ce n'est pas la Creuse, mais la Vienne qui passe à *Chauvigny*.

prieuré, proche et au Nord d'*Antigni* sur la rive droite de la Gartampe; au *gué-de-Ceaux*, au-delà duquel la *voie* porte le nom de *Chaussée*. De ce dernier point elle remonte à l'Est, passe près de *Macheteau;* delà à *Villiers*, gros village dont les maisons sont bâties le long de cette *via;* ensuite à la *Croix-de-la-Sablière*, laissant *Villemor* sur la droite; au *terrier Mulet;* à *la Varenne*, et enfin à *Ingrande*, pour arriver à *Argenton* (1). Telle est la direction exacte de la *voie* qui tendait du *Vieux-Poitiers* à cette dernière ville, direction justifiée par les ruines que l'on retrouve dans tous les endroits susnommés.

Cette route d'*Argenton* au *Vieux-Poitiers* était encore fréquentée dans le dix-septième siècle. En 1651, Louis XIV, venant de Bourges,

---

(1) M. Dulaure s'est trop confié, je crois, à la version donnée par Siauve. Je ne puis partager l'opinion de ce savant sur la délimitation Est de l'ancien Poitou par la rivière de Vienne (*loc. cit.*, p. 332, 333), qu'en admettant que tout le territoire au-delà de cette rivière faisait partie de celui possédé par les *Lemovices mediteranei*. Autrement, il est vrai de dire que la Vienne ne formait pas la limite orientale de la province, mais bien Langlin et la Gartampe, qui coulent à une assez grande distance de la première.

coucha à Chauvigny, se rendant à Poitiers (1).

Il existe encore près de Chauvigny un autre cippe hémi-cylindrique, qui sert également de jambage à la même porte de cet enclos de vignes dont nous avons parlé. Voici l'inscription de ce cippe :

<pre>
 VIA AVRELO
    DRO PO
    ONN DIVI
    IVI SEVERI
</pre>

Ce mélange bizarre de lettres adossées et accolées les unes aux autres; les petites lettres superposées sont dans un rapport parfait de similitude avec celles d'une colonne découverte en 1748, par Schœpfin, et rapportée par Freret, à qui on envoya le texte de l'inscription exactement figuré (2). L'érection de cette colonne date du règne d'Alexandre Sévère, comme celle de Steinbach. Siauve a cherché à rétablir le sens de l'inscription rapportée ci-dessus, et qui est manifestement incomplète, sans doute par suite de l'usage que l'on fit du cippe. Les conjectures de cet auteur ne nous

(1) *Thibaud.*, *loc. dict.*, T. VI, p. 184.
(2) *OEuvr.*, T. XVI, p. 133.

semblent pas heureuses. Voici l'explication qu'il en donne :

vigenne pictavi AVRELO
alexandro Po
nepoti antoNNI divi
filio divi SEVERI

c'est-à-dire : « Les Poitevins des rives de la » Vienne, à Alexandre Sévère le pieux, petit- » fils du divin Antonin, fils du divin Sé- » vère (1). » 1° Les mots VIGENNE PICTAVI que l'on suppose pour l'explication des deux premières lettres VI, sont absolument dénués de probabilité. Il n'y a pas de raison pour ne pas lire tout aussi bien CLINI PICTAVI, les Poitevins des rives du Clin, ou de telle autre rivière qui arrose leur territoire, que VIGENNE PICTAVI, les Poitevins des rives de la Vienne. 2° La réparation des chemins était confiée à une classe particulière de magistrats, et non pas à telle ou telle portion des habitans d'une province. Ces magistrats ne mettaient point leurs noms dans les inscriptions des colonnes leugaires, placées sur les voies réparées, à

---

(1) *Antiq. du Poit.*, pag. 83 et seqq.

moins que ces réparations ne fussent faites de leurs propres deniers. 3° Les deux lettres VI me semblent la finale du mot DIVI. L'inscription de la colonne découverte par Schœpfin commence par le mot NEPOT (*nepot*), qui ne se rapporte à personne. Alexandre Sévère y est qualifié fils d'Antonin-Pie et le grand, ANTONN PII M^A G FIL^I O, tandis que dans l'inscription du cippe de *Chauvigny*, le même Antonin n'est surnommé que divin. 4° L'inscription tirée de Gruter, que rapporte Siauve pour prouver que le second empereur dénommé après Alexandre Sévère, sur le cippe de *Chauvigny*, est bien Marc-Aurèle le philosophe, *Marcus Aurelius Antoninus*, ainsi qu'il l'explique; cette inscription, dis-je, exprime tout le contraire. Elle parle de *Marcus Aurelius Severus Antoninus Caracalla*, fils de *Lucius Septimius Severus*, lequel Caracalla est ici qualifié de petit-fils de Marc-Aurèle. Siauve n'eût pas péché, comme il a fait, contre la chronologie, s'il eût donné la version suivante :

divi AVRELIO severo
alexanDRO PO filio
antONN DIVI nepoti
dIVI SEVERI.

C'est-à-dire, à *Aurèle Sévere Alexandre, fils du divin Antonin* (Caracalla), *petit-fils du divin Sévere.* Je prévois qu'il peut paraître étonnant, au premier aperçu, que dans l'explication que je donne de cette inscription, je ne fasse aucune mention du père de Sévere Alexandre, et que je le dise fils de Caracalla, tandis qu'il fut adopté par Elogabale, *Marcus Aurelius Antoninus Bassianus Elogabalus,* qui le désigna son successeur à l'empire, en le créant César, l'an 221. Il est aisé de répondre à cette prétendue difficulté. D'abord le nom d'Elogabale ne pouvait guère figurer dans l'inscription d'un monument public, érigé sous le règne d'Alexandre-Sévere, puisque, d'après Lampride (1), le nom d'Elogabale fut rayé des *Fastes,* en vertu d'un Senatus-consulte (2). En second lieu, ma version est justifiée par l'inscription de la seconde colonne leugaire de Steinbach, érigée en l'honneur du même Alexandre.

IMP CAES DIVI
SEVERI PII NEPOTI DIVI
ANTONINI MAG PII FILIO
M AVREL SEVERO ALEXANDRO
PIO FELICI AVG PONTIFICI, etc. (3)

(1) V. ces trois notes, pag. suivante.

Concluons que le second cippe itinéraire de *Chauvigny* fut élevé par les *curatores viarum* en l'honneur d'Alexandre-Sévère, sous lequel ils firent réparer la *voie* du *Vieux-Poitiers*, Fines, à Argenton.

FINES, Mansio.

La *Table Théodosienne* indique la *mansio* Fines XX, avant d'arriver à Argentomagus. L'*Itinéraire d'Antonin* (1) désigne également cette même station, à une distance de XXI lieues Gauloises de *Poitiers*. D'Anville prétend que Fines n'est autre que *Heins*, ou *Aingts*, située à l'extrémité du territoire des *Pictons*, sur la limite du côté de l'ancien Berri (2). Non-seulement aucune découverte que je sache, n'a encore donné à croire que la *mansio* Fines, dont le nom exprime,

---

(1) *In Alex.*, apud *Hist. Aug. script.*, p. 171; éd. de Paris, 1603, in-4°.

(2) Nihil Antoninorum pestis illa ostendit, et hoc nomen ex annalibus Senatus auctoritate erasum est.

(3) Apud *Frer. Œuvr.*, t. XVI, p. 140, 141.

(1) P. 104.

(2) *Loc. dict.*, p. 307.

comme je l'ai déjà dit, la fin d'un territoire, fut située sur l'emplacement de *Heins*, mais même le tracé de la *voie* que nous avons rapporté, forme une preuve irrécusable contre l'opinion du savant géographe cité. Une sorte de ressemblance de nom paraîtrait donc avoir, seule, décidé son assertion. Il eût très-probablement pensé d'une manière bien différente, s'il eût eu connaissance des nombreux vestiges de la *voie* existant sur les territoires des communes actuelles d'*Antigni* et de *Villemor*. Leurs chefs-lieux forment avec celui de *Heins* un triangle presque parfait sur la carte. Partant d'*Antigni*, sommet de ce triangle, il faudrait, d'après d'Anville, gravir et descendre tour à tour deux coteaux, marcher dans la direction du Sud, pour gagner *Heins*, et remonter ensuite plein Nord, et en ligne droite, pour retrouver la route sur *Villemor*. On ferait ainsi parcourir, sans nécessité, le double de la distance réelle qui se trouve entre ce dernier endroit et *Antigni*. Cela n'est pas même présumable. Je pense donc, d'après la reconnaissance du terrain, dont j'ai donné le résultat, qu'il faut chercher la position de Fines sur le territoire de *Villemor*, Commune qui ne date tout au plus que de la fin du dix-septième siècle. Ce nom qui me paraît d'ailleurs mal écrit sur les cartes géographiques (1), et dont le sens est par conséquent corrompu, comme celui de tant d'autres du département de la Vienne (2), indique l'existence d'une ancienne VILLA, autrement, d'une grande exploitation rurale. La distance de xxi lieues Gauloises, suivant l'*Itinéraire*, ou de xx lieues seulement, d'après la *Table Théodosienne*, convient parfaitement à *Villemor*.

(1) La finale *or* exprime une frontière, une bordure. On pourrait donc traduire le nom *Villemor*, et non pas *Villemort*, par VILLA de la *frontière*, ou sur la *frontière* ; et cette définition exacte serait justement applicable à la position de la *mansio* FINES que nous cherchons.

(2) La nomenclature en serait assez considérable. On dirait que les diverses administrations supérieures qui se sont succédées, surtout depuis la révolution, se sont toutes étudiées à dénaturer la signification primitive que comportait la dénomination donnée à chaque localité, par l'orthographe vicieuse et barbare que l'on remarque dans la manière d'écrire les noms propres des communes sur les tableaux qui en ont été publiés tant de fois. C'était déjà bien assez que l'autorité ecclésiastique eût eu le crédit de substituer des noms de saints à ceux sous lesquels certains bourgs étaient anciennement connus. Il en est résulté que l'étude de la géographie du Poitou est devenue de plus en plus difficultueuse.

La position de son chef-lieu près de la *voie* Romaine est constatée, comme nous l'avons vu, par les vestiges qui en subsistent; avantage que ne peut revendiquer *Heins*, point isolé. En plaçant sur *Villemor* le Fines que nous cherchons, *Ingrande*, l'Ingressus du Poitou, se trouve vis-à-vis cette *mansio* dans une même position relative qu'*Ingrande*, Ingressus des *Turones*, vis-à-vis Fines, le *Vieux-Poitiers*; c'est-à-dire, que ces deux Ingressus, ou entrées de territoire, sont au-dessus des *mansio* dont ce nom Fines indiquait la position sur l'extrême frontière de deux peuples différens.

SECTION III.

Voie de Pontarion, *Prætorium*, à Poitiers,
ou
Voie de Poitiers à Pontarion, *Prætorium*.

L'*Itinéraire d'Antonin* et la *Table Théodosienne* ne font point mention de cette *voie*.

Tout ce que l'on pourrait tout au plus induire peut-être du silence de ces deux précieux monumens, serait que cette route n'était point du nombre des *via militaris*. Du reste, son existence sous l'empire Romain est constatée par ses vestiges assez nombreux. Ils n'avaient pas sans doute été bien observés par *Siauve*; car, selon lui, la *voie* passait probablement par *Savigni, le Temple, Civaux, Moussac, Morter*, etc. (1). Cette direction n'est pas la véritable. Partant de *Limonum*, on trouve les premiers vestiges de la route sur l'emplacement des anciennes fourches patibulaires de l'abbaye de *Noaillé*. Elle se continuait par *Château-Gaillard*, comme de *Nieuil-l'espoir*, et par *Lasong*, commune de *Boueresse*. La *voie* coupait la Vienne vis-à-vis de *Queaux*; suivait le vallon, passait près le bourg de *S.-Paixent*; se continuait jusqu'à l'étang de *Luchat*, le traversait, et atteignait *Asnieres* et le territoire des *Lemovices*. J'observe que la *voie* dont il s'agit est encore intacte dans une longueur de plus de deux lieues communes de France, c'est-à-dire, depuis *Queaux* jusqu'à *Asnieres*. Il

---

(1) *Loc. dict.*, p. 6, *note* 1.

y avait sans doute quelque *mansio* intermédiaire entre ce dernier endroit et *Poitiers* : elles ne sont point connues, et jusqu'ici aucune découverte n'a pu faire présumer quelle pouvait être leur position.

Partant d'*Asnieres*, la *voie* se continuait par *Belac*. Elle a été reconnue et suivie depuis cette ville jusqu'à Prætorium, *Pontarion*, département de la Creuse, par Barailon, qui, ainsi que nous, prend son point de départ direct de *Poitiers*. D'après le témoignage de cet antiquaire, la *voie* est parfaitement conservée dans une longueur de chemin de plus de dix myriamètres (1), ou un peu plus de ving-cinq lieues de poste.

SECTION IV.

Voie de Poitiers à Nantes.

La direction de cette *voie*, d'après les vestiges que l'on reconnaît encore, était par le village actuel de *la Fenêtre* : delà elle se con-

---

(1) *Loc. suprad.*, p. 157, n° 87.

tinuait par le bois de *S.-Hilaire*, où on la retrouve dans le triage nommé *la Coudre*; ensuite par la lande *S.-Hilaire*, laissant *Vouillé* sur la droite. Il ne sera point étranger à notre sujet d'examiner ici sommairement quel fut au vrai l'emplacement sur lequel Chludwig (1) mesura ses armes avec Alaric. Quelques auteurs diffèrent sur la position du champ de bataille. Besly le place à *Civaux* (2), trompé, sans doute, par la grande quantité de tombeaux en pierre que l'on trouve dans la plaine de cette commune (3). Suivant Lebeuf (4), le monarque

---

(1) Le *ch* n'exprime qu'une aspiration des Germains. Vide *Mém. de l'Acad. des Inscr.*, T. xx, p. 68.

(2) *Rem. sur les mém. de la Fran.* apud *Comt. de Poit.*, p. 174, *ad finem*.

(3) La plaine de *Civaux*, aliàs *Sivaux*, d'après les découvertes qui ont été faites, particulièrement par Siauve, me paraît avoir été évidemment un cimetière public, dont l'établissement remonte à l'époque de la domination Romaine, et peut-être même antérieurement. Il est certain que la masse des tombeaux Romains ne se trouvait pas le long des grandes routes : on avait affecté certains emplacemens ruraux à la sépulture particulière des pauvres, classe la plus nombreuse de la société. *Sunt in suburbanis locis*

des Francs atteignit et attaqua les Visigoths près de *Vivonne*, et la victoire se décida dans les environs de *Champagné-S.-Hilaire* (1). D'après le système de cet auteur,

loca publica inoptum destinata funeribus, quæ loca culinas *vocant.* (Vide *Pitis. Dict. antiq.* verbo Culina.) La découverte faite par M. Poucqueville (*Voyag. dans la Grèc.*, T. II, p. 17, 18) confirme cette vérité. On trouve également un de ces cimetières à *Braye*, près Richelieu, où les tombes en pierre sont peut-être en plus grand nombre encore qu'à *Civaux*. Les chrétiens conservèrent assez long-tems cet antique usage : il est du moins certain, d'après un passage de l'*Institution laïque de Jonas*, évêque d'Orléans (L. III, C. XV, apud d'*Ach. Spicil.*, T. I, p. 517; éd. de *Bal.* et *Mart.*), qui écrivait sous Charles-le-Chauve, que, de son tems, on inhumait encore indifféremment dans les champs. (Vide *Ruin. in not. Greg. Turon.*, col. 961, *note* d; et l'avant-propos, n° IV, *Manufactures.*)

(4) *Diss.* T. I, p. 304—331.

(1) Il eût d'abord fallu prouver qu'il existait un chemin frayé quelconque, qui, au commencement du sixième siècle, conduisait à *Champagné*. Les armées, à cette époque, avaient forcément un train considérable de chariots à leur suite, pour le transport des armes de trait, etc., et ces chariots ne pouvaient marcher à travers les champs. Dans sa dissertation Lebeuf, prétend que le champ de bataille fut sur les deux rives du Clin, et sur celle gauche de la

il faudrait alors traduire campus Vogladensis, ou Vocladensis, par la plaine de *Vivonne*, ce qui serait hors de toute vraisemblance, car, premièrement, ni Grégoire de Tours, ni Fredegaire, ni l'auteur des Gesta Francorum, n'ont pu parler d'une localité inconnue à l'époque dont il s'agit, puisqu'elle n'existait pas encore. En second lieu, il me paraît incontestable que Chludwig voulant forcer Alaric à livrer bataille, avant d'opérer sa jonction avec les Ostrogoths que Théodoric envoyait à son secours ; que Chludwig, dis-je, après avoir passé la Vienne, manœuvra de manière à déborder l'armée ennemie, et la couper : ce qui le prouve, c'est que le monarque Visigoth, en évacuant *Poitiers*, place nouvellement refortifiée (1), avait au moins

---

Vonne, jusqu'à Marigny, et peut-être jusqu'à Cloué. Quel auteur lui a fourni des renseignemens si précis ? Aucun contemporain. L'opinion de l'académicien ne me paraît fondée que sur le témoignage d'Hincmar, auteur de la *Vie de S. Remi*, qui dit que la bataille se donna *in campo Mogotense super Clinnum*, la plaine de Meugon. (entre Poitiers et Vivonne, où il exista un ancien prieuré de ce nom, sur la gauche du Clin). Mais Hincmar est un auteur bien moderne, qui ne peut contrebalancer l'autorité de Grégoire de Tours.

(1) *Vide* ci-après le *chapitre* III.

un jour de marche à l'avance pour opérer sa retraite; que cependant il ne put s'éloigner que de dix milles, et se trouva alors forcé d'en venir aux mains : et comme l'action générale ne s'engagea que sur les bords de la *voie* Romaine qui, de *Poitiers* conduisait à *Nantes*, et non pas sur celle de *Saintes*, seul chemin que devait naturellement tenir Alaric, j'en conclus que le passage de cette dernière *voie* lui était fermé, et qu'il devait se trouver pressé par les Francs en tête et en queue (1). Quelque engagement, et cela même est assez probable (2), a bien pu avoir eu lieu sur les bords du Clin; mais ce ne peut être là le théâtre principal du champ de bataille entre Chludwig et Alaric. *Vivonne* est une localité trop moderne (3). Les témoignages de Gré-

(1) Cela est incontestable, puisque, d'après le témoignage de Grégoire de Tours (*Hist. Franc.*, L. II, C. XXXVII, col. 93, 94), une aile, ou une colonne de l'armée des Francs, s'avança jusqu'au monastère de S.-Maixent.

(2) *Moussais*, sur le Clin, près de *Cenon*, porte le surnom de *la bataille*. Serait-ce à raison d'un événement de ce genre?

(3) Je ne trouve aucun monument historique authentique qui constate l'existence de *Vivonne*

goire de Tours, auteur qu'on peut presque nommer contemporain, et de Fredegaire, son abréviateur, doivent décider la question sans réplique. Ils indiquent nominativement le CAMPUS VOGLADENSIS, la *plaine de Vouillé* (1), comme le champ de bataille, et ils fixent à dix milles sa distance de *Poitiers* (2). Ces dix milles donnent sept mille cinq cent soixante toises, ou trois lieues trois quarts de poste. On en compte quatre, à vol d'oiseau, de *Poitiers* à *Vouillé* : voilà une parité de distance que n'offre point *Vivonne*, et qui forme une nouvelle autorité d'un grand poids, car la lé-

avant le milieu du neuvième siècle. En 880 elle est qualifiée *Viguerie*. (*MS. de Font.*) Dans le grand nombre de titres que j'ai consultés, les différens noms latins de cette localité sont *vicus Vendonium*, *Vicodonium*, *Vicredonum*, *Vicovionia*, *Vconium*, *Vivona*, *Vivonia*, *Viveona*. Je me range volontiers de l'avis de ceux qui croient que son nom primitif était *Vic-sur-Vône*, dont on fit ensuite *Vivône*.

(1) Il paraît que l'ancien nom de cette localité est *Vouglé* (vide *Greg. Turon.*, *loc. supradicto*, note *h*), traduction plus exacte de VOGLADUM que *Vouillé*, dénomination moderne qui a prévalu.

(2) *Greg. Turon.*, *Hist Franc.*, L. II, c. XXXVII, col. 94; *Fred. Epit.*, c. XXXV, col. 562; éd. *Ruin.*

gère différence d'un quart de lieue de poste environ dans le rapport des mesures ci-dessus indiquées n'est d'aucune importance, si l'on fait attention que la *voie* laissait *Vouillé* sur la droite, et que par CAMPUS, il faut entendre une étendue de terrain assez vaste, pour que deux armées aussi nombreuses que l'étaient celles des Francs (1) et des Visigoths pussent y manœuvrer. Nous pensons donc, et à raison du voisinage de la *voie* Romaine, et forts du témoignage de Grégoire de Tours, qu'il ne faut pas chercher le CAMPUS VOGLADENSIS ailleurs que sur le territoire de *Vouillé;* et que si la bataille se donna près des bords d'une rivière, circonstance dont ne parlent pas le père de notre histoire et son abréviateur, cette rivière ne peut être le

___

(1) Les Francs menaient leurs femmes à l'armée (*Cord. Hist. de Franc.*, T. I, p. 326, 327); et c'est pourquoi la Loi Salique (TIT. XXIII, apud *D. Bouq.*, *loc. dict.*, T. IV, p. 137) prononçait d'aussi fortes condamnations, graduées suivant la nature de chaque espèce de délit commis, contre ceux qui touchaient une femme, soit à la main, soit au bras, soit au sein, afin qu'elles eussent toute la sécurité possible, quand elles allaient par la campagne et dans le camp.

Clin, mais l'Auzance, qui y verse ses eaux. J'observe encore qu'il existe sur la commune de *Vouillé* un chemin qui, dans tous les titres notariés, est désigné sous le nom de *chemin des Goths*. La tradition seule a pu conserver cette dénomination, qui rappelle le souvenir de la bataille mémorable livrée dans cet endroit. On m'a parlé de divers morceaux d'armures, de tronçons d'épée trouvés sur le même emplacement : comme je n'ai point vu ces objets, je n'oserais revendiquer le témoignage qui résulterait de leur forme, de leur matière, et par suite de leur antiquité.

§ I. SEGORA, Mansio.

La *Table Théodosienne* ne mentionne qu'une seule position sur la *voie* de *Limonum* au *Portus Namnetum*, écrit Partunamnetu sur cette *Table*, celle de Segora, *mansio*, dont la distance de *Limonum* est indiquée de xxxiii lieues Gauloises, ou trente-sept mille quatre cent vingt-deux toises. Cette distance, suivant d'Anville, « parait aboutir à Bressuire. » Car, dit ce savant géographe, ce qu'il y a » d'espace en droite ligne de Poitiers à Bres- » suire est de trente-six à trente-sept mille toi-

» ses; et la mesure itinéraire de xxxiii lieues
» Gauloises, qui doit fournir un excédent sur
» celle de droite ligne, est de 37,000 toises.
» Bressuire se rencontre précisément dans la
» direction de Poitiers à Nantes.. et je remar-
» que d'ailleurs un indice du passage de la
» *voie* Romaine dans le nom de Breuil-Chaussé,
» que porte un lieu voisin de Bressuire (1). »
Un vieux pont sur le Thoué, et différens vestiges font bien suivre la direction de cette *voie* par *Airvault*, pour arriver à *Bressuire*; mais je ne puis croire que ce dernier endroit soit identique avec *Segora*. I° *Bressuire* se trouve à l'Est de *Breuil-Chaussé*, et non pas dans la direction droite de la *voie*; qui ferait alors un détour fort inutilement. II° Il n'existe aucune analogie, aucun rapport de similitude entre les noms de *Segora* et de *Bressuire*. III°. Un *Chirographum* de l'abbaye de Notre-Dame de l'Absie en Gâtine, daté de l'an 1135, paraît donner quelques renseignemens d'autant plus probables, qu'il offre une certaine ressemblance entre les dénominations de *Segora* et de *Sergnec*. Ce titre nous apprend que Ratier de S.-Maixent, et Maximile, sa femme, avaient fait don au monastère sus-

___
(1) *Notic. de la Gaul.*, p. 592.

relaté du lieu dit PULCHRA VALLIS, où existait déjà une église sous le vocable de Notre-Dame, et que Guillaume, II du nom, évêque de Poitiers, prit sous sa protection et sauve-garde les deux moines que l'on établit dans cet endroit, où passait une *voie publique*, qui conduisait à *Sergnec*. Savari de Mauléon, fils de Raoul, confirma la donation de Ratier, en sa qualité de suzerain. Il est parlé dans ce même titre des moulins de *Folet*, et de Hugues, prévôt de *Peiron*. Enfin on voit figurer au nombre des témoins, un Renaud, prêtre de *S.-Severe*, et comme concessionnaire Sebrand Chabot, Agnès, sa femme, et leur fils Thibaut Chabot (1). L'ensemble de toutes ces données semble bien indiquer, même assez clairement, que le prieuré de PULCHRA VALLIS (*Beauval*, ou *Beauvau*) était situé sur l'ancienne *voie* Romaine, qualifiée ici de *voie*, ou chemin public; mais je n'ai pu, malgré toutes mes recherches, m'assurer du mérite de ma conjecture. Cette localité, désignée sous le nom de *Sergnec*, me reste tout à fait inconnue, et je ne trouve même pas aucun nom approchant sur celle des cartes de Cassini, qui donne le détail de tous les environs de

(1) Apud *Besly*, *Evêq. de Poit.*, p. 94, 95.

Notre-Dame de l'Absie et de Mauléon, petite ville aujourd'hui connue sous le nom le Châtillon. Comme les archives du département des *Deux-Sèvres* ont été la proie des flammes, et que par conséquent toute perquisition dans les procès-verbaux de vente des domaines nationaux d'origine ecclésiastique devient impossible, je n'ose pas combatre ouvertement l'opinion du savant d'Anville (1).

§ II. DURINUM An?

En continuant la route depuis *Segora*, on ne rencontre plus de station que celle du *Portus Namnetum*. La distance de dix-huit lieues Gauloises indiquée entre ces deux positions est assurément bien au-dessous de la réalité. Je soupçonne que cette distance est applicable à quelque *mansio* intermédiaire qui a été oubliée sur la *Table Théodosienne*. Il n'est pas, en effet, présumable qu'un homme de pied pût se rendre tout d'une traite de *Bressuire* à

---

(1) Je dois cependant observer que la fondation de Bressuire ne date que de la fin du dixième siècle, ainsi que je le prouverai dans l'*Histoire de Poitou*, que je me propose de publier.

Nantes : l'espace de chemin à parcourir est beaucoup trop considérable pour une seule et même journée de route. Il est, à la vérité, impossible de prouver d'une manière évidente l'existence de cette *mansio*, supposée omise : mais les inductions sont palpables, et nous avons vu précédemment que le silence de la *Carte de Peutinger* et de l'*Itinéraire d'Antonin* ne saurait fournir une preuve contraire, puisque nous avons constaté, d'après deux colonnes leugaires, l'existence d'une *voie*, des distances et une *mansio* dont ne font point également mention ces deux monumens antiques.

En examinant la position de *Bressuire*, ou peut-être mieux de *Breuil-Chaussé*, et tirant une ligne presque droite à partir de ce point, pour continuer la *voie* Romaine jusqu'à *Nantes*, nous trouvons sur cette ligne de route, à treize lieues environ de *Segora*, point de départ, Durinum, ou Durivum, localité qui devait probablement son nom au confluent de la petite rivière de Maine et d'un ruisseau, qui s'y réunissaient dans un seul et même lit. C'est aujourd'hui *Saint-Georges-de-Montaigu*. Durinum était connu dans le sixième siècle. Les deux auteurs anonymes de la vie de *saint Martin-de-Vertou*, dont l'un écrivait peu après l'irruption des Normands à Nantes, en 843, et l'autre sur la fin du dixième siècle, s'accordent à dire que le saint, dans ses différentes courses pour gagner des âmes à Jésus-Christ, vint à *Durinum* (1), où il fonda un monastère d'hommes et un de femmes. Ces faits incontestables supposent une population déjà fixée dans cet endroit. Cette route que je soupçonne s'être dirigée par *Durinum*, est celle que dut suivre, dans ses différentes expéditions, Begon, que la Chronique de Nantes qualifie duc d'Aquitaine, après la mort de Ranulfe, I du nom. Ce Begon (2), à qui le voisinage de Guaifre, de Ramire et de Giraud, détenteurs des pays de *Mauge*, *Herbauge* et *Tiffauge*, donnait de l'inquiétude, résolut, en 844, de les attaquer l'un après l'autre. Il marcha d'abord contre Guaifre. A son approche, celui-ci évacua, et abandonna le ter-

(1) Apud *Mabil. Act. SS. ord. S. Bened. Sæc.* I, p. 686, n° XVI.

(2) Il était comte de Paris; il put être créé duc d'Aquitaine, c'est-à-dire chargé de gouverner et défendre les deux comtés de Poitiers et Nantes contre les Normands. Il avait épousé Alpaïde, fille de Louis-le-Débonnaire, et d'Hermengarde, sa première femme.

ritoire d'*Herbauge* aux ravages de l'ennemi. Fier de cette victoire facile, Begon revenait, plein d'une aveugle confiance, lorsqu'il fut attaqué au gué de la rivière de *Bleson*, par Guaifre, qui avait réuni ses armes à celles de Ramire et de Giraud. Mis en déroute, et obligé de prendre lui-même la fuite, Begon ne put échapper à la mort. Son corps fut transporté à *Durinum*, où il reçut la sépulture (1). Il faut nécessairement que la *voie* se soit prolongée vers le Nord-Ouest, avant de remonter plein Nord : nous trouvons la preuve de cette direction dans un monument historique relatif à la fondation du monastère de *Dée*, aujourd'hui *S.-Philbert-de-Grand-Lieu*. Une charte, datée du 16 mars 819, nous apprend que *Louis-le-Débonnaire* accorda à Arnoul, abbé de Noir-Moutier, fondateur de *Dée*, l'autorisation de couper la *voie royale*, qu'on appelait *chemin pavé* ou *chaussée*, pour pratiquer un nouveau lit à la Boulogne, dont il se proposait de détourner le cours, et de conduire les eaux à son monastère de *Dée*, à la charge de construire un pont sur cette coupure de la *voie*, afin de ne point intercep-

---

(1) *Chron. Namn.*, apud *Lobin, loc. dict*, T. II, col. 39.

ter le passage (1). Ainsi il est bien constant que la *via* passait par *Saint-Philbert-de-Grand-Lieu*. De ce point, elle remontait brusquement plein Nord, et sa direction, par conséquent, n'était point en ligne droite, comme celle généralement de toutes les autres. Voici ce qui vient encore à l'appui du tracé que j'assigne à la route. Si l'on mesure la distance existant entre *Saint-Georges-de-Montaigu*, ou Durinum, et *Rezé*, ou le Portus Namnetum, passant par Deas, ou *Saint-Philbert*,

(1) Qualiter venerabilis Arnulfus Abba ex Monasterio sancti Filiberti, quod est situm in insula quæ dicitur Heri, propter incursiones barbarorum qui frequenter ipsum Monasterium depopulantur, foràs in pago qui dicitur Erbadellicus, in loco cujus vocabulum est Deas, per nostrum consensum atque adjutorium, novum Monasterium ædificasse, et ob commoditatem ejusdem Monasterii, et Congregationis ibidem degentis, ex fluvio, qui dicitur Bedouia, aquam ibi velle perducere; obsecrans clementiam excellentiæ nostræ ut transitum ei per viam Regiam, quam stratam sive calciatam dicunt, ejusdem aquæ concederemus, qualiter ad prædictum Monasterium nostris et futuris temporibus absque alicujus impedimento venire potuisset : et in eodem loco velle pontem facere, ut transeuntibus nihil impedimentum esset. (Apud *D. Bouq.*, *loc. laud.*, T. VI, p. 516, n° LXXXV.)

on trouvera que cette distance est, à vol d'oiseau, de huit lieues et demie, qui représentent vingt-un mille deux cent cinquante toises, à raison de deux mille cinq cents par lieue, comme je l'ai calculé sur la carte. Dix-huit lieues Gauloises en donnent vingt-quatre mille quatre cent douze : la différence est légère eu égard au coude que formait la *voie*. Donc je suis fondé à conjecturer, non sans probabilité, que Durinum peut être la position omise sur la *Table Théodosienne*, position dont la distance était de dix-huit lieues Gauloises du Portus Namnetum. D'un autre côté, si la *voie* eût été tracée en ligne droite de *S.-Georges* à *Rezé*, l'espace de ces dix-huit lieues à parcourir eût été fort inexact, car on ne compte d'une de ces localités à l'autre que onze mille huit cent soixante-quinze toises, à vol d'oiseau, ou quatre lieues trois quarts de deux mille cinq cents toises, tandis qu'il en faudrait trouver, pour avoir une donnée probable, vingt mille quatre cent douze; différence trop considérable. Peut-être quelques nouvelles recherches, quelque hasard heureux, offriront-ils un jour des documens inconnus jusqu'ici, justificatifs de la conjecture que nous venons d'émettre, relativement à *Durinum;* conjecture sur laquelle l'ancien Cartulaire de l'abbaye de *S.-Jouin-de-Marnes*, propriétaire du prieuré de *S.-Georges-de-Montaigu*, eût également pu répandre quelque lumière, s'il n'eût pas péri dans l'incendie des archives du département des *Deux-Sèvres*.

§ III. PORTUS NAMNETUM.

Quel est le PORTUS NAMNERUM de la *Table Théodosienne*? Serait-il identique avec l'ancienne ville RATIATUM? Commençons d'abord par fixer sa position, encore aujourd'hui assez incertaine. Adrien Valois soupçonnait que ce pourrait être le lieu dit *le Restail*, proche l'ancienne *Scobrit*, aujourd'hui *Saint-Viau-en-Retz* (1). D'Anville et l'abbé Belley pensent au contraire que l'emplacement de RATIATUM était le même que celui de *Saint-Pierre et Sainte-Opportune de Retz*, actuellement *Saint-Père-en-Retz*. M. Noual de la Houssaye, dans sa *Statistique du département de la Loire-Inférieure*, incline à croire que *Rezé* ou *Rezay*, un peu au-dessus, et presque vis-à-vis Nantes, au-dessous de l'embouchure de la Sèvre dans la Loire, remplace l'ancien

(1) *Notit. Gall.*, p. 466.

Ratiatum. Il se fonde sur ce que cette ville ayant été détruite par les Normands, suivant l'opinion commune, il est dès-lors présumable qu'elle se trouvait placée sur les bords de la Loire. Cette conjecture serait isolément peu probable, car *Poitiers*, par exemple, ville assez éloignée des grandes rivières navigables, fut néanmoins saccagée et brûlée par les hordes du Nord, en 843 (1), en 847 (2), en 863 (3), et en 865 (4). Les tombeaux et autres vestiges d'antiquité trouvés en fouillant les terres qui avoisinent Rezé, seraient un témoignage plus certain de son ancien état : encore pourrait-on conclure de la présence de ces tombeaux, qu'elle dénote seulement le voisinage d'une *voie*. Mais ce qui nous paraît confirmer davantage l'opinion de M. Noual de la Houssaye sur l'emplacement de *Ratiatum*, est un passage tiré de la translation du corps de saint

---

(1) *Chron. Ricard. Pict.*, apud *Marten. Cot. ampl.*, t. v, col. 1165.

(2) *Chron. Adem.*, apud *Labbe, Bibl. nov.*, t. ii, p. 161.

(3) *Chron. Malleac.*, Ibid., p. 198.

(4) *De gest. Franc. et Norman.*, l. viii, apud *Besly, Comt. de Poit.*, p. 187 ; *Nov. Gall. christ.*, t. ii, col. 1158.

Philbert, fondateur et abbé de Jumièges, mort dans l'île de Noir-Moutier, en Poitou, le 20 août de l'an 684 probablement. Il est parlé dans le récit de cette translation, écrite en 863, par l'abbé Ermentaire, d'une dame nommée Rainilde, qui s'embarqua sur la Sarthe, entra dans la Loire par la Mayenne, et arriva ainsi par eau au port de *Ratiate* (1). Il est dès-lors constant que ce port était sur

---

(1) *Ex Cenomanico territorio quædam femina Rainaldis nomine navem conscendit, cursuque veloci Sarta fluvio agente Meduanæ amnem ingreditur : qua graviore impetu currente, Ligeris descendit in alveum, usque ad optatum portum qui Retiatus dicitur, a monasterio quod Deas vocant octo milliariis celeriter decurrit.* Transl. S. Filib. abb., L. 1, C. LXII, p. 549, *apud* Mabil. Act. SS. ord. S. Bened. Sæc. IV, pars I. Cette distance de huit *milles* prise à la lettre, ne serait pas exacte, car huit *milles* donnent six mille quarante-huit toises. On compte de *S.-Philibert-de-Grand-Lieu* à *Rezé* trois lieues et un peu plus, à vol d'oiseau, la lieue de trois mille toises : il y aurait une trop grande disparité. Mais si l'on admet que l'auteur de la relation du transfert du corps de S. Philbert a confondu le *mille* avec la *lieue Gauloise*, l'espace de chemin à parcourir qu'il indique entre les deux localités sera parfaitement juste : huit *lieues Gauloises* représentent neuf mille soixante-douze toises.

la Loire. Il est nommé *portus Raciaci* dans un diplôme de 1123, en faveur de l'évêché de Nantes (1) : en 1154, Hoël, comte de Nantes, y vint par eau (2). Rien ne répugne conséquemment à fixer sa position sur l'emplacement de *Rezé*. L'auteur de la dissertation sur les monnaies de Bretagne dit aussi : « que le bourg de Rezé, bien remarquable par les gran-
» des ruines qu'on y voit, et où il y avoit au-
» trefois un port, que quelques-uns soupçon-
» noient être le *Portus Pictonum*, est assu-
» remment la ville de *Ratiate*. On y trouva, il
» y a peu d'années, des médailles de l'empe-
» reur Julien. Cette ville, riche par son com-
» merce, fut ruinée dans le septième siè-
» cle (3). » Quant au tiers de sou d'or, portant du côté principal une tête ceinte d'un diadème perlé, avec les deux légendes Théodoricus; Raciate (4); je suis loin de penser, avec

---

(1) *Lobin.*, *loc. cit.*, т. II, p. 278, 279.
(2) *Chron. Brit.*, Ibid., p. 354.
(3) Apud *Mém. de l'Acad Celt.*, т. v, p. 142.
(4) Bouteroue, Leblanc et le P. Hardouin ont publié ce tiers de sou d'or. Inscription du côté principal, Raciate : revers, une croix avec la légende Teodorico м. Le P. Hardouin attribue cette médaille à Childebert. (*Oper. var.*, p. 559, § 14,

M. Noual de la Houssaye, que cette monnaie appartienne à Théodoric, fils de Budic, comte de Cornouaille. Ce prince Breton recouvra, en 577, les états de son père, que lui avait enlevés Macliau, comte de Vannes, qu'il vainquit et tua dans une bataille (1). Les Poitevins faisaient partie de l'armée que Chilperic fit marcher en Bretagne, contre Guerech, II du nom, fils et successeur de Macliau (2). *Ratiatum* faisait partie intégrante du Poitou; il ne pouvait donc appartenir à Théodoric, comte de Cornouaille, à l'époque dont il s'agit, et ce prince n'a pu conséquemment y faire battre monnaie. Le tiers de sou d'or frappé à *Ratiatum* me paraît être de Théodoric ou Thierri, II du nom, roi d'Orléans et de Bourgogne, second fils de Childebert, à qui il succéda, en 596, et qui eut en partage le royaume de Gontran. L'époque de la fabrica-

et pl. II, n° 14.) L'opinion que j'ai émise ne repose que sur la supposition que le nom TEODORICO soit vraiment celui du monarque qui fit frapper cette pièce de monnaie. La lettre m qui suit ce nom, rend la chose très-problématique, et pourrait fort bien n'être que l'initiale de MONETARIUS.

(1) *Greg. Turon.*, *loc. dict.*, L. V, c. XVI, col. 220.
(2) *Ibid.*, c. XXVII, col. 237.

tion de cette monnaie ne peut être antérieure à l'an 600, année dans laquelle Théodoric et Théodebert, son frère, taillèrent en pièces, sur la rivière d'Orvanne, l'armée de Chlotachaire, II du nom, roi de Soissons, à qui appartenait le Poitou. La médaille n'est point non plus postérieure à l'an 613, époque de la mort de Théodoric. Tout ce que nous pouvons conclure avec certitude de cette pièce de monnaie, c'est que *Ratiatum*, ou le *Portus Namnetum*, n'était pas encore détruit au commencement du septième siècle.

Au reste, quelque opinion que l'on embrasse relativement à la position de cette localité, la distance de dix-huit lieues Gauloises indiquées depuis *Segora*, MANSIO supposée être *Bressuire*, ou située dans le voisinage de cette ville, ne peut convenir au *Portus Namnetum*, qu'autant que l'on supposera, comme nous l'avons conjecturé, une autre MANSIO intermédiaire. Il paraît, au surplus, que cette ancienne *voie* de *Poitiers* à *Nantes*, par *Bressuire*, *Saint-Georges-de-Montaigu* et *Rezé*, était encore fréquentée sur la fin du quinzième siècle. Ce fut la direction que prit, en 1464, Charles, frère unique de Louis XI, lorsqu'il partit secrètement de Poitiers, pour se rendre à Nantes, avec les ambassadeurs du duc de Bretagne (1).

SECTION V

Territoire des Agesinates Cambolectri.

Quoique, jusqu'ici, on soit fondé à croire qu'aucune *voie* ne conduisait chez les Agesinates, il ne faut pas assurer cependant que le territoire de ce peuple fut totalement dépourvu de tous moyens de communication intérieure. Quand bien même il eût été vraiment privé de routes de construction Romaine, il devait très-probablement exister quelque

---

(1) *Thibaud.*, ubi suprà, T. III, p. 105. Cependant il y avait encore une autre route, d'après un itinéraire que tint Charles IX, qui, se rendant à Nantes, en 1563, partit de Loudun, et passa par Champigni-sur-Vende, Fontevrault, Chemillé, Beaupreau, pour arriver à sa destination. *Ibid.*, T. IV, p. 178 et suiv.

chemin Gaulois (1), d'une époque antérieure à la conquête de César, quoiqu'on n'ait pas,

(1) Soit pour conduire à *Azenais*, capitale, ou chef-lieu de la *Cité*, soit au Secor portus, ou Sicor, selon Marcien le géographe. Ce port est marqué dans Ptolomée, immédiatement en deçà de l'embouchure de la Loire, en suivant la côte Aquitanique du Sud au Nord, au-delà de la rivière de la Charente, et du *Promontorium Pictonum*. D'Anville n'a pas cru devoir désigner positivement l'emplacement de ce Secor portus. Dom Martin soupçonne que ce pourrait être le lieu nommé *Scobrit*, dans une charte de Louis-le-Débonnaire, sous l'an 839, « Machecoul d'aujourd'hui, ou plutôt » la ville de Retz, avant qu'elle fût détruite, et à » laquelle Machecoul a succédé. » (*Hist. des Gaul.*, t. ii, p. 351.) Adrien Valois ne paraît pas s'éloigner de l'opinion du savant Bénédictin; mais il pense que *Scobrit*, nom d'une montagne, sur la limite du pays de Retz, dont il est parlé dans la vie de S. Viau, ou Vital (*In confinio Ratinsis, quodam in monte Scobrit nomine*), est aujourd'hui *S.-Viau-en-Retz*, ou *Rais* (*Notit. Gall.*, p. 466), ainsi appelée de l'église sous l'invocation de ce saint. Le véritable emplacement du port dont nous cherchons le gisement, est absolument inconnu, il faut en convenir. Si on le fixe aux *Sables d'Olonne*, ce n'est que par pure conjecture, et parce que le port de ce nom paraît le principal dans l'étendue de côte que renferme l'indication de Ptolomée. (*D'Anvil.*, *Notic.*

que je sache, reconnu jusqu'ici d'une manière positive, aucune de ces *pierres debout*,

de la Gaul., p. 589.) Encore, dans cette supposition, convient-il d'observer que la position du Secor portus ne serait pas applicable à la ville actuelle des *Sables d'Olonne*, mais à l'ancienne *Olonne*, qui existait au fond de la baie. (J'indiquerai dans mon *Histoire de Poitou* une autre position qui me paraît mieux convenir au Secor portus, que celle d'*Olonne*.) Quant au Promontorium Pictonum, dom Martin le fixe aux *Sables d'Olonne*, sur l'Océan, entre les *Santons* et l'embouchure de la Loire, et dit qu'il appartenait conséquemment aux *Pictons*. (*Loc. dict.*, p. 337.) Il faudrait alors supposer avec cet auteur que le territoire occupé par les *Agesinates* n'aurait été qu'un démembrement de l'ancienne *cité* des *Pictons* (*Ibid.*, p. 67), et que la position dont il s'agit aurait toujours retenu le nom du peuple principal duquel elle dépendait en principe. Mais ce n'est pas là la difficulté capitale résultant du système de dom Martin. La côte près les *Sables d'Olonne* n'offre aucun promontoire : il faut donc le chercher dans un autre endroit. On croit plus généralement que le Promontorium Pictonum indiqué par Ptolomée seulement, est la pointe de terre recourbée vers l'embouchure de la Sèvre-Niortaise, et appelée *Pointe de l'Aiguillon*, ou simplement l'*Aiguillon*. Cette opinion, quoique plus vraisemblable, ne lève cependant point entièrement la difficulté : il palew (1), qui divisaient par lieue les routes, ou voies publiques. Il faut convenir cepen-

...aîtra toujours étonnant que ce Promontorium soit connu sous le nom d'un peuple dans le territoire duquel il n'était pas situé; ou bien il faut supposer que, du tems de Ptolomée, les *Agesinates* n'étaient déjà plus reconnus comme un peuple particulier, ce qui serait manifestement contraire au témoignage irrécusable de Pline.

(1) J'avais au premier coup d'œil pris pour des ..ew, les *pierres-debout* que je remarquai dans une étendue de deux milles environ, le long de la grande route actuelle de *Luçon* aux *Sables d'O-onne*. Mais en examinant plus attentivement ces singuliers monumens, dont je retrouvai ensuite quelques-uns comme groupés, je reconnus qu'ils ne pouvaient être classés parmi les cippes itinéraires des anciens Gaulois. J'appelle l'attention des antiquaires sur ces précieux restes d'une assez haute antiquité. Le bourg d'*Avrillé*, situé sur le sommet d'une petite colline, à une forte lieue de la mer, paraît former le centre de la ligne où sont placés ces monumens, dont la matière est un granite très-dur, à mica noir très-peu abondant. On le nomme *grison* dans le pays, et on n'observe dans le voisinage aucune carrière de la même espèce. Ces *pierres-debout* se trouvent presque toutes plus ou moins rapprochées du grand chemin, quelquefois isolées, le plus souvent réunies au nombre de trois ou quatre. Leur forme n'est point uniforme : quelques-

dant que celles-ci ne pouvaient être qu'e[n] très-petit nombre dans un pays aquatique ou plutôt très-marécageux, sujet aux inonda[tions, particulièrement de la Sèvre-Niortaise et dont les côtes, plates en majeure partie permettaient aux eaux de la mer de s'étendr[e] assez avant dans les terres, principalemen[t] aux époques des fortes marées. D'un autr[e] côté, il faut observer que l'ancien territoir[e]

unes affectent la figure d'un prisme carré, aplati à sommet pointu; d'autres sont rondes et coniques[.] Toutes sont brutes, et paraissent avoir été seulemen[t] comme dégrossies au marteau. La hauteur et l'é[-]paisseur de ces masses granitiques n'ont égalemen[t] rien de bien constant : leur base comporte sep[t] à huit pieds de large, tandis que leur élévation vari[e] de dix à vingt pieds. On en remarquait particuliè[-]rement trois dans le jardin de l'auberge qui avai[t] pris la dénomination des *Trois-Piliers*. La plu[s] belle et la plus régulière, quoiqu'un peu penché[e] sur sa base, était parfaitement conique, m'a-t-o[n] assuré, et s'élevait à une hauteur de trente pied[s.] On les a cassées depuis quelques années. A l'exce[p-]tion de celles-ci, toutes les autres que l'on trouv[e] rassemblées, sont plantées parallèlement sur l[es] points les plus élevés, et sur une ligne qui para[ît] à peu près droite, au premier aperçu. Je parlerai [de] ce monument dans l'*Histoire de Poitou*, que je [me] propose de publier.

des *Agesinates* a singulièrement changé de face, et n'a pris un assez grand accroissement que par suite du retrait de l'Océan, qui a visiblement beaucoup perdu 1° naturellement, ou accidentellement; 2° par les travaux qui ont été une conséquence de ce retrait. On peut remarquer, en effet, que les terrains productifs généralement connus sous le nom de *marais*, sont une conquête moderne de l'homme; que l'embouchure de la Sèvre-Niortaise n'est plus accessible, comme dans le neuvième siècle, à l'époque des incursions des Normands, qui eurent la facilité de s'avancer par eau jusqu'à *Maillezais*, île qui, d'après la tradition conservée par le moine Pierre, s'est rejointe au continent sous le règne de Guillaume, I du nom, comte de Poitiers, III du nom, duc d'Aquitaine, surnommé *Tête-d'étoupes* (1), c'est-à-dire entre les années 935 et 963 (2). D'après ces considérations, dont le développement est étranger à notre sujet, il faut dire que le territoire des *Agesinates* ne devait guère comporter

(1) *Loc. dict.*, p. 286.
(2) Un retrait des eaux aussi brusque et aussi considérable, ne peut être que la suite de quelque éruption de volcan sous-marin.

qu'une faible population, presque isolée sur le sol où elle s'était fixée, par suite de la difficulté physique des communications que présentaient en général les localités.

SECTION VI.

Voie de Bourges à Orléans,
ou
Voie d'Orléans à Bourges.

Il existait, suivant d'Anville, une *voie* dont l'*Itinéraire d'Antonin* et la *Table Théodosienne* ne font point mention, qui, allant de *Tours* à *Bourges*, se croisait à *Chabris* avec une autre *voie* qui conduisait d'*Orléans* à *Poitiers* (1). Cette dernière est celle que suivit Chludwig, lors de son expédition contre les Visigoths, et d'après cette considération seule, cette *voie* n'est point étrangère à notre sujet. Sa direction était par ou proche *Amboise*, que Sévère-Sulpice appelait un vieux château, et qui offre encore aujourd'hui quel-

(1) *Notic. de la Gaul.*, p. 337.

ques monumens Romains assez bien conservés. Delà elle se continuait par la plaine de *Sublaines*, qu'elle traversait, pour atteindre *Cornillé*, près et au Nord de *Loches*, comme je l'ai déjà dit. Cette localité de *Cornillé* était certainement une *mansio*, quoique cet ancien et vaste établissement ne soit plus reconnaissable aujourd'hui que par deux pans de murs bâtis en réseau, *opus reticulatum*. Mais les fouilles, quoique accidentelles, qui ont été pratiquées sur le terrain, ont produit la découverte de quelques morceaux de *terris*, dont la peinture n'était point encore effacée; des tessons de vases, dont la qualité de la pâte, la non élégance des formes, et le degré de cuisson, de même que les tuiles et les briques sembleraient indiquer au moins une restauration à l'époque du déclin presque total des arts, quoique, du reste, le genre de fabrication et le module soient les mêmes que ceux usités dans les tems du beau style. Cette conjecture d'une restauration, ou peut-être même d'une construction première élevée lors du déclin de l'empire Romain dans la Gaule, paraît d'autant plus vraisemblable, que dans le petit nombre de médailles trouvées dans les ruines de *Cornillé*, il n'en a point été observé d'antérieures à Claude-le-

Gothique. Quoique située sur le bord de l'Indre, cette *mansio* était avantagée d'un aquéduc qui y conduisait des eaux de source. On voit encore près de la maison rurale nommée *Conteré*, commune de *Ferrières-sur-Beaulieu*, quatre arcades assez bien conservées, ayant chacune de quatre à cinq mètres d'élévation. La longueur de chaque pile est de deux mètres cinq décimètres, un peu plus, un peu moins; leur épaisseur est d'un mètre cinq décimètres. Ces arcades varient au surplus tant en hauteur qu'en longueur, et leur plancher n'est plus nivelé. Le cintre seul a été abattu, mais on distingue parfaitement la courbe, ou la base des voussoirs qui ont trois mètres cinq décimètres. Le revêtement de toutes ces arcades forme une maçonnerie en réseau : on ne remarque aucunes briques dans les assises, et le ciment n'a point cette dureté, cette impénétrabilité que l'on rencontre dans celui des monumens Romains d'un beau style. Je conclus de ces particularités, que la construction de ces arcades d'aquéduc date de la même époque que celle de la bâtisse, ou de la restauration de la *mansio* de Cornillé, où j'ai reconnu la bouche de cet aquéduc, et une partie de conduit encore assez intact. La voûte comportait presque la hauteur ordinaire d'un homme, et sa largeur était de deux pieds et demi environ. J'ai remarqué aussi tout auprès des restes d'hypocaustes, qui ne laissent conséquemment aucun doute sur l'usage des eaux amenées d'une demi-lieue environ, pour l'usage des salles de bains.

La *voie* se continuait ensuite de *Cornillé* par *Saint-Senoch*, ou *Saint-Senou*. Lorsque l'on creusa le bassin de la pièce d'eau du jardin de la maison rurale nommée *le Château de Saint-Senoch*, on retrouva des ruines qui appartenaient incontestablement à cette *voie*. J'oserai même avancer que *Saint-Senoch* fut une *mutatio*, et je me fonde, pour étayer mon opinion, sur le témoignage résultant d'un passage de Grégoire de Tours. Le prélat historien dit que ce saint Senoch, Teifale d'origine, issu de la colonie de ce peuple établie en Poitou, se retira, en 576, dans un local faisant partie du territoire de la Touraine, où il trouva de vieux murs qu'il rétablit, et un oratoire où l'on prétendait que saint Martin était venu prier. Il y établit un monastère composé de trois religieux (1). Cette maison monastique ne subsiste plus depuis très-longtems; mais le lieu de son antique emplacement

(1) *Vit. Patr.*, c. xv, n° 1, col. 1223.

dans un pays de landes assez arides, a conservé le nom de *Saint-Senoch*, aujourd'hui Commune. Je conclus de ce récit, que les vieilles murailles restaurées par le saint moine ne sauraient appartenir, à l'époque dont il s'agit, à aucune autre construction qu'à celle d'une ancienne *mutatio*, destination que semblent encore confirmer et sa position sur le bord d'un ruisseau, et sa distance de la *mansio* de Cornillé.

Partant de *S.-Senoch*, on ne retrouve plus aucunes traces de la *via*, que dans une partie de landes, ou bruyères, situées sur le territoire de *Boussay*, où l'on arrive en droite ligne. Là, la *voie* est encore fort intacte, et elle se continue par le *Berravensis pagus*, aujourd'hui *Barrou*, ou mieux *Barrow*, mot à mot *les tombelles*, ou *les tombeaux*; ensuite par *Yseures*, Yciodorum, commune fort ancienne, où la tradition en a conservé le souvenir, et elle se poursuivait jusqu'à *Argenton*, suivant la Carte itinéraire de la Gaule dressée par d'Anville. Cette même *voie* est celle que dut parcourir, en 581, l'armée du duc Berulfe, un des généraux de l'armée de Chilpéric (1).

(1) *Grég. Tur.*, *His. Franc.*, L. VI, c. XII, col. 289.

J'ai dit précédemment (1) que cette voie de *Bourges* à *Orléans* communiquait avec une autre *via* de *Poitiers* à *Tours*, par une route de traverse, ou *via vicinalis*, qui, partant de *la Haie*, ou des environs de *la Haie*, en Touraine, aboutissait à *Ingrande*. L'existence de cette route est constatée dans un mémoire, ou note particulière qui m'a été obligeamment communiquée. Le feu général de Menou, qui s'était particulièrement occupé de la reconnaissance de la *voie* Romaine qui se trouve dans les *brandes de Boussay*, et interceptée maintenant par l'extraction des pierres faite dans plusieurs endroits pour la confection des chemins des environs, remarqua, lors du défrichement du *grand étang de Boussay*, que deux anciennes routes de même largeur croisaient cet étang, et se distinguaient très-parfaitement, lorsque le blé commençait à lever. Comme l'une d'elles venait du Nord, et l'autre du Nord-Ouest, il n'est pas douteux que cette dernière était la *via vicinalis* qui communiquait avec la *voie* de *Poitiers* à *Tours*, tandis que la première appartenait à la *voie* de *Bourges* à *Orléans*. Du reste, on ne trouve plus aucuns vestiges quelconques indicatifs

---

(1) *Note* 1, p. 127.

du point de départ de cette route de traverse, c'est-à-dire, de l'endroit fixe et précis où elle commençait à s'embrancher dans la *voie de Poitiers à Tours*. Mais le point le plus important était de s'assurer de son ancienne existence, qu'il n'est plus maintenant permis de révoquer en doute ; et il devient facile de se figurer l'itinéraire d'Alaric, lorsqu'il se rendit, en 503, dans l'île de la Loire (1), près Amboise, pour avoir une conférence avec Chludwig (2), ainsi que la marche de l'armée du roi Franc, dans son expédition contre les Visigoths.

SECTION VII.

Voies Romaines présumées.

Quelques personnes, ou séduites par le témoignage de dom Fonteneau (1), ou faute

(1) On croit que c'est celle connue sous le nom d'*Ile S.-Jean*. (*Ruin.*, *Add. et Emend. ad Grég. Turon.*, col. 1591.)

(2) *Grégor. Turon.*, loc. dict., L. II, c. XXXV, col. 91.

(1) Dom Léonard Fonteneau, né à Jully, ancien

d'un examen assez approfondi du terrain, s'obstinent à soutenir qu'il existait encore

Berri, en 1705, mort à S.-Jean-d'Angély, en Janvier 1781, « entreprit, en 1741, conjointement avec
» Dom Joseph-Marie Boudet, non-seulement l'histoire
» de Poitou, mais encore celle de toute l'Aquitaine.
» La mort ayant enlevé son compagnon d'études, en
» 1743, il ne perdit pas courage. Il s'appliqua, sans
» relâche, à la recherche des Diplômes, Chartes,
» Actes, et autres monumens relatifs à l'histoire des
» provinces de Poitou, d'Aunis et de Saintonge. Il
» a collationné ses copies sur les Originaux avec
» beaucoup de soin et d'exactitude. Ces matériaux,
» ramassés pendant 27 ans, et mis en ordre, for-
» ment une collection très-nombreuse, comme il
» paraît par un procès-verbal authentique que Dom
» Fonteneau en a fait dresser étant arrivé à S.-
» Jean-d'Angély. Pour avoir une juste idée de ses
» travaux, il faut lire cet Acte, dressé et signé par
» un Notaire royal, les 16 et 17 juin 1769, etc. »
(*Hist. litt. de la Congrég. de S. Maur*, O. S. Ben. 1770, p. 797.) Les volumineux manuscrits de ce Bénédictin sont déposés aujourd'hui *en partie* à la Bibliothèque publique de la ville de Poitiers. Ses supérieurs, voyant qu'après un laps de tems de vingt-sept années environ, dom Fonteneau n'avait point assez avancé son ouvrage, pour être à même d'en publier au moins quelque partie, lui donnèrent un successeur. Ils firent choix de dom Mazet, qui, d'après une lettre de son prédécesseur,

dans l'ancien Poitou, au moins deux autres *voies* Romaines : l'une directe de *Poitiers* à *Limoges* ; la seconde de *Poitiers* à *Angoulême*. Examinons sommairement le mérite de chacune de ces suppositions.

§ I.

Voie directe de POITIERS à LIMOGES,
ou
Voie directe de LIMOGES à POITIERS.

Nous avons vu ci-dessus, *section* III, que la *voie* partant directement de *Poitiers*, et semblerait n'avoir point été étranger à la disgrâce de celui-ci. Dom Mazet fut breveté *historiographe de Poitou*, et, dans cette qualité, on lui alloua des appointemens, ou indemnités annuelles. Cet homme, à qui l'on *supposa* bénévolement les connaissances requises pour remplir la commission dont on le chargeait, se contenta amplement, il faut le croire, de jouer un rôle fort agréable dans la société, sans s'inquiéter beaucoup du travail qui lui était demandé. On n'a pas trouvé une seule ligne de son écriture dans tous les cartons provenant de son cabinet, que la Mairie de Poitiers a eu l'excessive complaisance de *suracheter*. Tout ce que renferment ces cartons appartient au travail personnel de dom Fonteneau, qui avait fait remise de ses papiers à un successeur plus heureux que lui. *Sic vos non vobis.*

se dirigeant au Sud Sud-Ouest, ne conduisait point à *Limoges*, mais à *Pontarion*. La *Table Théodosienne* justifie pleinement la reconnaissance qui a été faite de cette route. En effet, la *Carte de Peutinger* ne fait communiquer *Poitiers* avec *Limoges* que par un embranchement de *voie*, qui, partant d'*Aunedonacum*, aboutit à la capitale des *Lemovices*, en passant par les *mansiones* SERMANICOMAGUS, *Chermez*, suivant d'Auville (1), et CASSINOMAGUS, *Chassenon*, sur la rive gauche de la Vienne, toutes les deux hors du territoire des *Pictons*. Pour détruire l'autorité de la *Table Théodosienne*, il faudrait s'étayer de la conservation de quelques portions de *voie* encore assez intactes, pour former une preuve sans réplique de l'existence d'une route directe. Ce n'est pas que nous reconnaissions aveuglément l'exactitude du tracé de la *Carte de Peutinger;* nous inclinons à croire, au contraire, qu'elle consacre une erreur que les localités démontrent d'une manière assez irrécusable. L'embranchement de la *voie* qui conduit à *Limoges*, ne paraît point avoir eu son point de départ d'*Aunai*, mais de *Rom*, où il était suffisam-

---

(1) *Loc. dict.*, p. 601.

ment indiqué par une chaussée particulière. On retrouve la *voie* entre ce dernier endroit et *Chenais* : elle est très-reconnaissable, tantôt par son *statumen*, tantôt par son *rudus*, et encore par l'encaissement entre deux rangs de pierres posées debout. Ce chemin, avant la révolution, était la route ordinaire de *Niort* à *Limoges*, la seule fréquentée par le courrier, et par les voituriers qui conduisaient des sels dans le *Limousin* et dans le *Berri* (1).

L'*Itinéraire d'Antonin* (2) mentionne une autre route, qui, partant de *Bordeaux*, se prolongeait jusqu'à *Argenton*. Au moyen de cette *via*, *Poitiers*, Limonum, pouvait communiquer directement avec *Limoges*, Augustoritum, par Fines, *Villemor*; Argentomagus, comme nous l'avons dit, section II, et ensuite *Limoges*; ou bien encore par Prætorium, route plus courte que la précédente.

(1) *Aff. du Poit. du* 1 *Févr.* 1776, n° 5, p. 18.
(2) P. 105.

§ II.

Voie directe de POITIERS à ANGOULÊME,
ou
Voie directe d'ANGOULÊME à POITIERS.

La direction que dom Fonteneau assignait à cette *voie* prétendue, est absolument la même que celle de la grande route actuelle de *Poitiers* à *Angoulême*, passant par *Vivonne, Couhé, les Maisons-blanches, Ruffec, Mansle et le Tourrier*. Ce Bénédictin, pour justifier l'existence de la *voie*, parle de quelques titres de l'abbaye de Nanteuil. Cette sorte de preuves tirées de quelques monumens très-modernes, en l'admettant même, ne peut jamais faire autorité, lorsqu'il existe des témoignages antérieurs absolument contraires. Certes, on ne récusera pas celui d'Ausone, qui connaissait parfaitement le local, et qui était Préfet des Gaules, avec son fils Hespère, en 379 (1). Ce poète, précepteur de l'empereur Gratien, nous apprend que, de son tems, *Angoulême* non-seulement ne se trouvait sur

---

(1) Vide *Vaiss. Hist. de Lang.*, T. 1, note XXXVIII, p. 633.

aucune *voie militaire*, mais encore que cette ville gisait dans un lieu écarté des passages, et isolé.

> *Iculisma quum te absconderet*
> *Et invidebam devio, ac solo loco,*
> *Opus camenarum tegi* (1).

S'il eût existé une *voie* de *Poitiers* à *Angoulême*, certes Chludwig, après la bataille de *Vouillé*, n'eût pas laissé derrière lui cette dernière place, que sa position seule rendait déjà très-forte, et qui pouvait servir de point de ralliement aux débris de l'armée des Visigoths. Nous voyons cependant que le monarque Franc marcha droit sur *Bordeaux*, où conduisait la *voie* de *Poitiers* à *Saintes* : il y passa l'hiver, et ne revint attaquer *Angoulême* qu'au printems suivant, c'est-à-dire, en 508 (2). J'ajouterai même que ce chemin de *Poitiers* à *Angoulême* n'était pas confectionné vers le milieu du quatorzième siècle. Cette assertion résulte de ce que le prince de

---

(1) *Auson.*, *Epist.* xviii, *ad Tetrad.*, v., 22-24, et *Et. Vin. Comm.*, n° 463, C. ; édit. de 1580.

(2) *Grég. Turon.*, *Hist. Franc.*, L. ii, c. xxxvii, col. 95.

Galles, après le gain de la bataille de *Maupertuis*, livrée le 19 septembre 1356, fut obligé de suivre l'ancienne *voie militaire* de *Poitiers* à *Saintes*, pour se rendre à *Bordeaux*. S'il y eût eu dès-lors une autre route de *Poitiers* à cette dernière ville, il n'est pas douteux que l'héritier du trône d'Angleterre l'eût préférée, comme plus directe, et conséquemment plus courte (1).

Supplément.

Ce chapitre II était terminé, lorsque je me suis procuré une brochure intitulée: *Dissertation sur l'endroit appelé le Vieux-Poitiers*, par M. *Bourignon* de Saintes; *Chevrier*, 1785, in-12 de trente-quatre pages. L'auteur parle de quatre colonnes itinéraires, dont trois furent tirées du cimetière de *Cenon*, et qui avaient été creusées en tombeau : la

(1). Vide *Froiss.*, *loc. dict.*, 1 vol., ch. CLXIX, p. 181. En 1615, Louis XIII, venant de célébrer son mariage à Bordeaux, entra en Poitou par *Verneuil*, arriva le lendemain à *Civrai*, et ensuite à *Poitiers*, passant par *S.-Benoist*. (*Thibaud.*, *loc. dict.*, T. VI, p. 22 et suiv.) Donc la route actuelle n'existait pas encore.

quatrième fut trouvée autrefois sous les ruines du *Vieux-Poitiers*. Cette nouvelle description de l'état des lieux par un antiquaire instruit, et les diverses découvertes qui avaient été faites jusqu'à l'époque de la publication de la brochure citée, sont d'un intérêt trop local pour ne pas mériter d'être conservées. « On y remarque (*au Vieux-Poitiers*)
» une chambre qui a trente-six pieds d'élé-
» vation actuelle, et quatorze pieds en car-
» ré, avec une porte ayant dix-huit pieds
» de hauteur, et huit de largeur. Sur la
» même ligne est un pan de mur qui pré-
» sente de l'inégalité dans sa ruine; il est dis-
» tribué en plusieurs cintres fermés dans le
» goût de la bâtisse des Romains, qui aimaient
» beaucoup ces formes cintrées. On trouve
» encore dans les environs quelques pierres
» chargées d'ornemens d'architecture, des frag-
» mens de frise, des corniches d'ordre Co-
» rinthien, des morceaux de marbre, et une
» quantité prodigieuse de débris de briques
» Romaines; tous les champs en sont couverts.
» Un débordement du Clain ayant entraîné, il
» y a quelques années, la superficie des terres,
» les paysans trouvèrent après l'écoulement
» des eaux, des fibules, des fragmens de vase,
» des bagues antiques, et beaucoup de mé-

» dailles, dont quelques-unes ont été jugées,
» sans fondement, être des Othons de moyen
» bronze de coin Romain. »

Trois des colonnes itinéraires datent du règne d'Antonin-Pie, puisqu'elles portent le nom de cet empereur. Nous ne transcrirons point leurs inscriptions : la version qu'elles donnent est absolument la même que celle rapportée ci-dessus, *section* I. Il n'y a de *variantes* que dans l'indication marquée des distances de *Limonum* à la *mansio* FINES. On lit sur ces colonnes :

1re	2^e
LIM	M
VI	II

M. Bourignon pensait qu'il fallait ajouter la lettre numérale V devant les deux unités, ce qui éleverait la distance totale à sept lieues.

La troisième colonne offre l'indication suivante :

LIM FIN
X

Il est assez présumable que celle-ci est absolument la même que celle dont nous avons fait mention, et dont l'inscription n'aurait pas été lue complètement. Nous le croyons d'autant mieux, que M. Bourignon ajoute que ces précieux restes d'antiquité furent transférés dans le parc du château du *Fou*.

Enfin la quatrième colonne trouvée à *Cenon* porte l'inscription suivante :

```
  AL UA
  MAXIM
  OBIL C
  INUIC
  PLXII.
```

Que M. Bourignon explique ainsi : *Domino nostro Galerio Valerio Maximino, nobilissimo Cæsari, invicto principi, leugas duodecim;* et il l'attribue à Maximin Daza, nommé César avec Sévère, l'an 304.

L'existence de ces cippes leugaires fit penser à M. Bourignon que le *Vieux-Poitiers* devait être l'ancienne *mansio* désignée sous le nom de Fines dans l'*Itinéraire d'Antonin* et sur la *Table Théodosienne*, et que son emplacement etait indiqué, par erreur, entre *Argentomagus* et *Limonum* sur la *Carte de Peutinger*. La méprise serait un peu forte. Pour être fondé d'abord à la soupçonner, il faudrait, ce me semble, alléguer quelques raisons au moins probables, et non pas avancer isolément une conjecture vague, d'autant encore que la distance indiquée par l'*Itinéraire* et la *Table* entre Fines et Limonum, est de XX et XXI lieues, quotité qui ne cadre aucunement avec celles données par les colonnes déterrées à *Cenon*. Nous persistons en conséquence dans l'opinion que nous avons émise, et nous croyons fermement qu'il convient de distinguer deux endroits sur les limites du Poitou, connus, lors de la domination Romaine, sous le nom de Fines.

Pour ne laisser rien à désirer sur le *Vieux-Poitiers*, je rapporterai un dernier passage de la dissertation de M. Bourignon. «On a dé-
» terré, dit-il, dans le cimetière de *Cenon*,
» des frises d'une sculpture élégante creusées
» en tombeaux… les fragmens des autres ont
» été employés à la façade d'une maison du
» village de Couhé, près Cenon; d'autres tom-
» beaux sans inscriptions, dans lesquels on a
» trouvé des ossemens avec des chaînettes,
» des pommeaux d'épées, et d'autres débris

» de vieilles armes. Le nombre de ces tom-
» beaux militaires était si considérable, qu'on
» a jugé, avec assez de raison, qu'il s'était li-
» vré autrefois sur les lieux un combat d'im-
» portance, la paroisse de Cenon ayant été
» trop petite dans tous les temps, pour four-
» nir un assez grand nombre de morts à la
» fois (1). Il y a tout lieu de penser que ces
» tombeaux marqués d'une croix, sont ceux
» des Visigoths Ariens échappés en 507 à la fa-
» meuse bataille de Poitiers, où Alaric, leur
» roi, perdit la vie. » Ceci ne me paraît pas
clair. On est fondé à se demander comment,
et par quelle circonstance singulière, il est

---

(1) Sur quel fondement s'appuie-t-on pour décider cette mortalité simultanée? La chose en elle-même me paraît toute simple, et il n'est pas besoin de recourir à une bataille pour rendre compte du nombre de tombeaux découverts. L'emplacement où ils existaient était celui du cimetière public, *culina*, de la *mansio* FINES, et sous le christianisme on aura continué de l'employer au même usage. J'avoue cependant que le surnom de *la bataille* que porte la commune de *Moussais*, voisine de celle de *Cenon*, semble indiquer d'une manière positive, qu'il s'est livré anciennement une bataille sur cet emplacement, et peut-être celle de 732, que son appellation *bataille de Poitiers* ne permet guère de placer ailleurs.

arrivé que les « Visigoths Ariens, échappés en » 507 à la fameuse bataille de Poitiers, » soient venus finir tranquillement leurs jours sur le territoire de *Cenon*. La bataille dans laquelle Alaric II perdit la vie, fut donnée à l'Ouest de Poitiers, et n'a jamais été nommée par les anciens historiens *bataille de Poitiers*. Celle désignée sous cette appellation, fut livrée, en 732, par Charles-Martel contre les Sarrasins. M. Bourignon aurait-il confondu, par hasard, ces deux époques mémorables de notre histoire?

CHAPITRE III.

TOPOGRAPHIE HISTORIQUE DE LA VILLE DE POITIERS, ANTÉRIEUREMENT AU XVIe SIÈCLE.

Je suivrai, autant que possible, dans les diverses divisions et subdivisions de ce chapitre, l'ordre chronologique. Quant à la ville de Poitiers considérée en masse, je distingue :

GAULE KELTIQUE.

Limonum. J'ai déjà traité particulièrement de l'emplacement de cet ancien chef-lieu de la *cité* des *Pictons* dans le chapitre précédent. Je ferai seulement observer ici qu'il est notoirement remarquable que le territoire de *Bernage*, sur lequel je place l'antique ville Limonum, ne fut jamais aliéné, ou concédé, en totalité, ou en partie, par les différens monarques et princes qui possédèrent le Poitou, soit comme rois d'Aquitaine, soit comme comtes héréditaires de Poitiers; tandis qu'il n'en fut pas de même des autres quartiers extérieurs de la ville. Le sort du *Suburbium*, qui représentait l'ancienne capitale des *Pictons*, fut, en toute manière, semblable à celui de la *ville Romaine*, qui releva toujours directement du souverain de la province, depuis la fondation de la monarchie Française. On peut tirer de ce privilége particulier, la conséquence immédiate de l'antiquité et de l'importance première de *Bernage*.

GAULE AQUITANIQUE.

1re PARTIE.

Enceinte primitive, ou *Pomœrium* (1).

Domination Romaine.

La ville de Poitiers est bâtie sur le sommet et sur le penchant Est d'un coteau, de nature

(1) On appelait Pomœrium un certain espace, tant en dedans qu'en dehors des murailles de la ville,

calcaire, qui forme une espèce de promontoire, ou pointe avancée circonscrite par deux vallons, au milieu desquels coulent le Clin, à l'Est, et la Boivre, ou Boave, à l'Ouest. Les eaux de ces deux rivières se réunissent au-dessous de la ville, et l'entourent ainsi de trois côtés.

Il est presque impossible de déterminer rigoureusement la circonscription de *Poitiers*, sous la domination Romaine. Il n'en existe aucunes traces certaines et apparentes : mais à l'aide de divers monumens historiques, on peut tirer seulement cette induction, que si le POMÆRIUM de cette ville, tel qu'il fut sillonné primitivement (2), reçut quelque agran-

---

sur lequel il n'était pas permis de bâtir. La partie extérieure, ou l'AGER EFFATUS, était l'endroit où les Augures achevaient leurs prières et cérémonies, lorsqu'ils prenaient les Auspices. Ces espaces intérieur et extérieur étaient réputés saints et inviolables : les portes seules étaient profanes.

(2) Les cérémonies que l'on pratiquait lors de la fondation d'une ville, sont presque toutes décrites dans ces vers d'Ovide :

Apta dies legitur, quâ mœnia signet aratro :
Sacra Palis suberant; inde movetur opus.
Fossa fit ad solidum; fruges jaciuntur in ima,
Et de vicino erra petita solo.

dissement sous les Visigoths, il ne consista que dans une simple extension de la ligne de défense, ou enceinte militaire. Quoiqu'il n'en fût pas tout à fait de même sous les comtes héréditaires de Poitiers de la première branche, la limite primitive n'avait pas encore varié très-sensiblement. En effet, sur la fin du onzième siècle, les murs de clôture de l'ancienne abbaye de *S.-Paul* paraissent avoir formé la limite Sud-Ouest de la ville. Elle était bornée vers le Nord-Ouest, par le *palais* de la *cité*. A l'Est, on remarquait, en 1087, une des tours d'une enceinte, postérieure à la vérité, mais qui nous semble néanmoins n'avoir reçu que peu d'extension au-delà de celle existante dans le principe. Cette tour était située au-dessus de la pointe du marais que traversait le Clin. La ville ne s'étendait point jusqu'aux bords de ce marais, et bien moins encore jusqu'au lit de la rivière : il se trouvait entre eux et les murs des terrains susceptibles de culture. Ces terrains sont encore

---

Fossa repletur humo, plenæque imponitur aræ,
Et novus accenso funditur igne focus ;
Indè premens stivam, designat mœnia sulco ;
Alba jugum niveo cum bove vacca tulit.

         Fastor.   v, v, 819 et seqq.

aujourd'hui très-reconnaissables, et sont assez généralement exploités en jardins. Du côté de l'Ouest, la limite est plus qu'incertaine. Si, comme le prétendent quelques personnes, la rue de *la Regraterie* et l'entrée de celle du *Grand-Balai* ont été bâties sur les anciens fossés du *palais*, il est plus que douteux que la porte *Guitard* ait appartenu au Pomoerium. J'inclinerais à croire que la limite de ce côté était vers l'entrée de la rue *Ste.-Opportune* (1).

Cette première partie du présent chapitre,

_____

(1) La nature de la redevance assez bizarre que nous allons rappeler, indique une concession moderne de terrain. « Le sieur Ribadeau, qui tenait
» l'hôtel de la *Tête-Noire*, autrefois la *Fontaine*,
» devait, à cause d'une autre maison y contiguë, qu'il
» y avait réunie, et servant de magasin, quelques *bou-*
» *teilles de vin*, et quelques *livres de pain*, que l'on
» servait, avec des verres, sur une table, le jour de
» Pâques, pendant la grand'messe, dans l'allée qui
» conduisait à l'église paroissiale. » (*Aff. de Poit.* du 6 Mai 1779, n°ˢ 18 et 19, p. 73.) Celle-ci n'était dans le principe qu'une chapelle, de la desserte de laquelle était chargé un prêtre titulaire. Elle est mentionnée dans le testament d'un *croisé* partant pour la *Terre-Sainte*, sous la date du 17 Juillet 1249. (*MS. de Font.*)

qui ne comprend que la *cité* proprement dite, se divisera en *six sections*.

    I. Porte Saint-Angilbert, Cathédrale et Aumônerie.
    II. Église de Sainte-Luce.
    III. Abbaye de Saint-Paul.
    IV. Église de Notre-Dame-du-Palais.
    V. Collégiale de Notre-Dame-la-Grande.
    VI. Le Palais de la Cité.

IIe PARTIE.

IIe *Enceinte*, ou *Ligne militaire*.

Domination Visigothe.

Nous n'hésiterons point à attribuer aux Visigoths cette seconde enceinte de Poitiers, qui différait totalement de celle Romaine, et qui comportait une extension bien plus considérable. On doit la considérer, ainsi que nous l'avons dit, moins encore comme une nouvelle clôture, nécessitée par un accroissement de la population de la *cité* (1), que comme

---

(1) Il faut convenir cependant que deux causes durent principalement concourir à augmenter le

une ligne de défense purement militaire. Nous verrons, en effet, dans plusieurs *sections* de cette seconde partie, que l'intérieur de l'en-

nombre des habitans de la capitale du Poitou. I° Du moment que la possession libre et paisible de cette province fut assurée aux Visigoths, par un traité authentique, il s'éleva, tout à coup, une foule de nouveaux propriétaires, conséquence résultant de la confiscation des deux tiers des terres au profit d'un vainqueur qui, pour sa sûreté personnelle, dut préférer le séjour d'une ville close à celui des campagnes, pendant les premières années, au moins, d'une usurpation, que la force seule consacrait, et que le tems n'avait point encore légitimée, en quelque sorte, par une continuité de jouissance non interrompue. II° Alaric II, en fixant sa résidence à Poitiers, sans doute par la considération des dangers auxquels pouvaient l'exposer à chaque instant la rivalité et les brigues d'un voisin puissant, actif, ambitieux; la résistance opiniâtre d'un clergé, dont le dogme se trouvait en opposition avec la croyance religieuse avouée par le Gouvernement; enfin l'irritation générale des esprits, produite par la spoliation de tous les anciens propriétaires ; Alaric, dis-je, avait amené à sa suite une cour nombreuse, et une force militaire capable de protéger son trône. Mais ce surcroît de population ne fut que momentané : après la bataille de *Vouillé*, Poitiers dut redevenir ce qu'il était sous le gouvernement Romain.

ceinte Visigothe était encore très-peu peuplée sous les comtes héréditaires de Poitiers, circonstance qui avait déjà facilité, et qui facilita successivement l'établissement des diverses maisons religieuses que l'on y remarquait. Nous prouverons même que, dans le treizième siècle, il existait encore des emplacemens, ou terrains vagues, sous le POMOERIUM. La circonscription de cette seconde enceinte de Poitiers est assez facile à déterminer. Pour bien juger de son importance et de sa force, il faut examiner les caves qui règnent sous l'église, aujourd'hui détruite en partie, de *Saint-Simplicien*. C'est là, très-particulièrement, que j'ai pu constater l'épaisseur des murs, et leur genre de construction : travail vraiment prodigieux, dont les matériaux principaux paraissent avoir été tirés de l'*Amphithéâtre* et des *Thermes* (1). Ces murs comportaient trente pieds d'épaisseur, et se composaient de trois assises bien distinctes, formées de blocs de pierres, taillés et espacés les uns des autres de dix pieds environ. Deux de ces assises formaient les revêtemens ou paremens extérieur

---

(1) L'*Amphithéâtre* offrait une position bien forte à un assiégeant qui s'y serait logé, et c'est ce que comprirent très-bien les Visigoths.

et intérieur; la troisième était cachée dans l'épaisseur du mur, et ajoutait à sa solidité. Les intervalles entre chacune d'elles étaient remplis par une espèce de *pissé*, c'est-à-dire, par un blocage de cailloux et de petites pierres, noyé dans un mortier fortement battu, en sorte que le tout parfaitement lié formait une masse énorme, comme d'une seule pièce.

Partant de la *tour Guichard* (1), ou plutôt de la *porte* de ce nom, rue des *Flageollés*, l'enceinte Visigothe suivait une ligne presque droite, qui venait aboutir à une autre porte de la ville, appelée la *porte Menard*, laquelle était située à l'entrée de la rue *Saint-Denis* (2). On descendait cette rue (3) jusqu'à

---

(1) Cette tour devait son nom à Jean Guichard, Maire en 1324, qui l'avait fait reconstruire. (*Thibaud.*, *loc. cit.*, t. VI. p. 292.)

(2) Ainsi nommée du prieuré qui y avait été fondé sous le vocable de ce saint.

(3) La tour confiée à la garde du monastère de Montier-neuf, devait se trouver presqu'en face de la rue, ou ruelle, dite du *Pré-l'Abbesse*, au bas de laquelle était la tête du marais, ou étang. (Vide ci-après, III° *partie*, *section* VI, 1re *subdivision*.) Cette tour est appelée *turris de stagno*, dans un diplôme, daté de 1146, par lequel Louis VII, alors à Poitiers, accorde au monastère susnommé une

l'angle qu'elle forme actuellement. De ce point, il faut tirer une seconde ligne qui aboutit à la rue des *Filles-Saint-Thomas*, que l'on suit jusqu'à la rencontre de l'ancienne *porte*, dite de *Saint-Angilbert*; remonter ensuite la rue du *Pigeon-blanc* (1), celle des *Carolus* (2), et suivre, dans toute sa longueur, la terrasse de l'*évêché* actuel, pour arriver à la *porte* de ville qui se trouvait dans la rue de l'*Arceau*. De cette *porte*, aujourd'hui détruite, ainsi que les précédentes, on longe à gauche la rue du *Chat-rouge* jusqu'à son extrémité, et on tire ensuite une ligne qui se rattache au pignon de la maison n° 57, quartier A, rue des *Trois-Piliers*, où se trouvait une autre porte de l'enceinte, dont on recon-

―――

somme de vingt sous, à prendre sur les premières recettes des droits de foire de la *Quadragesime*, pour indemniser ses religieux de la destruction des maisons qu'ils possédaient autour de cette dite *Tour-de-l'Etang*. (*MS. de Fonten.*) Elle fut ensuite connue sous le nom de *Tour-aux-Moines*; et ceux-ci, antérieurement à 1508, en avaient fait abandon à l'*Hôtel-de-ville* de Poitiers. (*MS. de Fonten.*)

(1) Le mur d'enceinte se reconnaît dans les caves au fond du jardin de la maison n° 18, quartier D.

(2) Autres traces de l'enceinte dans les caves des maisons n°ˢ 5 et 9, quartier A.

naît encore l'emplacement (1). La limite Sud-Ouest et Ouest était indiquée par les anciens

---

(1) Quoi qu'en dise M. Thibaudeau (*loc. dict.*, T. II, p. 33), il n'y avait point de porte de ville près l'hôtel, ou auberge des *Trois-Piliers*. Celle dont on reconnaît les vestiges dans un pan de mur de la façade de cette auberge, était propre et particulière au quartier, ou faubourg *S.-Nicolas*, qu'elle fermait du côté du Sud. La maison dite les *Trois-Piliers* a tiré sa dénomination de trois piliers qui étaient plantés dans cet endroit. En Novembre 1256, Guillaume Grossin, citoyen de Poitiers, fit don aux abbés et monastère de *Luçon* d'un emplacement, ou hébergement, *platea, seu herbegamentum*, sis à Poitiers, sur la censive de *S.-Hilaire*, et appelé les *Piliers de Gaultier*, PILARII GALTERII. (*MS. de Fonten.*) Suivant une note de dom Fonteneau, le local dont il s'agit est le même que celui aujourd'hui connu sous le nom de *Trois-Piliers*. En effet, il est dit dans un traité, daté du 29 Juin 1433, dans lequel interviennent, d'une part l'évêque et le chapitre cathédral de *Luçon*, et de l'autre part les trésorier, doyen et chanoines de la collégiale de *S.-Hilaire*, que ces derniers « font et
» tiennent apresent leur boucherie au bout dudit
» lieu de S. Jlaire en une place tenant d'une part
» au mur et lostel desdits demandeurs (évêque et
» chapitre de Luçon) contre lequel mur est assis
» l'appentif de ladite boucherie et par devant à la
» grant rue par laquelle lon vait du marché vieil

murs de clôture du jardin des *Augustins*, du côté de *Saint-Hilaire*, et par la rue actuelle des *Hautes-Treilles* (1). La majeure partie

» audit lieu de S. Jlaire et dun des bouts au pilier et
» pierres de lostel desdits ducousté devers *S. Nicolas* et
» d'autre cousté aux deux derniers piliers du cousté
» devers S. Jlaire qui sont joignans de lautre de la mai-
» son ou nagueres lon souloit tenir lescole appartenante
» auxdits demandeurs. » Pour mettre fin au procès existant, il fut convenu que « ladite place avecques
» ses entrées et yssues demeureroient la propriété de
» S. Jlaire et lautre pilier (celui placé au Nord),
» celle de leglise de *Lucon* sansque celleci puisse
» demolir lesdits deux piliers en aucune manière et
» en recompensation retour et echange de droit. »
La collégiale de *S.-Hilaire* céda, par forme de compensation, à sa partie adverse, « trente sous tournois
» de rente sur la somme de trentecinq sous sept
» deniers maille tant de cens que legatz que lesdits
» demandeurs etoient tenus par chacun an assavoir
» est sur ladite maison de *Lucon* appelée la maison
» des *piliers*... et sur certaines autres maisons...
» assises et tenans en la rue de *la Traverse* et sur
» certaines treilles assises au bougt desdits deffen-
» deurs... audit lieu de *la Traverse*. » (*MS. de Fonten.*)

(1) Vide ci-après, 11ᵉ *partie*, *section* XVI, 11ᵉ *subdivision*. L'emplacement sur lequel ces rues des *Hautes* et *Basses-Treilles* ont été percées, s'appelait dans le treizième siècle, et même très-postérieure-

de celle dite les *Basses-Treilles* se trouvait en dehors de l'enceinte Visigothe. L'exhaussement successif du terrain et la destruction du monastère des *Augustins*, ont fait disparaître entièrement toute trace apparente de cette enceinte, qui devint d'ailleurs inutile, excepté pour la reconnaissance des anciens fiefs, lorsque l'on procéda à la clôture générale actuelle de la ville.

Il nous reste maintenant à justifier que cette seconde enceinte de Poitiers est bien l'ouvrage des Visigoths. Grégoire de Tours, en parlant du monastère de *Sainte-Croix*, rappelle toujours qu'il était situé *infra civitatem Pictaviensem*, en dedans de la clôture de la ville (1). Il ré-

---

ment, comme nous le verrons, les *Treilles de S.-Porchaire*. Un titre de 1280 parle d'autres treilles et vignes qui étaient contiguës à ces premières et d'un chemin qui, partant du bourg de *Montierneuf*, conduisait à l'*orme de Tranchepie*, et ensuite au *vieux marché* de Poitiers. (*MS. de Fonten.*) Je soupçonne que le triage nommé l'*orme de Tranchepie* était situé vers le bas de la rue actuelle des *Carmélites*, à peu près au débouquement de celle nommée du *Moulin-à-Vent*.

(1) En 508, Gontran fit assiéger Poitiers, dont les habitans avaient secoué le joug de son obéissance. Les troupes de ce monarque étant arrivées sous les

sulte du témoignage du père de notre histoire, que la seconde enceinte de Poitiers avait été construite antérieurement à la conquête des Francs, et cette vérité peut encore se démontrer par les nombreuses ruines subsistantes aujourd'hui. En examinant avec attention le ciment employé dans la construction, on remarque que sa composition est d'une nature fort approchante de celui Romain, avec lequel néanmoins il ne peut rivaliser, ni pour la ténacité, ni pour l'impénétrabilité. D'un autre côté, une cave de la rue des *Carolus* nous offre un petit pan de muraille recouvert de ces sortes de petites pierres taillées en parallélogramme, que l'on employait en revêtement, mais qui différencient pour la *pose*, ou l'arrangement de la manière Romaine, en sorte qu'elles ne forment plus qu'imparfaitement ce qu'on nommait *opus reticulatum*. Enfin, plusieurs quartiers ou blocs de pierre employés comme assises des murailles de cette seconde enceinte de Poitiers, sont chargés de moulures, de rainures, etc., et même un d'eux porte une in-

---

murs, l'évêque se vit forcé de racheter sa personne et son troupeau. (*Greg. Turon.*, *Hist. Franc.*, L. VII, C. XXIV, col. 349.)

scription dont les lettres sont renversées (1). Donc ces pierres provenaient, au moins en partie, d'un édifice bâti antérieurement : donc les murs où elles sont employées ne sont pas de construction Romaine : donc ils sont l'ouvrage des Visigoths, puisqu'ils existaient déjà à l'époque de la conquête des Francs. Le quatrième continuateur de l'*Épitome* de Frédegaire nous apprend que Waifre, duc d'Aquitaine, les fit raser; mais Pepin les rétablit ensuite (2). Ce premier événement date de l'an 765, suivant *Vaisette* (3) et *Pagi* (4). Il est constant au surplus que cette subversion des murailles ne fut que partielle, et non pas complète, puisqu'on les reconnaît encore en majeure partie. Pepin ne fit donc que réparer la partie ruinée. La conservation et l'entretien de

---

(1) Vide ci-après, IIe *partie*, section VI, IIe *paragraphe*.

(2) *Fredeg. schol. Chron. cont. pars.* IV, c. XXIX, apud *Greg. Turon. Oper.*, col. 698; *Iper. Chron. S. Bert.*, apud *Marten. Thes. anecd. nov.*, T. III, col. 489.

(3) *Hist. de Lang.*, T. I, *note* LXXXVI, n° IV, p. 700.

(4) *Crit. hist. in Ann. C. Baron.*, T. III, n° V, p. 321.

cette enceinte paraît n'avoir pas été négligée, sous le déclin même de la race Carlovingienne. Hugues Capet ayant assiégé Poitiers, en 987, il ne put réussir à s'en emparer (1), et fut obligé d'en lever le siége (2). Adelbert I, comte de la Haute-Marche, fut plus heureux que Hugues : il s'en rendit maître de vive force, vers 990, pour se venger des attaques inconsidérées de ses habitans (3). *Fulbert*, auteur du onzième siècle, qui écrivit la vie de saint Aicadre, ou Achard, moine de Jumiéges, affirme aussi d'une manière positive que, de son tems, Poitiers était une ville close (4). On doit donc reconnaître que l'enceinte Visigothe subsista constamment, au moins jusqu'au règne de Henri II, roi d'Angleterre.

Nous diviserons cette *seconde partie* en XIX *sections*, distribuées d'après le degré d'antiquité des monumens et établissemens que nous avons à relater.

---

(1) Vide ci-après, II*e partie, section* VI.
(2) *Chron. Maleac.*, apud *Labbe, Bibl. nov.*, T. II, p. 204.
(3) *Chron. Adem.*, apud *Labbe, loc. cit.*, p. 170.
(4) *Mabil. Act. SS. ord. S. Bened. Sæc.* II, T. II, p. 953.

I. Amphithéatre.
II. Thermes, an Palais Galien?
III. Monument sépulcral de Cluarenille, dit Temple de S-Jean.
IV. La Celle-hors-Poitiers.
    § I. Concession au monastère de S.-Cyprien.
V. Abbaye de S^e.-Croix; rue et ruelle de S-Oustril.
    § I. Pas-de-Dieu; S.-Sépulcre.
VI. Collégiale et petite ville de Ste-Radégonde (1).
    § I. Boucherie.
    § II. Inscription de la rue des Carolus.
VII. Prieuré de S.-Porchaire.
    § I. Eglise de S.-Sauveur.
VIII. Eglise de S.-Hilaire-entre-églises.
IX. Monastère, puis Collégiale de S.-Pierre-le-Puellier.
X. Eglise de notre-dame-l'ancienne.
XI. Prieuré de la Résurrection.
XII. Abbaye de la Trinité.
XIII. Prieuré de S.-Denis.

---

(1) Quoique cet établissement se trouvât hors de l'enceinte Visigothe, nous n'avons pas cru devoir l'isoler de celui de l'abbaye de Ste-Croix, qui lui donna naissance.

XIV. Prieuré de S.-Léger, ou Liguaire.
XV. Eglise et rue de S.-Pelage.
XVI. Collégiale de S.-Nicolas; Forum, ou Marché-vieil.
  § I. Aumônerie de S.-Nicolas.
  § II. Monastère des Augustins.
XVII. Faubourg Marin.
  § I. Monastère des Frères-des-sacs, et des Franciscains, ou Cordeliers.
  § II. Monastère des Frères-prêcheurs, ou Jacobins.
XVIII. Monastère des Carmes.
XIX. Quartier de la porte-du-comte.

IIIe PARTIE.

IIIe *et dernière Enceinte.*

Dominations alternativement *Anglaise* et *Française.*

Un fragment des chroniques des comtes de Poitiers attribue à Henri II, roi d'Angleterre, duc d'Aquitaine, etc., et à Éléonore, son épouse, une nouvelle enceinte de la capitale du Poitou, plus étendue que la seconde, et sa fermeture par une longue muraille (1). Il n'en existe plus aucune trace apparente que l'on puisse rapporter avec certitude au règne de ce puissant et malheureux monarque; mais la circonscription de cette troisième enceinte est néanmoins parfaitement connue. Elle ne différait aucunement de celle actuelle, qui est due à Jean de France, duc de Berri, etc. (2). Cette dernière fut bâtie sur les fondemens de la précédente. Elle reçut cependant un agrandissement nécessité par la construction du *château*. Toutes les petites villes, faubourgs et quartiers, situés sur la rive gauche du Clin, se trouvèrent ainsi renfermés dans une enceinte qui leur fut commune avec l'ancienne ville de Poitiers (3); mais ils ne furent

(1) *Fragm. chron. com. Pict.*, apud *Marten. Coll. ampl.*, t. v, col. 1155.

(2) Vide ci-après, iiie *partie*, section vi, *paragraphe* ii, 1re *subdivision*.

(3) Il est plus que vraisemblable que dès-lors tous les domiciliés dans cette enceinte furent passibles des frais de son entretien. On voit par des lettres de Philippe, IV du nom, dit *le Bel*, datées de Paris, le Jeudi après la fête de S.-Laurent 1294, et adressées au Sénéchal de Poitou, que la concession de la clôture de Poitiers n'avait été faite à la *Commune*, qu'à la charge et condition qu'elle serait tenue de

pas réunis sous le même régime administratif que celui de cette capitale. Les quartiers de *Saint-Hilaire*, de *la Celle*, et de *Montier-neuf*, conservèrent leurs privi-

réparer, à ses frais, les murs, tours et fossés de son enceinte. Le clergé domicilié dans la ville demeura seul exempt de contribuer à cette dépense. (*MS. de Fonten.*) Il faut cependant admettre une autre exception en faveur du bourg de *S.-Hilaire*. Charles VII, par ses lettres du 12 Juillet 1449, défendit aux Maire et échevins de Poitiers de contraindre ce chapitre collégial à faire paver la grand'rue qui s'étend depuis les *trois piliers* jusqu'à la *porte de la tranchée*. Une sentence du 10 Août de la même année renouvela la même défense, sous peine d'une amende de cent marcs d'or. Enfin un arrêt du 27 mars 1486 ordonna que le pavage dans les limites ci-dessus dites serait au compte de l'*Hôtel-de-ville* de Poitiers, sans que celui-ci pût y faire participer en rien les trésorier, doyen, chanoines de *S.-Hilaire*, et les habitans de leur bourg. Mais déjà, par une transaction du 24 Janvier, cette collégiale avait consenti que la *Mairie* de Poitiers fît lever sur son fief de *S.-Hilaire* le droit de *chiquet*, ou imposition assise sur le débit du vin, sous la condition que le produit en serait employé à l'entretien du pavé dans la longueur de la rue susdite des *trois piliers* à *la tranchée*. (*MS. de Fonten.*) Je n'ai trouvé, relativement à ces charges de clôture, rien de particulier à l'ancienne petite ville de *Montier-neuf*.

léges, franchises et coutumes, sans cesser néanmoins, sauf le premier, d'être considérés comme partie intégrante du *Suburbium*, qui comprenait également ceux situés sur la rive droite du Clin. Ces derniers, auxquels il faut joindre la petite ville de *Sainte-Radégonde*, furent brûlés et détruits en masse, pour la dernière fois, en 1033, par Geoffroi Martel, pendant la guerre qui s'alluma entre ce comte d'Anjou et Guillaume, IV du nom, comte de Poitiers, dit *le Gros* (1).

Cette IIIe *partie* comportera deux *subdivisions* :

1re SUBDIVISION.

Rive gauche du Clin.

I. Observations générales sur le Suburbium.
II. Ville, Monastère, et subséquemment collégiale de S.-Hilaire-le-Grand.
§ I. Église de S.-Michel.

---

(1) *Gest. cons. Andeg.* apud, *d'Ach. Spicil.*, t. III, p. 257, n° 12 ; éd. de *Bal.* et *Mart.*

Suburbium de la ville de S.-Hilaire.

- § I. ⎧ S.-Jean l'hospitalier, ou l'Houstaut.
- § II. Eglises de ⎨ Sᵉ-Triaise.
- § III. ⎩ N. Dame-la-Chandelière.
- § IV. Etang de S.-Hilaire.
- § V. Place des trois fours.
- § VI. Aumônerie de S.-Antoine.
- § VII. Cimetière de Sᵉ.-Loubette, depuis Monastère des capucins; Eglise de S.-Grégoire.
- § VIII. Gillevert.
- § IX. Tombeaux cloisonnés.

Eglise et quartier de S.-Germain.

- § I. Marché neuf.

Ville de Montier-neuf.

Suburbium de Montier-neuf.

- § I. Moulins; Ecluse de Sᵉ.-Radégonde; Embouchure de la Boivre.
- § II. Chateau.
- § III. Cimetière de S.-Cybard.
- § IV. Terrains intermédiaires entre l'étang de Montier-neuf, et la IIᵉ enceinte de Poitiers.

Léproserie.

IIᵉ SUBDIVISION.

Rive droite du Clin.

I. Faubourg S.-Cyprien.
  § I. Abbaye de S. Cyprien.
  § II. Cimetière de la Chauvine.
II. Rue du pont S.-Angilbert.
III. Faubourg et église de S.-Saturnin, Sornin.
IV. Le Bourg-neuf.

Iʳᵉ PARTIE.

SECTION I.

Porte S.-Angilbert; Cathédrale; Aumônerie

Nous avons remarqué précédemment q[ue] l'ancienne entrée principale de la *cité* était [la] porte *S.-Angilbert*, aujourd'hui *Jouber[t]*

Porta S.-Engolberti(1). Guillaume VII, dit *le Vieux*, comte de Poitiers, IX du nom, duc d'Aquitaine, craignant quelques entreprises hostiles de la part de Geoffroi Martel, dit *le Jeune*, fils du second lit de Foulques IV, surnommé *le Réchin*, comte d'Anjou, fit élever, en 1106, une tour proche cette porte, afin l'ajouter à ses moyens de défense (2). Elle fermait l'extrémité Est de la rue principale, *via chareira*, la grande rue actuelle, qui traversait et partageait la ville dans toute sa longueur, jusqu'au *Palais*.

En montant cette rue, et détournant sur la

(1) C'était une coutume antique de placer des figures de divinités aux portes des villes, ce qui les faisait regarder comme saintes. Lorsque le christianisme fut devenu la religion dominante, il paraîtrait, d'après la dénomination de la *porte S.-Angilbert*, que l'ancien usage ne fut point abandonné ; mais seulement qu'on substitua aux dieux du paganisme, des figures de saints, sous l'invocation desquels ces portes furent consacrées, et dont on leur imposa les noms. En tems de guerre, le baron de *Moretmer* ait tenu de venir en personne, accompagné de quatre hommes d'armes, garder la *porte S.-Angilbert*, pendant quarante jours et quarante nuits. Thibeaud., *loc. dict.*, T. IV, p. 33.)

(2) *Gest. cons. Andeg.*, *loc. cit.*, p. 262, n° 5.

gauche, presqu'à son commencement, le pre
mier monument que l'on devait rencontrer,
que l'on rencontre encore, est l'*église cath
drale*. C'est une question sur laquelle il e
impossible de prononcer avec certitude, qu
celle de savoir si l'emplacement qu'occupe
aujourd'hui cette église et l'ancien *pala
épiscopal*, se trouvaient primitivement da
l'enceinte du Pomoerium. Il faut remarqu
qu'anciennement l'Atrium, ou enceinte épi
copale, comprenait, outre la *cathédrale*,
maison de l'église, le *baptistère*, l'*écol
et l'*hospice des pauvres matriculaires* (
La ville étant très-resserrée dans ses limite
cet Atrium ne pouvait comporter qu'une bi
petite étendue de terrain. Il ne paraît poin
en effet, avoir été séparé des autres habitatio
de la *cité*, généralement bâties en bois. Ce q
le prouve, c'est que Grégoire de Tours,
parlant de l'incendie d'une maison de Poitier
en 592, dit que celle épiscopale, qui lui éta
contiguë, n'échappa à la fureur des flamm
que parce qu'on leur opposa le vase qui co
tenait de la poussière recueillie sur le tombe
de saint Martin, dont la vertu fit changer to

(1) C'est-à-dire, enregistrés sur la matricule
cette église.

à coup la direction du vent (1). Il est impossible de se faire une idée approximative de l'ancien état des lieux, car le local a subi bien des variations. Suivant la chronique d'Adhemar, Guillaume, III du nom, comte de Poitiers, dit *le Grand*, fit rebâtir, en 1018, la cathédrale (2). D'après une lettre d'Isembert I, cet

(1) *De mirac. S. Mart.*, L. IV, c. XXXII, col. 1133.
(2) Apud *Labbe*, *loc. dict.*, T. II, p. 180. La ville a été la proie des flammes cette même année. On lit dans le Calendrier de Fauveau, « fait il y a environ
» cent ans, qui est aux archives de la cathédrale :
» *Hac die 15 Octobris, curâ et impendiis Guillelmi*
» *Quarti, Aquitaniæ Ducis, anno millesimo vi-*
» *gesimo primo, restaurata Ecclesia Pictaviensis,*
» *quæ cum majore parte Urbis exarserat, conse-*
» *crata et Deo dicata est ab Isemberto, primo*
» *hujus nominis Pictavorum Episcopo; perfecta*
» *autem fuit Ædes sacra anno 1017, ut colligere*
» *est Litteris suscriptis in Fastigio Furni majoris,*
» *sub his figuris O. A. V. O. MVII. IOX IvI I quæ*
» *indicant : Omnipotenti altare Vuilletmus ob-*
» *tulit, anno millesimo septimo et decimo, Martii*
» *die primâ.* Besly, ajoute ensuite M. Thibaudeau,
» donne aussi la même explication dans sa lettre qui
» est à la fin des Annales de Bouchet. Il faut que la
» pierre où est cette inscription ait été tirée de l'an-
» cienne église cathédrale, qui avait été bâtie par
» Guillaume IV, et qu'on l'ait conservée pour la

évêque diocésain dut la consacrer, le 17 novembre de la même année, lendemain du jour

» placer en forme de clef à la voûte de la nouvelle
» église bâtie par Henri II, roi d'Angleterre et comte
» de Poitou; on y voit encore cette pierre et l'in-
» scription à la voûte qui est au-dessus du jubé. »
(T. 1, p. 37, 38, note 1.) Dans les seizième et
dix-septième siècles, et peut-être aussi dans le quinzième, les sicles cıɔ signifiaient mille; cı cinq cents.
Mais comme la lettre numérale x suit immédiatement
ces sicles ıɔ, et que ce dernier est ici renversé,
en sorte que l'on peut soupçonner que le numéral x
diminue la valeur, comme lorsqu'il précède c employé pour exprimer le nombre cent; que, d'une
autre part, le perachèvement de la cathédrale est
attribué à Jean de France, duc de Berri, etc., ce
serait peut-être approcher davantage de la vérité de
dire que ces lettres réunies donnent la date de 1407,
mense primo, au lieu de 1017, *Martii die primâ*.
D'ailleurs il n'est pas naturel de penser que l'on ait
songé à conserver précieusement, dans un édifice
commencé par Henri II, une pierre qui appartenait
à une précédente construction, élevée par Guillaume
III, comte de Poitiers : encore faudrait-il supposer
que celle-ci eût été bâtie en pierre, ce qui n'est rien
moins que prouvé. L'inscription tracée sur cette pierre
insérée dans le nouvel édifice, n'eût-elle pas ainsi
rendu un faux témoignage; et, d'après l'explication
qu'on en donne, ne serait-on pas en droit d'attribuer
la cathédrale actuelle à un autre fondateur que celui

où l'on attendait Guillaume, qui revenait d'une expédition militaire (1). Elle n'avait pas été heureuse : les Normands, contre lesquels il marchait, avaient opéré un débarquement près de *S.-Michel-en-Lherm ;* ces barbares lui tendirent une embuscade, battirent son armée, et lui firent beaucoup de prisonniers, qu'il racheta dans la suite (2).

L'histoire des *évêques* et des *comtes d'Angoulême* nous apprend qu'Alduin, II du nom, reconstruisit, à ses frais, le *palais épiscopal* (3), la *chapelle,* et la *chambrerie* de l'évêché de Poitiers (4). Mais comme ce seigneur ne suc-

véritable ! Quant aux lettres initiales O. A. V. O., on peut leur faire signifier tout ce que l'on voudra, parce qu'elles n'ont point de sens certain et universellement avoué.

(1) Apud *Besly, Comt. de Poit.,* epist. CXXII, p. 274.

(2) *Art de vérif. les dat.,* p. 714, col. 1 ; éd. de 1770.

(3) Une charte datée du 4 septembre 1078, nous apprend que le *palais épiscopal* ne consistait alors que dans un simple bâtiment rond, *rotunda domus.* (*Tab. Vindoc.,* c. CCI, apud *Besly, Comt. de Poit.,* p. 359, 360 *bis.*)

(4) *Hist. Pont. et Com. Engol.*, apud *Labbe, loc. dict.*, T. II, c. XXXV, p. 261.

céda qu'en 1028 à Guillaume Taillefer II, son père, et qu'il mourut empoisonné par Alausie, son épouse, en 1030, il est plus que probable qu'il n'est ici question que d'une réédification en bois, comme celle de la cathédrale, car ces deux années eussent été insuffisantes pour élever ces édifices en pierre. Ceux existans aujourd'hui sont trop modernes pour en parler. Il paraît que l'église cathédrale actuelle fut commencée par Henri II, roi d'Angleterre, duc d'Aquitaine, comte de Poitiers, etc. Elle resta long-tems en construction, ainsi qu'on peut en juger par les différentes coupes des fenêtres, dont les unes ont leurs voûtes en ogive, et les autres à plein cintre (1). Les tours ou clochers (2) qui accompagnent la principale entrée, ou façade, ne sont ni d'un même dessin, ni de la même architecture. La tour de

(1) La partie la plus ancienne est particulièrement celle qui forme en partie les deux branches transversales de la croix du bâtiment.

(2) Par sentence des requêtes du Palais, du 13 Février 1537, les héritiers de Louis, comte de Tonnerre, décédé évêque de Poitiers, furent condamnés à faire refondre et reparer la cloche et le béfroi du gros clocher de S.-Pierre, ainsi qu'à perachever les ouvrages et couverture de l'église qui avaient été commencés du vivant de cet évêque. (*MS. de Fonten.*)

l'*horloge* est la moins moderne. Les décorations du portail sont d'un si mauvais goût, qu'elles ne méritent pas d'être mentionnées : tout l'extérieur, en un mot, de l'édifice est bien loin de répondre à la beauté, et je dirais presque au *grandiose* de l'intérieur du temple (1), qui se compose de trois nefs (2).

Nous ne connaissons point les titres de fondation de l'Aumônerie *S.-Mathurin*. Le titulaire de ce bénéfice était *personat* dans l'église cathédrale, et avait séance aux chaires hautes (3). J'infère de cette particularité, que

---

(1) Cependant son élévation ne paraît pas dans un rapport parfait avec la longueur et la largeur du bâtiment. Ce défaut avait déjà été remarqué. (Vide Pigan. de la Forc., Descript. de la Fran., T. V, p. 96 ; éd. de 1722.).

(2) M. Thibaudeau prétend que la cathédrale fut perachevée par Jean de France, duc de Berri, comte de Poitou. (*Loc. dict.*, T. II, p. 315.) Le genre d'architecture du portail d'entrée et des clochers vient à l'appui de cette assertion. La tribune au-dessus de la grande porte d'entrée, et la colonnade en pierre, ou balustrade, sur le bord des galeries qui font, en partie, le tour de l'église, ne datent que du dix-huitième siècle. (*Ibid.*, T. I, p. 43.)

(3) *Pouil. des bénéf. de Fran.*, T. III, év. de Poit., p. 13.

l'*aumônerie* dont il s'agit pouvait être l'ancien *hospice des pauvres matriculaires* de cette dernière église.

SECTION II.

Eglise de St-Luce.

En remontant la rue dite *S.-Paul*, on remarque sur la droite, au coin de celle *S.-Savin*, l'ancienne église de *S^e-Luce*, qui sert aujourd'hui de magasin. Cette église, mentionnée dans une bulle du pape Gelase II, donnée à Marseille, le 23 Octobre 1119, en faveur de l'abbaye de Noaillé, à laquelle elle appartenait alors (1), fut fondée pour y recevoir douze pauvres (2).

(1) *Nov. Gall. christ.*, t. ii, *inter Instrum.*, n° xxix, col. 347.

(2) Autant que je puis me le rappeler. Je suis certain d'avoir lu la copie du titre de fondation qui existait dans les cartons de Dom Fonteneau, déposés à la Bibliothèque publique de Poitiers : je n'ai pu

SECTION III.

Abbaye de S.-Paul.

Saint-Paul était primitivement une abbaye dont la fondation est absolument inconnue (1), ainsi que l'histoire. Tout ce que l'on sait des diverses révolutions qu'elle éprouva, c'est que les comtes de Poitiers en furent possesseurs, et qu'ils en concédèrent ensuite, en arrière-fief, toutes les dépendances. Le plus ancien monument historique relatif à ce monastère qui nous soit parvenu, est un titre du mois de Mars 924 (2). Ebles, dit *le Manzer*, ou *le*

retrouver cette copie, et plusieurs autres, lorsque j'en ai fait la recherche pour analyser les dispositions y exprimées.

(1) Je suis certain d'avoir lu dans la collection des titres rassemblés par Dom Fonteneau, une charte relative à *S.-Paul*, d'après laquelle il paraissait que cette ancienne abbaye avait appartenu primitivement à l'église ou monastère de *S.-Hilaire de Poitiers*. Je n'ai pu retrouver cette charte pour en prendre un extrait.

(2) *Datum in mense Martio, anno* 26, *regnante*

Bâtard, comte de Poitiers, y stipule, comme suzerain d'un autre Ebles, son vassal, et abbé de *Saint-Paul*, à sa prière, et d'après son consentement, un échange avec Rothard, abbé de Noaillé, de cinquante arpens de terrain, plus ou moins, en dehors de Poitiers, bornés au Nord et à l'Est par la terre possédée par ladite abbaye de Noaillé; au Sud, par la terre de Notre-Dame (1); et à l'Ouest, par la voie publique. Les confrontations du terrain échangé par l'abbé de *Saint-Paul* donnent à peu près la même idée de l'ancien état des lieux. Ce terrain était limité au Nord par le Clin (2); à l'Est, par la terre appartenant à l'abbaye de Noaillé; au Sud et à l'Ouest, comme les précédens. Il résulte de ces détails topographiques, que l'enceinte Est de Poitiers était loin de s'étendre, ainsi que nous l'avons déjà dit, de même que celle Nord-Est, jusqu'au lit du Clin, et qu'il existait le long des murs

Karolo rege. L'époque du règne de Charles-le-Simple est prise ici du 3 Janvier 898, lorsqu'il réunit toute la monarchie par la mort du roi Eudes.

(1) *La petite*, ou *du Palais*.

(2) *Clin*, en Kelte, signifie *coude*. (*Mém. de l'Acad. Celt.*, т. v, p. 61.) Cette rivière est en effet très-sinueuse.

extérieurs de la ville, et entre ceux-ci et la rivière, un emplacement vague (1), comme l'exprime le titre (2), qui était même assez considérable. Cet emplacement, ou terrain vague, qui régnait dans toute la longueur de la partie Est des murailles, nous paraît englober l'AGER EFFATUS, dont la portion Est Sud-Est était connue, dans les premières années du onzième siècle, sous le nom de *rue du Lierre*, RUA HEDERA; dénomination qui provenait sans doute de ce que les murs étaient tapissés de cet arbrisseau, ce qui dénotait l'antiquité de leur construction (3). Un autre titre d'échange, de l'an 1027, entre les monastères de Saint-Jean-d'Angély et de Notre-Dame, Saint-André et Saint-Benoît-de-Quinçai, parle d'un *alleu*, en dedans de Poitiers, ayant huit perches de long, sur six de large, la perche de neuf pieds et demi, situé dans cette même rue du Lierre, sous les murs de *Saint-Paul* (4), *alleu* sur lequel on devait

---

(1) *Inter terram vacantem et aquam.*

(2) Apud *Besly*, *Comt. de Poit.* p. 221.

(3) Je regarde comme certain qu'ils appartenaient à l'enceinte Romaine. (Vide ci-après, IIe *partie*, section IV.)

(4) Apud *Besly*, *loc cit.*, p. 346.

bâtir une maison avec colonage, ou domaine rural, et une étable. Voilà des indications précises qui ne permettent certes pas de penser que l'emplacement de cet *alleu* fût renfermé dans la clôture primitive de la ville, proprement dite. Ce n'était pas dans son enceinte, déjà si resserrée, que l'on pouvait trouver un local convenable pour créer un domaine d'exploitation, du genre de ceux que nous appellerions aujourd'hui une *borderie* : et j'en conclus qu'il fallait dès-lors que la rue du *Lierre* existât réellement en dehors des habitations de la *cité*. Nous justifierons encore l'exiguité de sa limite du côté de l'Est Sud-Est, en parlant de l'église *Saint-Grégoire*.

L'esprit du siècle et l'ascendant toujours de plus en plus irrésistible du clergé, ne pouvaient permettre que l'abbaye de *Saint-Paul* restât long-tems en commande dans les mains d'un laïque. Guillaume, VI du nom, comte de Poitiers, venait de fonder, en 1066, le monastère de *Montier-neuf* : *Saint-Paul* fut converti en prieuré la même année, et affecté à la dotation de cette maison religieuse (1). Je soupçonne néanmoins qu'il existe une erreur dans la date indiquée par les Bénédictins. Besly

---

(1) *Nov. Gall.*, т. 11, col. 1165.

nous a conservé le titre de concession, qui est du 10 Juillet 1083 (1). A cette époque,

---

(1) M. Thibaudeau a également publié ce titre; mais la copie qu'il en donne (T. 1, p. 367, n° 1), est fort différente de celle rapportée par Besly. (*Comt. Poit.*, p. 587.) Dans la première, c'est Isembert qui stipule comme suzerain : Guillaume VI n'est ici que son vassal, et le vavasseur est nommé Cadalon. Ce n'est pas là la variante la plus considérable. A la suite de ce même titre, on en remarque un second, distingué seulement du précédent par un *alinea*, qui porte que le comte de Poitiers, pour décider l'évêque et ses chanoines à se dessaisir, à sa considération, de leurs droits sur l'abbaye de *S.-Paul*, leur fait remise de ceux qu'il avait coutume de lever, le jour du Jeudi Saint, sur les marchands fréquentant la foire qui se tenait devant et autour de la cathédrale. Comme on ignore à quelle source a puisé M. Thibaudeau, et que l'on est certain d'ailleurs que Besly n'a publié que des originaux bien authentiques, sa copie paraît mériter une entière confiance, et il me semble évident que l'auteur de l'*Abrégé de l'histoire du Poitou* n'a fait que transcrire, sans critique préalable, ni vérification, un titre fabriqué peut-être dans le dessein de se créer des droits nouveaux. Je le crois d'autant mieux, qu'il existe une différence de deux années dans la date, qui est de 1083 suivant Besly, et de 1081 dans l'ouvrage de M. Thibaudeau. On a encore omis dans la copie publiée ar ce dernier, le nom de divers témoins mentionné

l'église de *Saint-Paul* relevait en fief du siége épiscopal de Poitiers. Isembert II, qui l'occupait, disposa de ce bénéfice en faveur de *Montier-neuf*, ainsi que de toutes ses dépendances, dans le nombre desquelles sont compris les terrains que possédait *Saint-Paul*, d'une part, depuis les murs de la ville jusqu'au Clin, et de l'autre part, depuis l'étang jusqu'au pont *Saint-Angilbert* (1). Cadalon

sur l'original : Eudes, abbé de S.-Jean ; Gui, abbé de Montier-neuf ; Ranulfe ou Raoul Rabiole ; Boson de Vivonne ; Hugues, prévôt ; Pierre, fils d'Acfred Raoul Beraut, et Bernard de Limoges : ce qui était alors très-important pour constater la validité et l'irréfragabilité du titre en cas de contestation. J'aurais bien d'autres raisons à faire valoir pour prouver la fausseté du titre copié par M. Thibaudeau : en général, on doit, en fait de preuves historiques, se défier de tout acte dont le dépôt duquel il a été tiré n'est point énoncé, ou notoirement connu.

(1) Toute la partie basse de la grand'rue actuelle n'était qu'un terrain partie vague, partie d'exploitation, que coupait la *voie publique*. Nous aurons encore l'occasion de prouver, en parlant de divers quartiers suburbains, que ce terrain était primitivement partagé entre divers propriétaires. Ceux laïques finirent par faire don de leurs portions aux monastères dont les terres les joignaient, et qui devinrent ainsi les seuls et uniques possesseurs du local.

ou Kalon, vicomte d'Aunai, qui jouissait, en arrière-fief, des objets concédés par Isembert, confirma le don du prélat, et y ajouta même la maison et le verger, ou jardin, qu'il possédait dans Poitiers. Guillaume VI, en qualité de suzerain, approuva toutes ces dispositions.

C'est encore à cette même époque, sans doute, qu'il faut rapporter la fondation d'une chapelle dans l'église de *Saint-Paul*, par Alix, femme de Eudes, vicomte de Thouars, fils de Gui (1). Enfin, en 1116 (2), Guillaume, vicomte d'Aunai, qui avait d'abord contesté la validité de l'aliénation faite par Cadalon, son père, la consentit de nouveau, et la ratifia par la renonciation authentique aux prétentions qu'il eût pu élever sur la possession de *Saint-Paul*, dans sa double qualité d'héritier et de son dit père, et d'Hilarie, sa tante paternelle (3).

(1) *Fragm. chron. com. Pict.*, apud *Marten. Coll. ampliss.*, T. V, col. 1150, n° 10.
(2) *Nov. Gall. christ.*, T. II, col. 1166.
(3) *Besly, Comt. de Poit.*, p. 388, 389.

SECTION IV.

Eglise de Notre-Dame-du-Palais.

Une chose bien remarquable, et qui contribue singulièrement à prouver l'exiguité de l'ancienne ville de Poitiers, c'est que, sur la fin du onzième siècle, on ne comptait encore dans ses murs qu'une seule église, proprement dite *paroissiale*, celle de *Notre-Dame-du-Palais*, S. Maria de Aula (1). Je la regarde comme la plus ancienne de la ville, quoique le surnom d'*ancienne* ait été particulièrement et selon nous, improprement affecté à une autre église *suburbaine*, située dans le quartier de la *Celle-Saint-Hilaire*. Bien certainement la population a dû se concentrer *intrà muros*, avant de se répandre dans le *Suburbium*. Cette dénomination de *Notre-Dame-du-Palais* provient-elle uniquement de

(1) Plus connue sous le nom de Notre-Dame-la-Petite. Dans plusieurs titres du quatorzième siècle recueillis par Dom Fontenau, cette église est appelée *B. Maria de ante pontem aulæ regiæ Pictaviensis*.

la position de cette église, aujourd'hui la *Boucherie?* ou seulement de ce qu'elle était devenue, par le laps du tems, particulière aux commensaux du *Palais?* Nous l'ignorons, et il importe, au reste, fort peu de chercher à éclaircir le fait. Quoi qu'il en soit, elle faisait anciennement partie des domaines de *Saint-Paul*, et elle devint, comme cette abbaye, et à la même époque, la propriété du monastère de *Montier-neuf*. Sa circonscription ecclésiastique ne commença à recevoir quelques accroissemens que dans les premières années du treizième siècle, ainsi que nous le verrons (1).

SECTION V.

Collégiale de Notre-Dame-la-Grande.

Notre-Dame-la-Grande fut ainsi surnommée de l'étendue de son bâtiment, qui la faisait

---

(1). Il est parlé d'une rue nommée *rua faurorum* qui se trouvait devant l'église de *S. Etienne*, dans un

suffisamment distinguer des autres églises sous le même vocable (1). Quoique le chef de cette collégiale portât le titre d'abbé, *Notre-Dame-la-Grande* ne fut cependant jamais une abbaye, mais un établissement d'ecclésiastiques séculiers (2). Je ne serais même pas éloigné

---

titre daté du Dimanche après le synode de la Pentecôte 1265. (*MS. de Fonten.*) Je soupçonne que le copiste a mal écrit ce mot *faurorum*, et qu'il faudrait peut-être lire *fororum*. Il serait alors question d'une rue, ou chemin habituel, qui conduisait aux marchés *vieux* et *neuf*. L'église de *S.-Etienne* n'existe plus; mais elle a laissé son nom à une *impasse*.

(1) L'emplacement actuel de *l'Ecole de Droit* était déjà bâti au commencement du treizième siècle, ainsi que nous l'apprenons d'un acte de vente daté de 1203, consenti par Guillaume, abbé de *Fontaine-le-Comte*, au profit d'un autre Guillaume, doyen de *Thouars*, et chanoine de *Notre-Dame-la-Grande*. (*MS. de Fonten.*) Les titres de cette époque, que j'ai consultés, donnent tantôt à cette église collégiale le surnom de *Grande*, et tantôt l'omettent; ce qui semblerait indiquer que l'usage de cette qualification n'était pas encore universellement adopté.

(2) Par un statut du 14 mars 1246, approuvé par Jean de Melun, évêque de Poitiers, le nombre de ses chanoines fut réduit à seize, non compris l'abbé. (*MS. de Fonten.*)

de croire qu'il fut uniquement destiné, dans le principe, à recevoir les clercs qui se destinaient au sacerdoce; une espèce de séminaire sous les yeux du prélat diocésain. Leur instruction exigeait en effet toute sa surveillance. Frotier, ou Frotaire, évêque de Poitiers dans le neuvième siècle, ne trouvant dans son diocèse aucun prêtre capable d'instruire, fut obligé de charger Abbon, moine de Saint-Germain-des-Prés, de composer des formules de petits sermons et d'expositions évangéliques, afin que ses prêtres pussent les réciter au peuple (1). Mes conjectures, sur la première destination de *Notre-Dame*, me semblent justifiées en quelque sorte, 1° par le rang de son abbé, qui était *personat* dans l'église cathédrale, et précédait les chanoines, néanmoins sans aucune entrée au chapitre, s'il n'était pas pourvu d'un canonicat; 2° par la qualité du collateur de cette dignité d'abbé, que l'évêque conférait *pleinement* à un chanoine de l'église de Poitiers, ou à d'autres; mais que le Pape pouvait aussi conférer également par résignation, *cum creatione in canonicum ad ef-*

---

(1) *Hist. litt. de la Fran.*, т. vi, p. 2, 4, 5; *Dulaur.*, *Hist. phys. et mor. de Par.*, т. 1, p. 361, 362.

fectum obtinendi, dit le Pouillé du diocèse (1).

Le plus ancien titre relatif à *Notre-Dame-la-Grande* ne date, suivant les Bénédictins, que du milieu du dixième siècle. Launus en était abbé vers 950 (2). Il me paraît néanmoins que c'est de cette église dont il est parlé dans une notice tirée du Cartulaire de l'abbaye de Saint-Sauveur de Redon. Cette notice, assez intéressante, rédigée à Poitiers, le 12 Juin 924, nous apprend que les moines de ce monastère rapportèrent jusqu'à la Loire, par suite d'une négociation, le corps de saint Maixent, qu'ils avaient en dépôt. Arrivés à Candes, où ils séjournèrent, ils y furent informés que les Normands ravageaient le Poitou. Frappés de crainte, ils se décidèrent à s'éloigner, et ils se réfugièrent dans l'Auxerrois, emportant avec eux la précieuse relique dont ils étaient dépositaires. Ne voulant pas cependant manquer aux engagemens qu'ils avaient contractés, ils firent partir pour Poitiers deux moines d'entre eux, qui furent présentés à Ebles, dit *le Manzer*. Ce comte les

---

(1) *Pouil. des bénéf. de Fran.*, T. III, *Ev. de Poit.*, p. 2.

(2) *Nov. Gall. christ.*, T. II, col. 1229.

envoya à *Notre-Dame*, DIREXIT EOS AD ECCLESIAM B. VIRGINIS MARIÆ IN CANONICA B. PETRI (1). Ces expressions IN CANONICA B. PETRI prouvent assez que l'église de *Notre-Dame*, dont il est ici question, ne peut être que celle depuis surnommée *la Grande*.

Dom Mazet lut, dans la douzième séance de la société des sciences et des arts de Poitiers, le 27 janvier 1810, une dissertation sur ce temple. Il la terminait ainsi : « De tout ce » que nous venons de dire sur l'abbaye de » *Notre-Dame*, il résulte qu'elle prit naissance » avant le milieu du neuvième siècle. Cet âge » est parfaitement rendu par le goût d'archi- » tecture de l'église, dont la plus grande par- » tie est de ce tems (2). » Rien n'est plus erroné que la dernière partie de cette con- clusion. Si cet *historiographe* de Poitou, dont le silence n'est pas à regretter, eût un peu connu l'histoire qu'il s'était chargé d'écrire, comment se fût-il permis de nous dire, que la plus grande partie de l'église de *Notre- Dame-la-Grande* datait du neuvième siècle ! Ce fut pendant son cours que les Normands exercèrent de si fréquens ravages dans le Poi-

(1) Apud *Besly, Comt. de Poit.*, p. 217, 218.
(2) P. 91

tou, et jusque dans sa capitale, dont ils s'emparèrent plusieurs fois, livrant tout aux flammes, et massacrant les habitans, sans distinction de sexe ni d'âge. Ce n'était, certes, pas là un moment favorable pour entreprendre des constructions d'église ! Aucune de celles de Poitiers qui sont encore debout, ne peut revendiquer une telle ancienneté, ainsi que nous le démontrerons. Dom Mazet eût dû savoir d'ailleurs, 1° que les constructions des anciennes chapelles, églises ou abbayes, étaient fort exiguës, et que le plus grand nombre de ces édifices était bâti en bois, ce qui les rendait aisément la proie des flammes. On n'employa généralement la pierre, que lorsqu'on n'eut plus à craindre l'invasion des Normands. 2° Toutes les anciennes églises avaient un crypte, et le plus ordinairement un puits, dont l'eau était réputée opérer des miracles : il n'existe dans *Notre-Dame* ni crypte, ni puits. Comment enfin le genre d'architecture n'a-t-il pas dessillé les yeux de Dom Mazet, lui, qui commençait sa dissertation par cette phrase remarquable : « Quiconque n'a pas
» étudié l'architecture de chaque siècle, ne
» peut manquer au premier coup d'œil de
» donner à l'église de Notre-Dame-la-Grande,
» de Poitiers, la plus haute antiquité. » Il ne

fallait pas parler du précepte, ou le mettre en pratique.

On doit distinguer deux époques dans la construction de l'édifice dont il est question. A la première, c'est-à-dire au onzième siècle, appartient tout le corps de l'édifice. La façade, ou le portail d'entrée, porte bien aussi le cachet du même siècle : des colonnes engagées dans des piliers; chapiteaux de ces colonnes imitées du Corinthien, et chargés de figures et d'ornemens bizarres; bases Doriques; doubles arceaux séparés et soutenus au milieu par une colonne qui leur est commune. Mais comme la voûte de ces doubles arceaux, et celles des petites portes latérales feintes de la façade forment un peu l'ogive, caractère qui appartient à l'architecture Sarrasine, et qui n'a commencé à s'introduire en France que sous le règne de Louis VII, je regarde dès-lors, comme un fait positif, que ce portail n'est qu'un ouvrage fait après coup, et qu'il date du douzième siècle.

Eustachie, fille de Berlai, ou Bellai, seigneur de Montreuil, suivit de près au tombeau Guillaume, IV du nom, comte de Poitiers, dit *le Gras*, son époux, décédé au commencement de 1057. Elle fut inhumée dans *Notre-Dame-la-Grande* (1), circonstance qui tend à prouver que le corps principal de l'église actuelle était déjà bâti, au moins en majeure partie. Comme les fondateurs et constructeurs des églises y élisaient assez ordinairement leur sépulture; que, d'ailleurs, cette princesse se vit réduite à dépouiller celles du comté pour faire la rançon de Guillaume, qui demeura, pendant trois années, prisonnier de Geoffroy-Martel, comte d'Anjou; j'incline à croire, d'après ces considérations, que c'est à cette Eustachie que l'on pourrait, peut-être, attribuer la construction du temple connu sous le nom de *Notre-Dame-la-Grande*. L'aumônerie qui en dépendait ne fut fondée qu'en 1202 (2).

On remarquait autrefois dans un enfoncement pratiqué dans un des arceaux de l'église, du côté du *marché*, arceau démoli en 1808, une statue équestre, d'un mauvais goût, que la tradition populaire, trop souvent erronée, faisait remonter au règne de Constantin, dit *le Grand* (3). Une inscription placée à côté

---

(1) *Chron. Malleac.*, *loc. dict.*, p. 207.
(2) *Thibaud.*, *loc. cit.*, т. vi, p. 261.
(3) M. Thibaudeau (*ubi suprà*, т. i, p. 185),

de cette statue, portait que celle-ci n'était plus la primitive, mais une autre que Gui-Chevalier, abbé de *Notre-Dame*, avait substituée, en 1592. Enlevées l'une et l'autre, ni la statue, ni l'inscription (1) n'ont été replacées.

Le chapitre de *Notre-Dame* jouissait autrefois du privilége de garder en sa possession les clefs de la ville, depuis le lundi des *rousons ore de vêpres* (2), jusques au mercredi suivant à *icelle même ore par chacun an*. Les titres qui lui assuraient la jouissance de ce droit (3), ne nous font connaître ni le nom du concessionnaire, ni la circonstance de la concession, ni son époque première (4).

infère de là que l'église fut vraiment bâtie sous le règne de cet empereur. Singulière preuve!

(1) *Quam Constantino pictas crexerat olim*, 340.
  Ast hostis rabies straverat effigiem, 1562.
  Restituit veteres cupiens imitarier, hujus
   Vidus Eques templi Cœnobiarcha pius. 1592.

Apud *Pigan.*, *loc. dict.*, T. v, p. 99. Cet auteur prétend que « l'église fut d'abord dédiée à S. Nicolas, » évêque de Mirrhe, et qu'elle changea de nom à » l'occasion d'un miracle arrivé par l'intercession » de la Vierge. »

(2) C'est-à-dire, des Rogations avant l'Ascension.

(3) Apud *Thibaud.*, *loc. dict.*, T. I, p. 438 et suiv., n° XVII.

(4) Cependant M. Thibaudeau prétend (T. II,

SECTION VI.

Le Palais de la Cité.

Le monument le plus considérable de la *cité*, et le plus intéressant sous le rapport de l'histoire, est sans contredit le *Palais*. Son origine remonte à l'époque du gouvernement de Julien dans la Gaule. Lorsque ce prince eut purgé cette préfecture, en 356 et 357, des barbares qui la dévastaient, il fit disparaître toutes les différences qui se trouvaient entre les diverses *cités*, *alliées*, *libres*, *amies*, *vectigales*, etc. Il établit l'uniformité d'administration et l'égalité des droits (1). Les institutions de chaque *cité* furent alors concentrées dans leur chef-lieu respectif. Ces chefs-

---

p. 35, 36) que ce privilége fut concédé par Richard, dit *Cœur-de-Lion*; mais, ce qui lui est assez ordinaire, il ne s'appuie d'aucune autorité probante.

(1) *In re civili magnanimitate correxit et libertate*, dit *Ammien Marcellin* (L. XVI, c. V): *Civilibus jura restituat*, ajoute *Mamertin*. (*Paneg. in Julian.*, c. IV, p. 116, 117.

lieux érigés en *municipes*, eurent un corps de juges et d'administrateurs municipaux, ORDO MUNICIPALIS, CURIA, composé de DECURIONES (1). C'était à ce corps, que l'on appela ensuite Sénat (2), que s'adressaient directe-

---

(1) « Chaque ville possédait un revenu indépen-
» dant, destiné à des achats de blé pour la multitude
» et aux dépenses qu'exigeaient les jeux et les specta-
clés. » (Vide *Gibb.*, *loc. dict.*, T. I, p. 366, 367.)

(2) Ces *decuriones*, nommés aussi quelquefois *curiales*, étaient les chefs, et comme les Sénateurs des cités, *honorati municipiorum Senatores*. Il fallait être âgé de 25 ans, et jouir d'un revenu de trois mille francs au moins de notre monnaie, pour faire partie de ce corps, qui nommait aux emplois municipaux, et en exerçait et supportait les charges très-onéreuses. Les sentences émanées des *decuriones*, se nommaient *decreta decurionum*. Ils avaient l'inspection sur les biens et les revenus de la *cité*, faisaient la répartition de l'impôt, d'après le cadastre des biens dressé par les *tabularii*, et étaient comptables de son montant intégral. Cette perception était impérativement dévolue, sans rétribution aucune, aux plus riches citoyens, qui s'y ruinaient : aussi cherchaient-ils, mais vainement, tous les moyens de s'y soustraire. On les contraignait, et on qualifiait d'*impiété* la crainte que leur inspirait cette collecte des deniers publics. (Vide *Cod. Théod.*, L. XII, tit. I.)

ment, d'après le témoignage de Salvien (1), les ordres du souverain pour lever des subsides extraordinaires, ou *superindictions*, que celui-là, sans doute pour la forme, était censé consentir. On affecta un local particulier pour ses séances, et pour le dépôt de ses actes, *gesta municipalia*. Cet édifice, désigné sous le nom de *Palais de la cité*, était placé, dans les anciennes villes, dans le quartier spécialement nommé *cité*. Après la conquête des Francs, les rois s'en emparèrent. Il paraît que, sous la première race, on battit monnaie dans celui de Poitiers. On connaît deux tiers de sou d'or attribués à Childebert, qui y ont été frappés. Le premier porte, du côté principal, une croix en forme d'ancre par le haut, et terminée, dans sa partie inférieure, par un anneau; inscription fruste : au revers, Pictavis. Dans le champ du second tiers de sou d'or, un soleil, ou une étoile à huit rayons; inscription, Audolenus : revers, comme au côté principal; inscription, Pectav (2).

---

(1) *De gubern. Dei.* apud *Max. bibl. Patr.*, т. vii, p. 360.

(2) *Bout. Monn. de Fran.*, p. 354, n°ˢ 16 et 17; *Lebl. Trait. des Monn. de Fran.*, p. 58, b, n° 40; *Hard., Oper. var.*, tab. iii, p. 661, n°ˢ 42, 43.

Sous la seconde race, le *Palais de Poitiers* était compté au nombre de ceux royaux. Il est qualifié tel dans une charte de Louis-le-Débonnaire (1). Cet empereur y séjourna à plusieurs époques, et notamment en 839, qu'il y célébra les fêtes de Noël (2). Pepin II du nom, roi d'Aquitaine, continua d'y faire frapper monnaie : un denier d'argent de ce prince porte pour inscription, au revers, Pectavo (3).

Les comtes héréditaires de Poitiers fixèrent leur séjour principal dans le *Palais* de cette ville, qui fut désigné sous le nom d'*Aula*. Guillaume III et V du nom, dit *le Grand*, en fit augmenter, ou peut-être mieux, reconstruire les bâtimens (4), qui avaient été renversés précédemment par les Normands. Les approches de son enceinte étaient défendues par un fossé (5), comme cela se pratiquait. Il

---

(1) *Actum Pictavis civitate palatio regio.* (Apud Mabill., *De re diplom.*, p. 314, n° cxiv.

(2) *Art de vérif. les dat.*, p. 711, col. 1.

(3) Apud *Hard.*, loc. cit., tab. ix, p. 673, Pip. Pip. Fil., n° 2.

(4) *Chron. Adem.*, loc. dict., p. 180.

(5) La rue dite des *Cordeliers* a été bâtie en partie sur les fossés du *Palais*. Ils existaient encore au commencement du quatorzième siècle, ainsi que

s'y tint un grand *plaids*, PLACITUM, en 1044. Agnès de Bourgogne, veuve en premières noces du même Guillaume III (1), et remariée, le 1ᵉʳ Janvier 1032, à Geoffroi-Martel, comte d'Anjou, s'y rendit avec ses deux enfans du premier lit, Pierre et Guillaume-Geoffroi. Pierre y fut reconnu, et proclamé duc d'Aquitaine, comte de Poitiers, sous le nom de Guillaume V et VII (2). Guillaume VII et IX,

nous l'apprenons d'un titre daté du 7 mars 1322. (*MS. de Font.*) Le *Palais* n'avait que deux entrées, l'une du côté de S.-Didier, et l'autre en face de Notre-Dame-la-Petite. Celle-ci était défendue par un pont-levis. La reconstruction faite par Jean de France, a changé l'ancienne physionomie du local. (*Vide ci-après*, IIᵉ *partie, section* XIX.) Dom Fonteneau prétend, dans une note manuscrite, que, d'après les recherches qu'il avait faites tant dans les souterrains du *Palais*, que dans les caves des maisons bâties sur l'emplacement des fossés dont ce premier bâtiment était environné, il lui paraissait constant que l'on remplissait d'eau ces fossés, à volonté, au moyen de tuyaux qui partaient de l'aqueduc qui passe sous la *Place Royale* actuelle. Cela est possible, et peut même se justifier par l'inspection des caves profondes qui règnent sous la maison de M. Piorry, notaire.

(1) Elle était sa troisième femme.
(2) *Chron. Malleac.*, *loc. dict.*, p. 208.

dit *le Vieux*, trouvant que son palais n'était pas également fortifié sur tous les points, et qu'ainsi il ne serait peut-être pas susceptible, en cas d'attaque, d'opposer une résistance suffisante aux armes de Geoffroi-Martel *le Jeune*, fit augmenter ses moyens de défense par la construction d'une tour (1). Le *facies* de l'ancien local n'est plus aujourd'hui reconnaissable. C'est à Jean de France, duc de Berri, comte de Poitiers, dont on voit encore l'écusson dégradé de ses armes dans la grande salle, dite des *Pas-Perdus*, que l'on est redevable des bâtimens actuels du *Palais* (2).

(1) *Gest. cons. Andeg.*, *loc. cit.*, p. 262, n° 5.
(2) En 1605, on plaça l'inscription suivante au-dessus de la porte d'entrée de la chapelle du palais royal des Audiences. « *Du règne et de la libéralité du très chretien Henri quatre, roi de France et de Navarre, et par la bienveillance et faveur de Mre Maximilien de Bethune, marquis de Rosny, Grand-Maître de l'Artillerie, et Surintendant des Finances de France, gouverneur et Lieutenant pour sa Majesté en Poitou, cette chapelle a été de fonds en comble relevée et rétablie; l'arceau de la chambre de l'Audience du Siége Présidial de nouveau construit; les chambres du Conseil, du Criminel et le Parquet des Gens du*

Les sept statues que l'on remarquait sur des espèces de culées, dans le pourtour extérieur de la façade, et dont quelques-unes sont encore debout, représentaient les sept vicomtés de la province de Poitou. Le duc Jean fit aussi construire la tour nommée *Maubergeon*, aujourd'hui abattue. Cette dénomination ne lui fut donc point donnée, comme quelques personnes le croient, en l'honneur d'une dame de ce nom, à laquelle s'unit Guillaume VII, après avoir répudié Hildegarde, sa se-

Roi remis, et la couverture de la grande Salle du Palais, depuis la chapelle jusqu'aux trois cheminées, abattue et ruinée par les orages de l'an 1598, a été refaite et réparée à la poursuite et diligence de Sire André Richard, Ecuyer, Sieur de la Roche-de-Brand, Conseiller du Roi, et Receveur général de ses Finances en Poitou, Maire et Capitaine de cette ville de Poitiers, en l'an de sa Mairie, 1605. » (*Aff. de Poit.* du 21 Septembre 1780, n° 38, p. 151.) La moitié de la couverture de la grand'salle, du côté des cheminées, fut emportée de nouveau par un orage, en 1665. (*Thibaud., loc. dict.,* T. VI, p. 433.) On travaille maintenant à de nouvelles distributions des bâtimens intérieurs, qui sont occupés par les divers tribunaux. La façade, ou entrée principale par la *place S.-Didier*, laisse bien à désirer sous le rapport de l'art.

conde femme (1). Le mot *Maubergeon* (2) est une traduction de celui MAHLBERG, le lieu où se rendait la justice du comté de Poitiers (3). L'emplacement sur lequel cette tour fut élevée, était le local affecté pour les *plaids*, PLACITA, qui se tenaient anciennement en plein air (4). Enfin la tour de la *Grosse-Horloge*, qui ne subsiste plus, fut encore un ouvrage du même Jean de France. Commencée en 1383, elle avait été achevée en 1390, deux ans après que la cloche y fut montée (5).

(1) Anselme (*loc. dict.*, T. II, p. 520) donne trois femmes à ce prince, et prétend que cette dame, nommée *Maubergeon*, était déjà mariée au vicomte de Châtelleraud.

(2) *Maubergeon* est un nom corrompu. Celui de la tour du *palais* de Poitiers était anciennement la *Cour de Maubergeau*.

(3) *Besly, Rem. sur les mém. de la Fran.*, p. 173. *Mallebergia* signifie la *salle de justice*, et ce mot est souvent employé dans la Loi Salique.

(4) Charlemagne ordonna le premier que le *Mahlberg*, la cour de justice, fût dans un endroit couvert. (Vide *D. Bouq.*, *loc. dict.*, T. IV, p. 226, *note* G.)

(5) *Thibaud.*, *loc. dict.*, T. II, p. 515.

IIe PARTIE.

SECTION I.

Amphithéâtre.

Il est assez difficile de pouvoir, au premier coup d'œil, se faire une idée, même approximative, de l'ancienne étendue de terrain qu'occupait l'*Amphithéâtre* Romain. Pour prendre une connaissance, la plus exacte que possible, de sa circonscription primitive, il faut nécessairement visiter toutes les caves des maisons bâties sur ses ruines; et ce n'est que d'après des reconnaissances dirigées avec une scrupuleuse attention, que l'on parvient enfin à recomposer le plan de l'édifice entier. Toutes les constructions extérieures qui l'environnaient sont absolument détruites : elles étaient immenses, puisqu'on en rencontre encore quelques ruines dans le bas de la rue du *Lycée* (1), dans le voisinage de celle de *la Celle*. Était-ce de ce côté qu'étaient situés les CELLÆ,

---

(1) Maison n° 19, Quartier A.

PROSTIBULA, bâtimens sans fenêtre que l'on assignait aux filles publiques, PROSEDIÆ, MERETRICES, DIOBOLARES, autour des Amphithéâtres, des Cirques, des Thermes, et autres lieux publics (1), et à la porte desquels on plaçait un écriteau, indicatif du prix qu'il en coûtait pour être reçu chez chacune d'elles (2)? Ce qui porterait à le penser, c'est qu'on trouve dans ce quartier la rue de *Paille*, RUA DE PALEA, c'est-à-dire, de la misère, de la crapule, qui ne doit, selon les apparences, son appellation qu'au voisinage des maisons de prostitution qui y existaient anciennement. Je ne vois pas autrement (3) quelle pourrait être l'étymologie de sa singulière dénomination (4);

(1) Vide *Lamp.*, *Vit. Heliog.*, apud *Hist. Rom. script.*, p. 165, 169; éd. de 1603, in-4°.

(2) Vide *Pitisc.*, *Dict. ant. Rom.* Cella, Meretrices.

(3) A moins qu'on ne suppose que les maisons de cette rue ne différaient point de celles des anciens Gaulois-Aquitains, qui, au rapport de Vitruve (L. II, c. 1), couvraient leurs habitations en paille, ou en bardeaux de chêne taillés, en forme de tuiles, comme cela se pratique encore dans quelques cantons.

(4) Suivant une tradition populaire, aussi invraisemblable que ridicule, le nom de cette rue proviendrait de la circonstance suivante : Les chanoines

puisqu'il est constant, au surplus, d'après un titre de 1224 (1), que le local de la rue de *Paille* était, à cette époque, planté de treilles, en majeure partie (2).

On se figure à peine l'emplacement du DIAZOMA, ou de cette large plate-forme, qui servait de communication intérieure. Le PODIUM (3) et les colonnes qui devaient l'orner,

---

de S.-Hilaire, voulant dérober au monastère de *la Celle*, le corps de ce saint évêque qui y était déposé, firent joncher de paille, pendant une certaine nuit, tout le chemin qu'ils avaient à parcourir depuis leur collégiale jusqu'à l'église des religieux, afin que ceux-ci ne les entendissent point marcher, et ne pussent se tenir sur la défensive.

(1) *MS. de Fonten.*

(2) Dans un titre d'échange entre les monastères de Montier-neuf et de la Celle, daté de 1280, il est parlé d'une maison, de treilles, et d'une roche, sises dans le même endroit : *in vico, seu rua de palea.* (*MS. de Fonten.*)

(3) On appelait de ce nom la partie avancée du mur qui entourait l'*Arène*, et qui formait une espèce de balcon, où se plaçaient les Sénateurs et les autres personnes revêtues de quelque dignité. Quoique ce PODIUM fût ordinairement élevé de quinze pieds au-dessus du sol, il était néanmoins garni de barreaux en bois, pour empêcher les bêtes lancées dans l'Amphithéâtre de pouvoir le franchir.

ont disparu entièrement; mais j'ai retrouvé ses murs à trois pieds et demi de profondeur au-dessous du sol actuel. Ces murs ont sept pieds d'épaisseur. Les loges dans lesquelles on renfermait les bêtes destinées aux jeux, sont attenantes au PODIUM. J'ai reconnu les murs de refend de ces loges; j'ai même pu en mesurer deux; l'une a quatre pieds deux pouces de largeur; la seconde, deux pieds six pouces seulement (1). Ces murs de refend ont deux pieds huit pouces d'épaisseur. On en compte sept de distance entre le revêtement du PODIUM, et celui extérieur du premier rang des siéges, ou gradins au-dessus de ce PODIUM. En ajoutant les sept pieds d'épaisseur des murs de ce dernier, il en résulte que l'espace total qu'il comportait à partir de la base de son revêtement, est de quatorze pieds. La hauteur approximative des PRÆCINCTIONES se conjecture par quelques cintres encore debout des VOMITORIA, aujourd'hui isolés (2). J'en ai compté

---

(1) Son peu de largeur me porte à soupçonner qu'elle était particulièrement destinée à renfermer ceux des malfaiteurs condamnés à mort, que l'on destinait à combattre les bêtes lancées dans l'amphithéâtre.

(2) En comparant les proportions de cet *Am-*

trois rangs, ce qui indique l'existence de trois galeries bien distinctes. On compte douze pieds de distance entre les murs du premier rang de gradins, et ceux de la seconde galerie, non compris l'épaisseur de ces murs, qu'il n'est plus facile de vérifier, parce qu'une terrasse règne aujourd'hui sur le massif. Nulle trace certaine des SCALARIA, et des CUNEI (1). On ne peut, que par conjecture, se retracer à l'esprit le *facies* et la disposition des portiques qui formaient la partie supérieure de l'*Amphithéâtre*, ainsi que cette espèce d'esplanade, où les femmes et les personnes en deuil étaient placées par les soins des DESIGNATORES, ou des LOCARII. Au niveau du

phithéâtre avec celles des Amphithéâtres de Vérone et de Nîmes, on peut conjecturer que celui de Poitiers, d'après l'élévation des VOMITORIA, comportait de soixante à soixante-dix pieds de hauteur; que le portique extérieur se composait d'une soixantaine d'arcades environ; et qu'une trentaine de sièges régnaient dans le pourtour de l'*arène*.

(1) *Rhodiginus* prétend que les *coins* étaient affectés aux personnes de la basse classe, NOTÆ VILIORIS. (*Lect. antiq.*, T. I, L. VIII, C. VIII, p. 566.) Cette assertion me semble un peu trop générale, car, dans les théâtres, les *cunei* étaient destinés à placer des personnes d'un rang très-différent.

sol actuel, on voit quelques vestiges des corridors, ou portiques couverts qui introduisaient, au moyen des VOMITORIA, dans les diverses galeries; la partie la moins dégradée de nos jours se trouve dans les écuries de l'*hôtel d'Evreux* (1). Une voûte principale qui introduisait dans l'*Arène*, trop de fois arro-

---

(1) Et non pas *des-Vreux*, comme il est écrit au-dessus de la porte d'entrée. Le nom de cet hôtel lui vient, suivant M. Thibaudeau (*loct. dict.*, T. 1, p. 288, 289) de Raoul du Fou, abbé de Noaillé, ensuite évêque d'Angoulême, puis d'Evreux, qui en fit l'acquisition. Bernard de Poitiers, prieur de Noaillé, en 1631, le fit rebâtir. Cette version ne me paraît pas exacte en tout point. On conçoit difficilement les motifs qui portèrent Raoul du Fou à faire l'acquisition de l'hôtel dit d'Evreux, puisqu'il en jouissait déjà en sa qualité d'abbé du monastère de Noaillé, des dépendances duquel il faisait partie depuis plusieurs siècles. Nous voyons, en effet, par un acte de désistement, daté du jeudi après les *Cendres* 1255, que le chapitre de S.-Hilaire se rendait tous les ans processionnellement, le jour de la fête de S. Luc, à la chapelle qui existait dans la maison, ou hôtel, que possédait à Poitiers l'abbé de Noaillé, et que celui-ci était tenu à donner à ce chapitre de S.-Hilaire des *gâteaux*, du *vin*, et *neuf deniers*, redevance qui fut convertie par ce même désistement en une rente de vingt sous, monnaie courante.

sée du sang des *Mirmillons* (1), des *Sécuteurs*, des *Rétiaires* (2), et peut-être aussi des *Essedarii* (3), est encore assez intacte, quoi-

(*MS. de Fonten.*) Le droit de la collégiale de S.-Hilaire rappelle son ancien patronage du monastère de Noaillé, en sa qualité de propriétaire primitif.

(1) Gladiateurs Gaulois, qui portaient sur leur casque la figure d'un poisson. Lorsque le *Mirmillon* combattait contre le *Rétiaire*, on chantait cette chanson : Non te peto, piscem peto ; quid me fugis, Galle ?

(2) Le *Sécuteur* était armé d'un casque, d'une épée et d'un bouclier. Il combattait contre le *Rétiaire*, nu, tenant d'une main un filet qui lui servait à envelopper son adversaire, et de l'autre main un trident pour le percer. S'il manquait le premier coup, il était forcé de fuir et d'éviter la poursuite du *Sécuteur*, jusqu'à ce qu'il fût préparé de nouveau à jeter son filet. (Vide *Juven. Satir.* viii ; *Just. Lips. Saturn.*, l. ii, c. vii, viii.)

(3) Gladiateurs qui se battaient sur le char nommé *Essedum*, à la manière des Gaulois et des Bretons. Je présume fort, d'après l'examen que j'ai fait du local, que la porte libitine de l'*Amphithéâtre*, par laquelle on sortait les corps des gladiateurs morts ou blessés à mort, se trouvait du côté de la rue actuelle *Corne-de-bouc*, ainsi que le Spoliarium, où on les déposait. Par une conséquence nécessaire ; la porte Sanavinaria, par laquelle on faisait passer ceux qui avaient échappé à la fureur des bêtes, s'ouvrait

que ses paremens intérieurs aient été enlevés presque entièrement. L'exhaussement du sol de cette *Arène* ne permet plus de reconnaître les traces du canal rempli d'eau qui régnait dans tout son pourtour, pour la plus grande sûreté des spectateurs assis au premier rang, afin d'empêcher les animaux de s'approcher d'eux; mais on est certain de son existence, par la direction d'un aquéduc, aujourd'hui détruit, qui, traversant en partie le *boulevart de Tison* et les jardins qui le bordent, ainsi qu'une maison de la rue *Corne-de-Bouc* (1), ne pouvait se déverser que dans l'*Amphithéâtre*. Je ne pense pas, au surplus, que le canal dont il s'agit ait jamais pu servir à y former une espèce de lac pour des *Naumachies*: le volume d'eau que devait fournir cet aquéduc (2), eût été, certes, bien insuffisant pour

---

du côté du Forum, aujourd'hui le *Marché-au-Blé*, puisqu'elle était en face de la porte. Libitinensis.

(1) N° 26, Quartier A.

(2) Comme les spectacles duraient quelquefois une journée entière, on ménageait, dans les *Amphithéâtres*, des conduits d'eau particulièrement destinés à rafraîchir les spectateurs, ainsi que le local. J'ai reconnu la bouche d'un de ces conduits; elle n'est pas parfaitement ronde, mais arrondie. La hauteur

permettre d'y représenter des combats sur mer, qui ne se donnaient d'ailleurs ordinairement que dans des locaux particulièrement destinés à cet usage, et distincts des *Amphithéâtres* (1).

Celui de Poitiers, situé en dehors du Pomoerium, formait une île entière aujourd'hui circonscrite par l'ancien hôtel de *la Bourdonnaye*, et les autres maisons sur la gauche de la place du *Minage*, jusqu'à la rencontre de la rue dite du *Petit-Bonnevaux*; par le côté gauche de cette rue, jusqu'à la rencontre de celle des *Arènes*; par le côté droit de celle-ci et celui gauche de la rue *Corne-de-Bouc*, jusqu'à *Saint-Nicolas*. Dans une description générale du département de la Vienne, on donne au milieu de l'édifice, ou l'*Arène* proprement dite (2), cent vingt-huit mètres,

---

de son ouverture est de trois pouces, sur deux pouces six lignes de largeur.

(1) On pourrait opposer, à la vérité, le témoignage de Calphurnius (*Eclog.* VII, v. 64-73); mais l'Amphithéâtre de Titus, à Rome, que décrit ce poète, me paraît faire naturellement une exception, et ne peut se comparer à celui d'une *cité* aussi peu importante par elle-même que l'était celle de Poitiers.

(2) Ainsi nommée parce qu'on la couvrait de sable pour la commodité des combattans.

7,243 millimètres de long, sur quatre-vingts mètres, 4,526 millimètres de large (1) : mais il y a bien certainement erreur dans ces mesures (2). L'histoire ne nous a point transmis

---

(1) *Desc. gén. du départ. de la Vien.* par le Préfet Cochon, an X, p. 16. L'erreur provient, entre autres causes, de ce qu'on a compté les quatorze pieds d'épaisseur ou de largeur que comportait le Podium, aujourd'hui enfoui, comme je l'ai dit, auquel on ne pensait point. On ajoute : « L'épaisseur des bâtimens » qui régnaient autour de l'*Arène*, était de quarante- » huit mètres 2716 millimètres, ce qui donnait pour » toute sa longueur, à partir d'un point de l'ellipse » à l'autre, cent soixante-seize mètres 9959 milli- » mètres. » Ces calculs me paraissent au moins problématiques.

(2) Elie Vinet, dans ses *Commentaires* sur Ausone (210 G.), ne donne à l'*Arène* de l'*Amphithéâtre* de Bordeaux, que deux cent vingt-quatre pieds de long, sur cent quarante de largeur. L'*Arène* du magnifique *Amphithéâtre* de Vérone ne comporte que deux cent quarante pieds de long, sur cent trente de large : vingt-deux mille spectateurs y étaient assis, sans être trop pressés. (*Rich.*, *Desc. hist. et crit. de l'Ital.*, T. II, p. 542 et suiv.) L'*Amphithéâtre* de Poitiers, en adoptant aveuglément ces mesures de 128 mètres 7,243 millimètres de long, sur 80 mètres, 4,526 millimètres de large, serait hors de toute proportion avec ceux de Bordeaux et de Vérone, ce qui n'est pas vraisemblable.

le nom de l'empereur qui fit bâtir cet *Amphithéâtre* (1) : nous croyons pouvoir l'attribuer à cet Antonin-Pie, à qui le Poitou fut redevable, comme nous l'avons vu, des deux magnifiques *viæ militares* qui traversaient son territoire. Ce prince s'occupa très-particulièrement des besoins et de l'embellissement des provinces : MULTÆ URBES CONDITÆ, DEDUCTÆ, REPOSITÆ, ORNATÆQUE, dit *Aurelius Victor* (2).

Lorsque l'antiquaire promène maintenant ses regards attendris sur ces ruines augustes, et si peu respectées, une idée pénible se présente sans cesse à ses méditations, et fatigue sa pensée par un souvenir trop déchirant. Il est forcé peut-être d'accuser le zèle inconsidéré des premiers Chrétiens, qui ne pouvait s'allier avec les motifs politiques qui avaient fait ériger des édifices consacrés au plaisir et à la dissipation, et le fanatisme intolérant et barbare qui accompagne, toujours trop long-tems, l'exercice d'une religion précédemment proscrite, ou à peine tolérée, devenue tout à coup dominante. Ce fanatisme dut recevoir

(1) Gibbon (*loc. dict.*, T. 1, p. 93) attribue à Adrien les monumens publics des provinces.

(2) *De Cæsar.*, p. 385 ; éd. de 1535.

une nouvelle force de la loi portée par Constantin, le 25 Août 325, relative à la suppression des spectacles alors en usage (1). Il est à croire cependant que la plus grande et la plus considérable dégradation de l'*Amphithéâtre* fut consommée par les Visigoths, lorsqu'ils firent procéder à la confection d'une nouvelle enceinte de Poitiers. On remarque, en effet, dans les murs de cette enceinte, et nous l'avons déjà observé, des assises entières composées de blocs de pierre, dont quelques-unes sont chargées de moulures et de cannelures, et dont la coupe et les dimensions assez uniformes dénotent qu'elles avaient été primitivement employées à tout autre usage (2).

(1) Néanmoins les combats des gladiateurs ne furent entièrement abolis que sous l'empereur Honorius. Sous la première race de nos rois, les combats des bêtes féroces furent très-fréquens dans les *Amphithéâtres* ; mais les Conciles les défendirent ensuite.

(2) Et notamment à la construction des deux rangs d'arcades qui formaient le portique extérieur de l'Amphithéâtre.

SECTION II.

Thermes, *ou* Palais Galien.

Qu'est-ce que le *palais Galien ?* où était-il situé? M. Thibaudeau parle de ses ruines (1) : il eût bien dû préciser l'endroit où il les avait découvertes. D'après une indication donnée par Bouchet, il paraîtrait que ce *palais* aurait occupé une partie de l'emplacement de la *place Royale* (2). Mais d'abord la tradition

---

(1) *Loc. dict.*, T. 1, p. 5.
(2) Avant la révolution, on voyait au milieu de cette place « une statue pédestre de Louis le Grand ; » en stuc bronzé, sur un piedestal cubique, cantoné » de termes qui representent des Nations. Sur le » piedestal sont gravées ces Inscriptions :

A LA GLOIRE

DE

LOUIS LE GRAND.

Que le Ciel a accordé aux voeux de ses peuples,
Et qu'il a conservé pour leur felicité.
Le corps des Marchands de Poitiers

qui l'attribue à Galien me paraît bien incertaine. Cet Empereur était trop occupé de ses plaisirs, pour prendre quelque intérêt à l'embellissement des villes de la Gaule. Aussi les peuples de cette province, qui ne pouvaient souffrir se voir gouvernés par un tel prince, élurent-ils, du consentement de l'armée, Pos-

A CONSACRÉ CE MONUMENT D'ÉTERNELLE RECONNAISSANCE
POUR LE RÉTABLISSEMENT DES ARTS ET DU COMMERCE,
DU CONSENTEMENT DE TOUS LES ORDRES DE LA VILLE,
ET AUX ACCLAMATIONS DU PEUPLE L'AN DU SALUT 1687.
  CE MONUMENT ÉTERNEL
  A ÉTÉ ÉLEVÉ A LA GLOIRE
  DE LOUIS LE GRAND
  DANS LE MARCHÉ VIEUX
  QUI PAR UN HEUREUX CHANGEMENT
  SERA DESORMAIS NOMMÉ
  LA PLACE ROYALE.
IGNACE FRANÇOIS DE SAILLANT
ETANT EVÊQUE DE POITIERS :
NICOLAS JOSEPH FOUCAULT
MAITRE DES REQUÊTES, INTENDANT
  DE LA PROVINCE.
 L'OUVRAGE FUT COMMENCÉ
PIERRE DE CHASSAUD ÉTANT MAIRE DE LA VILLE,
ET ACHEVÉ SOUS JACQUES RABEREUIL SON SUCCESSEUR,
LA SECONDE ANNÉE DE L'ENTIER RÉTABLISSEMENT
DE LA RELIGION CATHOLIQUE DANS TOUTE LA FRANCE.
 Apud *Pigan, loc. dict.*, T. V, p. 100, 101.

thume pour Empereur (1). La souveraineté Romaine ne fut reconquise que par Aurélien. Il est donc au moins douteux que ce soit à Galien que l'on puisse faire honneur d'un bâtiment élevé, d'après ses ordres, dans le Poitou (2). En second lieu, il n'y eut jamais de

(1) *Quumque ludibriis et helluationi vacaret, neque aliter Rem publicam regeret quàm quum pueri fingunt per ludibria potestates, Galli quibus insitum est esse leves ac degenerantes à civitate Romana, et luxuriosos principes ferre non posse, Posthumium ad imperium vocarunt : exercitibusque consentientibus, qui occupatum imperatorem libidinibus sentiebant querebanturque.* (*Treb. Poll. Vit. Gall.*, apud *Hist. Aug. script.*, p. 262 ; édit. de 1603.

(2) Cela pourrait être cependant : mais la tradition n'aurait-elle pas confondu Galien avec Gratien, qui séjourna neuf ans à Autun, et qui pendant tout ce laps de tems fit élever un grand nombre d'édifices publics, d'aquéducs, de ponts, de grands chemins. La médaille de cet empereur, portant au revers Rome triomphante, avec un personnage nu qui lui présente un *strigille*, inscription, REPARATIO REIP., me paraîtrait désigner des constructions de salles de bains. N'oublions pas, en outre, que l'ancien précepteur de Gratien, Ausone, qu'il éleva à la préfecture des Gaules, était propriétaire en Poitou, très-probablement à *Rom* (Vide ci-dessus, *Avant-Propos*, n° II, note 1, p. 19), conséquemment dans le voisinage

alais proprement dit, dans l'endroit où l'on désigne, assez vaguement à la vérité, son existence. Je crois bien que s'il était possible de fouiller avec soin tout le terrain connu sous le nom de *place Royale*, et peut-être même au-delà (1), on y trouverait des ruines assez

de Poitiers. Enfin Alexandre-Sévère avait fait construire des *Thermes* partout où il n'en existait point encore. (*Lampr. in Alex.*, apud *Hist. Aug. Script.*, p. 191; éd. *Casaub.*, 1603.

(1) La cave de la maison de M. de Bois-Morand, rue du *Puits-Garreau*, paraît avoir fait partie des *Thermes*, bâtimens très-étendus. Dans les blocs de pierre qui forment un des côtés du mur de cette cave, on en remarque un chargé d'ornemens d'architecture, qui a été visiblement placé là après coup, car il n'est pas de niveau avec les autres, et rentre en dedans du mur. Les caves basses et profondes de la maison n° 2, Quartier B, au coin de la rue *S.-Porchaire*, sembleraient encore assez, d'après la hauteur et le genre de construction des voûtes à plein cintre, formées de pierres plates, échantillonnées uniformément, avoir appartenu à un ancien et vaste bâtiment des bains publics. A l'appui de cette conjecture, il convient d'observer que lorsqu'on creusa les fondemens de la nouvelle salle de spectacle, on trouva un long tuyau de plomb que les ouvriers cassèrent, et dont on ne put ainsi reconnaître précisément la direction, qui néanmoins se rapprochait de

précieuses. Mais nous savons à quelle nature d'édifice elles appartenaient, d'après la reconnaissance faite, en 1822, du canal d'un magnifique aquéduc qui traverse du Sud-Ouest au Nord-Ouest une partie des bâtimens de la ci-devant *maison Descourtils*. Ce canal, découvert en creusant des fondemens, comporte cinq pieds de hauteur, sur trois de large. Il est revêtu intérieurement d'un *terris* encore parfaitement intact. Sa direction vers le milieu de la *place Royale*, indique, ce nous semble, que sa destination était de fournir un volume d'eau capable d'alimenter des bains publics, Thermæ (1). C'est à cet ancien édifice, on doit le supposer, qu'on aura donné sans raison le nom de *palais Galien*. Ce prétendu *palais* pourrait aussi n'avoir été qu'un de ces réservoirs, Castellum, destinés 1° ou à conserver

la maison ci-dessus désignée. Je suis loin de dire cependant que ces caves soient de construction Romaine : j'observe seulement que leur profondeur, ou élévation, et leur étendue, laissent soupçonner une toute autre destination primitive que celle de serrer des tonneaux de vin.

(1) Les bains furent communs aux deux sexes, même parmi les Chrétiens. Cette indécence ne reçut définitivement un terme qu'après le règne de Constantin.

l'eau nécessaire pour l'usage des bains, eau que l'on faisait écouler, au besoin, par des canaux souterrains, lorsqu'elle devenait inutile, ou qu'elle se corrompait par suite d'une trop longue stagnation ; II° ou à la distribuer dans les différens quartiers de la ville, par le moyen de plusieurs tuyaux, Dividicula, sous la surveillance des Castellani, ou Castellarii, nommés aussi Aquarii. Il répugne à croire que, sous le gouvernement Romain, Poitiers ait été privé d'eau pour les besoins journaliers de la vie. Leur administration était certes plus prévoyante : et dans le cas de siége, à quelle dure extrémité la garnison et les habitans se fussent-ils vus réduits, surtout pendant l'été, si, comme aujourd'hui, ils n'eussent pu, en général, étancher leur soif sans le secours de ces gens, qui font profession de fournir chaque ménage d'eau apportée des quartiers extérieurs, ou faubourgs de la ville, à dos de cheval et d'âne (1) ! Ordinairement on trouvait aussi dans les bâtimens connus sous le nom de Thermæ, le Sphoeristerium, local destiné aux exercices de gymnastique, et surtout aux jeux de *paume* et de *ballon* ; des galeries, et des salles affectées aux leçons pu-

(1) Vide la *note* 5, p. 285.

bliques. Tous ces bâtimens réunis embrassaient, dans leur ensemble, une assez grande superficie de terrain, pour ressembler extérieurement à une espèce de *palais* (1).

SECTION III.

Monument sépulcral de Cluarenille, *dit* Temple de S.-Jean.

Le monument connu sous le nom de *temple de Saint-Jean*, et la pierre sépulcrale de Cluarenille, ont des rapports tellement immé-

---

(1) Il faut convenir cependant que, sous les Empereurs, les *Thermes* purent à juste titre prendre le nom de *palais*, puisque ces princes y logeaient. Je présume en conséquence que cette même destination projetée des *Thermes* de Poitiers, a pu valoir au vaste édifice dont ils se composaient, la dénomination de *palais*, sous laquelle ils sont plus particulièrement connus. Nos rois de la première race logeaient, comme les souverains de la Gaule, leurs prédécesseurs, dans le *palais des Thermes* de Paris.

diats entre eux, que nous ne séparerons point leurs description et explication. Siauve a publié une dissertation pleine d'érudition sur ce premier monument, dont il a fait graver le plan, ainsi qu'une copie de l'inscription funéraire (1). Il soupçonne que sa construction remonte au quatrième ou cinquième siècle, et qu'il fut affecté primitivement à l'exercice du culte catholique. Mais il n'a pas osé se prononcer sur la question de savoir s'il renfermait réellement le bloc tumulaire en marbre blanc, que l'on voit aujourd'hui dans la *Cathédrale* (2). Dreux du Radier prétend que le monument fut élevé sous le règne d'Auguste, par Marcus Censor Pavius, pour servir de tombeau à son épouse. L'abbé Lebœuf soutient au contraire que la figure de croix que présente le bâtiment, et sa face tournée vers l'Orient, dénotent suffisamment qu'il ne fut

---

(1) *Mém. sur les antiq. du Poit.*, p. 182 et suiv., et Pl. 10, 11 et 12.

(2) Très-probablement ce bloc n'était point seul dans le principe; et ceux de même nature, de même grain, de même couleur, que l'on remarquait encore, il y a quelques années, sur le *plan de S.-Pierre*, provenaient très-probablement de la démolition du tombeau de Cluarenille.

jamais qu'une église, dans le massif de laquelle on aura pu adapter quelques restes d'architecture provenant d'un temple d'idolâtres. Dom Fonteneau pensait que c'était l'ancienne cathédrale, l'ancien baptistère de Poitiers (1) l'unique bâtiment public que le christianisme eût primitivement dans cette ville, et que telle fut toujours sa destination. M. Lenoir ne fait remonter son érection qu'au cinquième siècle. Feu M. Visconti pensait qu'elle pouvait bien dater du règne de Constantin. Enfin M. Millin, à qui Siauve en communiqua le plan, a paru pencher pour l'opinion de Dreux du Radier, sans se prononcer néanmoins d'une manière positive.

Les opinions de Lebœuf, de dom Fonteneau et de Siauve, ne nous paraissent pas soutenables. Si le monastère de *Saint-Paul* faisait encore, dans le dixième siècle, la limite de l'enceinte de l'ancienne *cité* de Poitiers, il est bien évident que le *temple de Saint-Jean* se trouvait en dehors des murs de clôture Romaine. Or tombe-t-il sous le sens, dans cette supposition, que les chrétiens de Poitiers se soient décidés à élever un bâtiment destiné à l'exer-

---

(1) Les anciens baptistères étaient généralement de forme ronde, et le plus ordinairement octogone.

cice de leur culte, hors l'enceinte de leur ville, par conséquent sur un local dénué de toute protection ! D'un autre côté, la moindre appréhension d'hostilité quelconque provoquait la fermeture des portes de la *cité*, et ses habitans étaient donc alors privés de tout moyen de participation aux mystères ! Enfin, si, en 592, l'église cathédrale était renfermée dans l'enceinte de Poitiers, comme il paraît certain d'après le témoignage de Grégoire de Tours, que nous avons invoqué précédemment, le *temple de Saint-Jean*, bâti sur un terrain isolé, ne pouvait donc pas être cette même ancienne cathédrale, à laquelle d'autres maisons étaient contiguës, l'unique bâtiment chrétien, comme l'a avancé Dom Fonteneau ! Autre observation : ce temple n'a point d'Orient vrai, caractère qui, lui seul, distingue suffisamment les anciennes églises. Il ne comporte ni crypte ni puits. Le massif du bâtiment ne présente point la forme d'une croix, ainsi que l'a faussement avancé l'abbé Lebœuf. Comment encore expliquer la singulière circonstance qui l'a préservé des ravages divers des Normands, tandis que ces barbares détruisirent de fond en comble toutes les autres églises situées non-seulement dans les quartiers *suburbains*, mais même dans l'intérieur de la ville! Il paraît donc assez manifeste que le monument qui nous occupe n'était point originellement un temple chrétien, puisqu'il ne comporte aucun des anciens caractères qui les font reconnaître. Je conclus de ce point de fait, que le *temple de Saint-Jean* ne fut affecté à l'exercice du culte catholique que dans le onzième siècle probablement, c'est-à-dire, cinq cents ans environ après son érection, dont nous avons à rechercher le but et la destination. Une nouvelle et exacte description de l'édifice nous fournira, il faut du moins l'espérer, quelques documens précieux.

Le *temple de Saint-Jean* est un QUADRIFONS, ouvert primitivement de ses quatre côtés (1). Le corps du bâtiment forme un carré long, d'environ quarante pieds, sur vingt-cinq huit pouces dans œuvre. Sa hauteur peut être évaluée à cinquante pieds jusqu'au sommet de l'angle que forme le pignon, ou comble, qui a toujours été à double égoût (2). Le portail

---

(1) Les arcs, ou portiques appelés JANI, dont Rome était décorée, étaient ordinairement, dans le goût de ce QUADRIFONS, ouverts de quatre côtés par de grandes arcades égales.

(2) Ce pignon a été un peu exhaussé après coup, suivant Siauve. Je ne partage point son opinion. Tout

actuel d'entrée, ou porche, sur lequel on voit une espèce de petit clocher, est un ouvrage grossier, ajouté postérieurement, et appliqué sur une des façades. Le fond du *temple* est ouvert par un arceau de onze à douze pieds de haut, sur huit de large. Les arcades des deux petites façades n'avaient que huit à neuf pieds de hauteur, sur une largeur de six environ (1). Elles étaient ornées de colonnes d'ordre Corinthien, dont il n'est pas facile de distinguer aujourd'hui la couleur

ce que nous pouvons juger de la hauteur des combles des Anciens, est celle des frontons donnée par Vitruve, dans son quatrième livre. Ces frontons doivent représenter, ce nous semble, les pignons, ou sommets des combles. Or Vitruve donne ordinairement à la hauteur de ces frontons un neuvième de toute la longueur de la plate-bande, proportion un peu élevée, que diminua Serlio, architecte Italien. Il résulte de ces observations, que le pignon du *temple de S.-Jean* aurait été surbaissé, plutôt qu'exhaussé, car sa hauteur était déjà bien assez considérable. Au surplus, je demeure bien convaincu que ce bâtiment ne comportait point de toiture dans le principe.

(1). Siauve appelle *grande porte* chacune des ouvertures des façades. Je crois qu'on ne doit considérer ces ouvertures que comme de simples arceaux, non destinés à recevoir une fermeture pleine.

primitive, puisqu'elles ont été recouvertes de chaux et de peinture en noir, et qu'elles se trouvent enveloppées dans le mur dont on a fermé ces arceaux : néanmoins elles semblent être de marbre gris, veiné de blanc, à l'exception de deux qui soutiennent le cintre des portes feintes du côté du Sud-Est, qui sont en marbre fond rouge. Tous leurs chapiteaux différenciés blessent l'œil par le défaut de symétrie (1). Les huit petites colonnes de la coupole, ainsi que celles placées auprès des ouvertures, sont toutes sans renflement et hors de proportion.

L'édifice est éclairé sur ses trois façades actuelles, à une hauteur de trente pieds environ du sol, par deux ouvertures formant chacune une moitié de cercle, qui s'élargissent dans

---

(1) On remarque sur un d'eux des figures de *poissons*. Tertullien parle de ce symbole allégorique, *pisciculi christianorum*; et comme ces figures de poissons ne s'observent que sur les pierres tumulaires et les anneaux, cette circonstance corrobore encore l'opinion que nous émettrons sur la destination primitive du prétendu *temple de S.-Jean*. Un poisson se nomme en Grec *Ichtus*. Ce mot renferme les initiales de *Iesous Christos Theou Uios Soter*. (Vide *Winckelm.*, *De l'allég.*, CH. V, p. 228 de la traduction française.)

l'intérieur, en sorte que leur diamètre extérieur, qui n'est que de deux pieds environ, en a près de trois et demi en dedans. Ces ouvertures ont visiblement éprouvé des changemens (1). Chacune d'elles est ornée de deux pilastres un peu saillans, au-dessus desquels règne une corniche (2), dont la partie qui s'appuie sur chacun des bords des chapiteaux de ces pilastres, est surmontée d'une espèce d'ornement triangulaire, à rebords saillans, en forme de fronton, dont le milieu est occupé par un cercle renfermant une marqueterie de couleur rouge, qui représente une étoile à six rayons, chacun de forme ovale-oblongue. Entre ces deux petits ornemens assez bizarres, on en remarque, sur les façades Nord-Est et Sud-Est, un autre de

---

(1) On les agrandit d'abord par une coupure perpendiculaire, égale au diamètre du demi-cercle que l'on fit dans le mur, ce qui les fit ressembler aux fenêtres actuelles des églises, dont l'arceau serait à plein cintre : ensuite on les reboucha en partie, et on les réduisit finalement en simples ouvertures rondes, telles qu'on les voit aujourd'hui.

(2) Les façades Nord-Est et Sud-Est comportent trois corniches chacune, et celle du *sacraire*, ou chœur, deux seulement. Les pilastres de cette dernière sont aussi beaucoup plus détériorés que ceux des deux autres façades.

même hauteur, coupé en demi-cercle. On a tracé dans celui-ci un cercle entier, dans lequel est renfermée une sorte de croix grecque, ou plutôt de croix patée, dont chacun des quatre rayons s'évase à partir de leur centre commun, jusqu'à leur extrémité. Le milieu de cette croix est percé comme le moyeu d'une roue. Le tympan proprement dit offre trois autres ornemens d'architecture. Celui du milieu forme un carré rempli par une rosace, et surmonté d'un revêtement triangulaire, qui présente, dans son intérieur, le même dessin en marqueterie que celui des deux espèces d'ornemens, ou frontons de semblable forme, qui reposent sur la deuxième corniche. Cette rosace est accompagnée de chaque côté par le même ornement qui règne au-dessus de cette dite seconde corniche; mais il n'est pas placé sur une même ligne perpendiculaire, mais sur une autre plus rapprochée du demi-cercle inférieur. La construction de la coupole, ou chœur, diffère essentiellement de celle originelle par la forme des modillons, la maçonnerie des murailles, et les pierres de revêtement (1). Celles provenant de la dé-

---

(1) « Le mur de face s'élève jusqu'à la hauteur de
» trois mètres; là règne une corniche de 46 centi-

molition de la façade à laquelle on adapta le porche pentagone, sous lequel est l'entrée moderne, furent employées à la bâtisse de ce chœur : et ce qui le prouve, c'est qu'on remarque dans la partie extérieure du mur de face, une rosace semblable à celles qui se trou-

» mètres d'élévation et de 20 centimètres de saillie,
» au-dessus de laquelle le mur, au lieu de faire
» retraite, fait saillie de 5 centimètres. A 77 cen-
» timètres de la corniche inférieure, on en voit une
» seconde dans les mêmes dimensions, et formée,
» comme la première, de modillons qui ressemblent
» assez à ceux du frontispice du temple. Cette der-
» nière corniche sert de base au tympan du fronton
» qui est construit de petites pierres blanches et
» polies, de forme presque cubique. Ces petites
» pierres employées dans le revêtement du fronton,
» sont posées sans mortier; leur hauteur est de 87
» millimètres; leur longueur varie de 40 millimètres
» à 240; mais celles qui ont cette longueur paraissent
» partagées par un joint simulé. » (*Siauv.*, *loc. dict.*, p. 237 et suiv.) Ces pierres posées sans mortier, et tous les autres détails que renferme cette note, prouvent sans réplique, sans parler même des modillons du porche pentagone, que le *temple de S.-Jean* ne fut point bâti dans le principe pour en faire une église chrétienne ; car, dans ce cas, la construction du *sacraire* eût offert le même degré de solidité que le reste de l'édifice.

vent dans le tympan proprement dit des autres façades (1). Elle différencie seulement de ces autres par les quinze tourteaux qui forment le cercle dans lequel est renfermée cette rosace.

Le Quadrifons offre partout le véritable amplecton de Vitruve, mais non pas d'une nature aussi compacte. On remarque entre les seconde et troisième corniches, trois assises formées alternativement, à quatre pouces environ de distance, par un double rang de briques, et un rang de pierre grise fort différente, pour la coupe et les proportions, de ces petites pierres taillées en parallélogramme qui forment le revêtement des murs de construction Romaine. Dans le tympan des frontons, ce moellon en pierre grise est moins large que dans le reste de la construction, et il se rapproche de la forme carrée sur le pignon du chœur. Siauve a judicieusement observé que « en examinant dans les détails chaque partie » de l'édifice, on n'aperçoit aucune entente des » règles de l'architecture. Les pilastres du dehors sont d'un goût bizarre.... Le défaut de » symétrie se fait aussi remarquer dans les

(1) Le maçon n'a pas eu seulement le gros bon sens de la placer au milieu vrai du mur.

» ornemens de la façade qui est en regard de
» l'église cathédrale. Les mêmes défauts exis-
» tent dans la façade opposée, mais ils sont
» moins sensibles (1). »

Il est plus que vraisemblable que ce monument ne fut affecté à l'exercice du culte chrétien que vers la fin du dixième siècle au plus tôt, ou peut-être mieux dans les commencemens du onzième. La détermination de cette époque, outre qu'elle est justifiée par l'existence de la voûte à plein cintre du portail, ou entrée actuelle, et par la forme des modillons qui l'accompagnent, résulte encore de la nature des événemens qui venaient de se passer. Nous avons vu que les Normands avaient détruit de fond en comble toutes les églises, et les autres établissemens de Poitiers : or, pendant le tems que nécessita leur reconstruction, il fallait un édifice quelconque pour célébrer les mystères, et il n'en restait debout aucun autre que le *temple de Saint-Jean*, dont la conservation était due à des motifs que nous ferons entrevoir.

(1) *Loc. dict.*, p. 211 et *note* 1. L'ignorance commença à bannir le bon goût dès la fin du quatrième siècle : l'architecture Gothique ne tarda pas à succéder à celle Romaine.

Le vandalisme de 1793 avait au moins épargné ce monument : on s'est montré plus barbare en 1820. L'édifice fut mis, cette dernière année, à la disposition d'un fondeur de cloches, qui en a bouleversé tout le sol intérieur. J'ai vu ses ouvriers prendre plaisir à briser, à coups de pierre, des chapiteaux de colonnes. Et ces faits se sont passés sous les yeux..... Et la voix d'aucuns de ceux qui jouissent du privilége habituel d'aborder le premier magistrat du département, ne s'est élevée généreusement pour réclamer, au nom des arts, contre la temporaire, et non moins désastreuse concession d'un monument probablement unique en France (1).

Dans cet état de choses, il n'est plus possible de faire une nouvelle reconnaissance de la construction souterraine, appelée *la piscine*. Heureusement Siauve, qui était bon observateur, nous en a laissé une description que nous lui emprunterons. « Les murailles (2),

---

(1) On va l'affecter, dit-on, à une école de *Frères Ignorantins*.

(2) « Les murs ont 1 mètre, 500 millimètres d'é-
» paisseur du côté du Nord-Ouest. Cette épaisseur
» paraît extraordinaire, et je ne sais si M. Duradier
» n'eût pas conclu en examinant cette masse d'am-

» dit-il, étaient construites de la même ma-
» nière que celles du temple : mais, au lieu
» d'un revêtement en pierre, il y avait une
» chape de ciment très-dur et très-uni. La lar-
» geur de la dernière marche (de l'escalier par
» lequel on y descendait) était de 216 milli-
» mètres. L'enduit du ciment cessait à cette
» profondeur, et il me parut qu'on avait enlevé
» le pavé, qui probablement était de pierre ou
» de marbre; mais sur le béton (1) qui le sup-
» portait, j'aperçus le canal destiné à l'écoule-
» ment des eaux, qui partait du milieu de la
» piscine et se dirigeait par une pente douce
» du côté de l'Est, où il se dégorgeait dans un
» tuyau de grès de 30 centimètres de circon-
» férence.... A en juger par l'épaisseur des murs
» d'enceinte et le niveau de l'ancien pavé, il
» devait y avoir trois marches au moins, qui

» *plecton*, ou de *signinum*, que c'était là les fon-
» demens sur lesquels reposait le sarcophage de Va-
» renilla, ou ce qu'il appelle un autel antique. Ce
» qui porterait à le croire, si l'on n'était d'ailleurs
» déterminé par d'autres motifs, c'est que du côté
» de l'orient le mur d'enceinte n'est pas à beaucoup
» près d'une épaisseur aussi considérable. » (*Ibid.*,
p. 226, *note* 1.)

(1) On donne le nom de *béton* au mortier solide
destiné à être employé sous l'eau.

» régnaient sur toutes les faces de l'octogo-
» ne (1). » Il résulte de cette description, que la construction souterraine, dite la *piscine* (2), du *temple de Saint-Jean* date de la même époque que l'édifice supérieur; que son revêtement intérieur était un véritable *terris*, et que son sol, ou pavé primitif, avait été enlevé pour pouvoir pratiquer un conduit destiné à l'écoulement des eaux, qui devaient se verser dans cette *piscine*, d'après le nouvel usage auquel elle était destinée.

(1) *Siauv.*, *ibid.*, p. 226, 227.
(2) Si l'excavation nommée *piscine* par Siauve eût été primitivement un baptistère, pourquoi ne le considérerait-on pas comme le réservoir principal de l'eau qui servait à administrer le baptême, et sur les bords duquel étaient placées les petites cuves en usage, lorsqu'on baptisait par immersion? Dans cette supposition, pourquoi le pavé du fond de la *piscine* avait-il été enlevé? De quelle preuve peut-on s'étayer pour assertionner que le canal qu'on y remarquait était plutôt destiné à l'écoulement des eaux, qu'à les y conduire? Car enfin d'où les tirait-on? Il n'existait pas de puits dans l'intérieur de l'édifice. D'ailleurs, si cette prétendue *piscine* n'eût été pratiquée que pour écouler des eaux, qu'était-il besoin d'enduire son revêtement d'une *chape* de ciment très-dur et très-uni! Une simple couche eût été certes bien suffisante. Pourquoi des murs de près de

Dom Martenne, qui, en Juillet 1708, recueillait dans les archives de l'évêché et du chapitre cathédral, des matériaux pour la nouvelle édition de la *Gaule chrétienne*, dont son Ordre avait été chargé par le clergé de France, dit que la table de marbre sur laquelle est gravée l'inscription en l'honneur de Cluarenille, « fut tirée il n'y a pas long-tems » de l'église de Saint-Jean (1). » Il ne rapporte point, à la vérité, la date de sa translation

quatre pieds d'épaisseur du côté du Nord-Ouest? Cette épaisseur même ne dénote-t-elle pas que ces murs étaient destinés à supporter une forte charge? Il faut aussi supposer que les marches d'escalier avaient été pratiquées uniquement pour descendre au fond de la *piscine*, aux fins de la nettoyer au besoin : mais, dans cette hypothèse, pourquoi régneraient-elles sur toutes les faces de l'octogone? Elles devenaient suffisantes sur une seule. Enfin fabriquait-on des tuyaux en grès à une époque où, dans toutes les constructions, on employait encore les mêmes procédés que les Romains? C'est ce qui reste à prouver.

(1) *Voy. littér.*, Ire part., p. 9. Peut-être en 1703, époque à laquelle, suivant Dom Fonteneau (*Journ. de Verd.*, t. LXIX, p. 548, Mai 1751), M. de la Poype, alors évêque, fit enlever le baptistère qui masquait le grand autel.

dans la cathédrale, mais le souvenir en était encore trop récent, pour que la vérité en fût suspectée : le fait, d'ailleurs, lui était assertionné par des personnes qui devaient en avoir pertinemment connaissance, puisque l'auteur cité se sert de ces expressions : *Il n'y a pas long-tems.* Dreux du Radier (1), dans sa description du *temple de Saint-Jean*, parle également du transfert de la table tumulaire de Cluarenille dans l'église cathédrale. On lui demanda des éclaircissemens concernant le tems, l'occasion et les circonstances de ce transport : il répondit qu'il eut lieu sous l'épiscopat de M. Laroche-Posay; que le fait lui avait été attesté par des vieillards de quatre-vingts à quatre-vingt-deux ans, mais que leurs récits étaient SINE DIE ET CONSULE. Il n'y a point de *variantes* dans ces deux témoignages, quant au fait matériel. L'incertitude de la date du transfert ne saurait l'infirmer, et la chose est au reste fort indifférente par elle-même. Un seul point importait à déterminer : l'existence primitive du bloc de marbre dans l'église de *S.-Jean.* La longueur de cette table est de sept pieds un pouce sept lignes, sur vingt-un pouces trois lignes de largeur ; et son épaisseur

---

(1) *Journ. de Verd.*, T. LXVIII, p. 430.

de treize pouces et demi. Il paraît qu'elle fut assujétie, ou plutôt liée à d'autres pierres par cinq crampons, car on remarque cinq mortaises sur toute sa longueur et dans son épaisseur (1). Il est à observer que l'inscription est gravée sur le travers du marbre, c'est-à-dire, qu'au lieu de se lire sur la hauteur, ou de haut en bas, elle se lit au contraire sur toute la longueur de la face. Cette circonstance, qui n'avait point été assez remarquée, vient à l'appui, selon nous, des témoignages rendus par Dom Martenne et Dreux du Radier; en ce que l'inscription, ainsi disposée, se trouvait naturellement posée dans une harmonie parfaite, un rapport de concordance avec les proportions de chacune des façades du carré long du QUADRIFONS, dit *temple de Saint-Jean*. Cette inscription se compose de quatre lignes, dont les caractères sont successivement inégaux (2). Les lettres de la première ont trois

(1.) L'une de ces mortaises, celle du milieu de la table, a trois pouces dix lignes de long, sur dix lignes de large, et deux pouces deux lignes de profondeur.

(2) La première lettre de l'inscription est distante de quatre pouces du bord gauche extérieur de la table, sur laquelle elle est gravée, en sorte que la première ligne dont se compose cette inscription, forme une saillie, ou avancement du même côté;

pouces une ligne de hauteur; celles de la seconde, deux pouces huit lignes; celles de la troisième, deux pouces deux lignes; et celles de la quatrième, un pouce huit lignes. Quoique l'inscription ait déjà été expliquée habilement par Siauve (1), nous ne pouvons cependant nous dispenser de la reproduire, parce que plusieurs mots de son contenu serviront à justifier l'opinion que nous émettrons.

CLUARENILLAE CLUARENI (2) CONSULIS FILIAE, CIVITAS PICTONUM FUNUS, LOCUM, STATUAM, MONIMENTUM PUBLICUM, MARCUS CENSOR PAVIUS, LEGATUS (3) AUGUSTI, PROPRAESES PROVINCIAE AQUITANICAE (4), CONSUL DESIGNATUS, MARITUS,

---

le commencement des trois autres lignes étant éloigné de ce même bord de huit pouces et demi.

(1) *Loc. cit.*, p. 223.

(2) Il est essentiel de remarquer que, dans cette épitaphe, le prénom, ni le surnom de Cluarenus ne sont exprimés: on a relaté au contraire ceux de l'époux MARCUS CENSOR PAVIUS. Je conclus de cette particularité, que ce dernier était Romain ou Gaulois-Romain, et l'autre étranger.

(3) Dans la basse latinité, LEGATUS ne signifie qu'un délégué du prince pour rendre la justice, un grand-juge ambulant qui présidait les *plaids*, tel que les MISSI DOMINICI sous Charlemagne.

(4) On trouve dans Gruter (*Inscript.* 7, p. 422)

HONORI CONTENTUS, SUA PECUNIA PONENDUM CURAVIT.

Les sigles D. M. Diis Manibus ne se lisent point sur cette inscription sépulcrale : leur omission est déjà au moins un nouvel indice que le monument d'où la table de marbre a été tirée, n'est point une construction Romaine proprement dite; et la croix bien caractérisée qui se voit sur les deux plus petites façades, annonce, d'un autre côté, que le christianisme était alors le culte dominant, puisque le bâtiment sur lequel on remarque ces croix fut élevé d'après une ordonnance des administrateurs, ou Sénat de la *cité* des Poitevins. Il n'est donc point étonnant que tous les auteurs qui ont parlé jusqu'ici du *temple de Saint-Jean*, n'aient pu nous donner des renseignemens satisfaisans sur l'époque et le but de sa construction. Siauve, à la vérité, avait bien reconnu que l'ouvrage n'appartenait point aux tems de la domination Romaine; mais il ne pouvait atteindre le but, dès-lors qu'il isolait la pierre sépulcrale du monument où elle existait primitivement. Aussi, en s'obstinant à *romaniser* l'inscription, quoique le

---

une inscription en l'honneur de L. Julius Julianus, également qualifié propræses provinciæ Aquitanniæ.

nom de Cluarenus ne se trouvât point inscrit dans les *Fastes consulaires*, l'auteur cité s'est-il vu obligé, dans son système, de supposer des abréviations, que ni Mabillon, ni Martenne, ni Dreux du Radier, ni tous les autres écrivains postérieurs, n'ont point aperçues, et qui n'existent réellement pas. Il faut lire Cluarenillae et Cluareni, comme il est écrit, et cette version est incontestable.

Nous avons vu que M. Lenoir fixait au cinquième siècle, d'après son genre d'architecture, l'érection du monument appelé vulgairement le *temple de Saint-Jean*. C'est aussi, suivant nous, sa véritable époque; et le libellé de l'inscription vient à l'appui de ce sentiment. L'un et l'autre ne remontent qu'aux tems de la domination Visigothe dans le Poitou. Les noms de Cluarenilla et de Cluarenus, son père, ne sont certes point Romains; mais ils appartiennent à des individus d'une de ces nations que l'on confondait sous le nom de *barbares*. Le mot latin Consul ne veut point dire *Consul*, mais *Comte* (1). Il avait encore la même signification dans le onzième siècle, puisque le moine anonime de Marmoutiers,

(1) Vide *Ducang., Gloss.*, verbo *Consul*; éd. de 1733 et suiv.

auteur des *Gestes des comtes d'Anjou*, intitula son ouvrage, Gesta consulum Andegavensium. Le Visigoth Cluarenus fut comte de Poitiers ; Marcus-Censor Pavius, son gendre, Romain ou Gaulois-Romain de naissance, fut désigné son successeur : et voilà pourquoi le Sénat de la *cité* des Poitevins vota un monument sépulcral à Cluarenille, épouse de ce dernier, et fille de Cluarenus. La conduite de ce Sénat fut-elle dictée par l'adulation, ou par la reconnaissance? C'est ce que l'histoire ne nous apprend pas. Il n'est point étonnant que l'inscription soit en langue latine : elle était alors celle habituelle; elle dut donc être adoptée par le peuple conquérant, dont, au surplus, on ne trouve pas la moindre trace d'un écrit quelconque dans sa langue originelle, pendant sa domination dans la Gaule (1). Les mariages entre les Visigoths et les Romains, ou naturels du pays, étaient d'ailleurs autorisés par la loi (2).

Sous le gouvernement Romain, il y eut un

---

(1) La langue des Visigoths était-elle la même que celle des Goths, dialecte de la Teutonique, ou que celle des Germains? Cela est assez croyable.

(2) *Cod. Wisig.*, l. iii, tit. iii, c. 1, apud *Bouq., Rec. des hist. de la Gaul.*, t. iv, p. 320.

président (1) de la province d'Aquitaine. Saturninus Secundus, qui vivait sous Valentinien I, est qualifié tel dans une inscription rapportée par Gruter (2). Lorsqu'ensuite l'Aquitaine fut partagée en trois gouvernemens, sous ce même Valentinien I, ou sous Gratien, son fils, ces trois Aquitaines eurent un gouverneur particulier et un vice-gouverneur, comme nous allons le prouver. Quoique, par le traité de paix de 419 entre Constance et Wallia, traité ratifié par l'empereur Honorius, l'Aquitaine seconde eût été cédée aux Visigoths (3), cette province conserva néanmoins un gouverneur Romain particulier, sous la dépendance du *Vicaire* des sept provinces (4). Dans la Constitution du même Honorius, de 418, pour l'assemblée de ces *sept provinces*, « la

---

(1) Les *præsides* n'étaient point investis, dans la province où on les envoyait, du commandement, *imperium*, qui concernait uniquement les affaires militaires; mais seulement de la juridiction, et du droit de connaître de toutes les affaires civiles, *potestas*.

(2) P. 465.

(3) *Prosp. Chron.*, apud *Labbe, loc. dict.*, T. 1, p. 49.

(4) *Vaiss. Hist. de Lang.*, T. 1, L. IV, p. 179, n° XXXVI, et *note* LI, p. 653.

» Novempopulanie et l'Aquitaine II y sont
» distinguées des cinq autres par la liberté
» qu'elle (cette Constitution) accorde aux offi-
» ciers de l'empire dans ces deux provinces
» d'envoyer leurs substituts à leur place dans
» l'assemblée générale, à cause de leur éloi-
» gnement (1). Ces substituts ne sont autres
que les *vice-présidens* de ces mêmes provinces, PROPRÆSES : ainsi cette même qualité
de *vice-président*, qui est donnée à Marcus
Censor Pavius dans l'inscription sépulcrale
de son épouse, est justifiée avoir existé sur le
déclin du gouvernement Romain dans la
Gaule. Le titre de *legatus Augusti*, que
prend ce même Pavius, dénote qu'il y était
déjà, ou qu'il avait été peut-être même antérieurement un délégué du prince, lors de
la cession, ou depuis la cession complète de
l'Aquitaine. Il est constant, d'une autre part,
qu'après le traité de 475 entre l'empereur
Nepos et Euric, les Visigoths, devenus paisi-
bles et légitimes possesseurs de toute l'Aquitaine, ne changèrent rien dans la forme du
gouvernement existant alors, quoiqu'ils se
fussent emparés des deux tiers des terres possédées par les habitans. Ce qui le prouve,

---

(1) *Ibid.* T. 1, *note* XXXIV, p. 627, n° II.

c'est que Victorius envoyé par Euric, cette même année, pour prendre, en son nom, possession de l'Auvergne, la gouverna comme comte, et toute l'Aquitaine I, en qualité de duc (1). Sidonius Apollinaris, auteur contemporain, ne donne à Victorius que le titre de comte (2). Il est donc bien constant que les Visigoths empruntèrent ce titre des Romains, pour désigner les gouverneurs particuliers de chaque *cité*, de même que celui de duc, pour distinguer les gouverneurs généraux des provinces : « titres, dit Vaisette (3), que l'usage » avait autorisés depuis quelque tems dans » l'empire, et que les peuples barbares adop- » tèrent. » Nous sommes donc fondés à dire que le Cluarenus dénommé dans l'inscription funéraire de sa fille, ne fut qu'un gouverneur civil, ou comte de Poitiers, sous les Visigoths; et que Marcus Censor Pavius, son gendre, fut désigné son successeur, autrement *comte en survivance*. Mais à quelle époque ces deux personnages ont-ils vécu ? On ne peut rien

---

(1) *Greg Turon. Hist. Franc.*, L. II, c. XX, p 71; *De glor. confess.*, c. XXXIII, p. 921; *De vit. Patr.*, c. III, p. 1159.

(2) L. VII. epist. XVII, et *Sirm. not.*, p. 132.

(3) *Loc. dict.*, T. I, L. IV, p. 225, n° CXI.

avancer de positif à ce sujet : tout ce qu'il y a de constant, c'est que ces gouverneurs existèrent, ou sous le règne d'Euric, ou sous celui d'Alaric II, son fils, c'est-à-dire, entre les années 475 et 507 au plus tard.

La construction souterraine, convertie ensuite en *piscine*, du même *temple de Saint-Jean*, était, il n'en faut plus douter, d'après la description que nous en avons rapportée, le caveau dans lequel le corps, ou les cendres de Cluarenille furent déposées. Ainsi l'inscription en l'honneur de cette femme, Visigothe de naissance, et le monument encore subsistant dans lequel la table de marbre qui porte cette inscription se voyait primitivement, sont identiques et d'âge et de circonstances. C'est faute de les avoir bien examinés l'un et l'autre, qu'on s'est efforcé jusqu'ici de les isoler ; et de là l'embarras de pouvoir les expliquer. Dans notre opinion, au contraire, toutes les difficultés s'évanouissent, et il résulte de notre explication une concordance parfaite entre les deux monumens, concordance qui se rattache en outre à la tradition, et la justifie. La croix sculptée sur les deux plus petites façades, d'après laquelle on prétendait conclure que le bâtiment ne fut, dans le principe, qu'une église chrétienne ; cette croix, dis-je, ne peut plus maintenant nous surprendre. Cluarenille était chrétienne, quoique sectaire d'Arius, et voilà pourquoi on remarque deux figures de croix sur le mausolée qui lui fut élevé. Et c'est parce que ce n'était qu'un tombeau, celui d'une Visigothe, qu'il fut respecté par les Normands, Goths d'origine, ainsi que la dépouille qui y était renfermée. Comment concevoir autrement que les hordes du Nord eussent laissé intact le prétendu temple chrétien de *S.-Jean*, tandis qu'ils n'épargnèrent pas tous les autres qui se trouvaient également dans l'enceinte de Poitiers !

SECTION IV.

La Celle-hors-Poitiers (1).

La Celle (2) est-elle le SELLENSE CASTRUM de Grégoire de Tours ? Ruinard le dit positive-

---

(1) Dans tous les titres du treizième siècle que j'ai consultés, *la Celle* est presque toujours qualifiée

(2) Voyez cette note, pag. 337.

ment (1). Quoique le témoignage de ce savant bénédictin soit d'un très-grand poids, nous

burgum, et dans ceux où interviennent les prieur et religieux du monastère de ce nom, ils l'appellent *burgum nostrum*. Cependant ils n'y étaient pas primitivement seuls propriétaires. On voit par un acte daté du jeudi après le dimanche où l'on chante *Invocavit me* (premier dimanche de Carême) 1282, que les doyen et chapitre de la cathédrale échangèrent avec les prieur et couvent de *la Celle*, les maisons, petits jardins potagers, et le lieu vulgairement appelé *Pedoye*, qu'ils possédaient dans ce faubourg, moyennant douze livres. Ce triage, nommé *Pedoye*, est désigné dans le titre, toucher d'un côté aux maisons du prieuré de *la Celle*. (*MS. de Fonten.*) Au reste, tout ce quartier était alors assez généralement exploité en terres labourables et en vignes. Un échange consommé par acte daté du mercredi après la fête de S.-Hilaire 1280, et consenti par l'abbé et les religieux de Montier-neuf d'une part, et de l'autre, par le monastère de *la Celle*, mentionne diverses pièces de terre situées près les prieuré et couvent dernier dit, appelé vulgairement alors *Narnay*, ou *la Cadoe*. Un autre morceau de terre est indiqué s'étendre vers le marais, ou lac *marchesium, seu lacum* du même monastère, et toucher son champ. Une autre pièce de terre labourable confrontait d'un côté à leurs vignes. Il est parlé d'un chemin qui, du lieu dit *les deux Ormeaux*, tendait à ces mêmes

(1) Voyez cette note, page 337.

nous permettrons quelques observations tendant à l'infirmer. Grégoire de Tours rapporte

prieuré et couvent de *la Celle*. *(MS. de Fonten.)* Voilà des détails bien propres à faire connaître l'ancien état des lieux, et qui concourent singulièrement à prouver que, quoique ce quartier fût renfermé dans l'enceinte Visigothe de *Poitiers*, on ne peut néanmoins le considérer comme partie intégrante de la ville proprement dite. Une découverte faite récemment *(octobre* 1823*)* justifie et confirme ce que j'ai avancé précédemment, *partie* I, *section* III, ci-dessus. En creusant les fondemens d'une maison sur un emplacement de la rue *des Bourbons*, presqu'au coin de l'entrée de la rue *du Gervis-Vert*, on a trouvé à douze pieds environ de profondeur, les restes d'un mur de construction Romaine. L'épaisseur de ce mur est de six pieds, autant qu'on a pu en juger par la partie mise à découvert. A deux pieds de distance environ de ce premier mur, les ouvriers reconnurent un second mur bien moins large, dont une portion était encore revêtue de ces petites pierres posées en réseau, *opus reticulatum*. Cet espace ménagé entre les deux murs ne semblerait-il pas avoir été pratiqué pour pouvoir faire le tour de l'enceinte des fortifications, ou pour monter sur le parapet de la muraille d'enceinte? Je conclus encore de cette particularité, qu'il existait très-probablement dans cet endroit une porte de ville, celle *Libitine*, que les Visigoths reportèrent ensuite dans la rue dite de *l'Arceau*. Deux médailles ont été trouvées auprès de ces murs Roque le duc Austrapius se rendit, en 557, dans la ville de *la Celle,* paroisse de Poitiers, et se fit ordonner clerc, dans l'espoir de succéder à Pien, qui en était alors évêque : mais le roi Chariberth, après le décès de celui-ci, ayant disposé de son siége, en faveur de Pascent, cet abbé de Saint-Hilaire fut intronisé, malgré les réclamations d'Austrapius (1). Si le prélat historien eût entendu parler ici de *la Celle-Saint-Hilaire,* comment se fût-il servi

mains ; l'une, moyen bronze, est de l'empereur Domitien, et date de son treizième consulat ; la seconde, grand bronze, est de l'impératrice Faustine l'ancienne, *Faustina Antonini Pii.* On m'a parlé de quelques tessons de vase découverts dans le même endroit ; je ne les ai point vus, et n'en puis conséquemment parler. Il me paraît au surplus que c'est sur ce même local, ou dans ses environs, qu'il faut chercher l'emplacement d'une vigne et d'une maison, dont nous parlerons ci-après, *section* XVII, § II. Des fouilles dirigées convenablement eussent sans doute procuré des renseignemens plus complets et plus satisfaisans.

(2) *Celle,* en Kelte, signifie *cellule, petite maison.*
(1) Apud *Greg. Turon. Hist. Franc.,* L. IV, c. XVIII, note A, col. 159.
(1) Il s'était fait sacrer évêque dans l'église de Chantoceau. *Besly, Evêq. de Poit.* p. 8. C'est une erreur.

de ces expressions : Sellense castrum, quod in Pictava habetur dioecesi (1)? Castrum, dans la basse latinité, signifie une ville, et c'est dans ce sens que l'auteur lui-même emploie ce mot (2). Or, *la Celle-Saint-Hilaire* n'était point une ville (3) en 557, mais, tout au

---

(1) Grégoire de Tours emploie souvent ce mot pour désigner un *pagus*, ou une petite localité, comme l'observe Ruinard lui-même. (Apud *Greg. Turon.*, *De mirac. S. Mart.*, L. 1, c. XXII, col. 1022.)

(2) Vide *Ducang.*, *Gloss.*, verbo *Castrum*.

(3) Elle devint Commune dans la suite, et jusqu'à l'époque de la révolution, elle eut son contingent particulier d'impositions, ses rôles distincts, et ses mesures de capacité. Son boisseau était d'un huitième plus fort que celui de *Poitiers*, ainsi qu'il résulte de divers jugemens, et entre autres d'un arrêt du parlement de Paris, du 4 Mai 1673, relaté dans les *Affiches de Poitou*, du 7 Décembre 1780, n° 49, p. 193. Lorsqu'on a fait étiqueter toutes les rues, on eût bien dû, pour faciliter la reconnaissance des désignations exprimées dans les anciens titres, rendre le nom primitif à une rue de ce même quartier de *la Celle*. Cette rue, qu'on appelle aujourd'hui rue *d'Enfer*, s'appelait antérieurement rue *du Noyer-arraché*. On croit que sa dénomination *d'Enfer* lui fut donnée, ou parce que la procession de *la Fête-Dieu* n'y passait jamais (*Aff. de Poit.* du 15 Mars 1781, n° 11, p. 42), ou parce que sa pente est assez roide.

plus, un quartier *suburbain* de Poitiers, ce qui n'est pas même encore certain. Pourquoi d'ailleurs cette désignation du local QUOD IN PICTAVA HABETUR DIOECESI, qui se trouve dans la paroisse (diocèse) de Poitiers? Il est bien évident que si par SELLENSE CASTRUM on devait entendre *la Celle-Saint-Hilaire,* la ville, ou quartier de ce nom, située sous les anciens murs, et renfermée dans l'enceinte alors existante de la capitale de la province, chef-lieu d'un évêché, ne pouvait être d'une autre *paroisse :* dès-lors l'explication donnée par le père de notre histoire devenait superflue, ou entraînait un sens équivoque, dont on ne peut lui supposer l'intention. Enfin, lorsque Grégoire de Tours parle, soit du monastère de *Sainte-Croix,* soit de l'église de *Notre-Dame,* nommée depuis *Sainte-Radégonde,* il rappelle toujours que l'emplacement du premier est INFRA CIVITATEM PICTAVIENSEM, dans la clôture de la ville de Poitiers; et l'emplacement de la seconde IN SUBURBIO CIVITATIS, dans le quartier en dehors de *la cité.* Est-il présumable que notre auteur eût désigné la position de *la Celle-Saint-Hilaire* d'une toute autre manière que celle des deux autres établissemens religieux sus nommés, tandis qu'il y avait entre eux un même rapport, une même similitude de localité! Nous laissons au lecteur à juger du mérite de ces observations, et de la version véritable du passage cité. Ce n'est qu'avec défiance que nous nous permettrons d'émettre notre opinion personnelle, et d'avancer que le SELLENSE CASTRUM du prélat historien nous paraît être non point *la Celle-Saint-Hilaire*, mais bien *la Celle-l'Evescault*, ancien chef-lieu d'arrondissement.

Quoi qu'il en soit, *la Celle-Saint-Hilaire* a pris son nom d'une église déjà qualifiée ancienne vers la fin du dixième siècle (1), et dans laquelle saint Hilaire ne nous semble point avoir été inhumé (2), mais où le corps de ce saint évêque fut plutôt déposé dans le principe, et y demeura jusqu'à l'époque de sa translation dans le monastère, depuis col-

---

(1) *Besly, Comt. de Poit.*, p. 260.
(2) *Nov. Gall. christ.*, T. II, col. 1223, *note* A. Dom Martenne *(Voyag. litt.*, part. I, p. 10.) dit que les chanoines réguliers lui montrèrent « encore son tombeau, qui est dans un caveau au milieu de la nef. » Le témoignage de ce religieux ne peut infirmer l'autorité d'un assez grand nombre de titres assez anciens, qui relatent uniformément que le corps de saint Hilaire reposait dans l'église collégiale sous son vocable.

légiale sous son vocable (1). Comme aucun titre de *la Celle* antérieur au dixième siècle, n'est parvenu jusqu'à nous, il est impossible de décider la question d'une manière positive. On sait seulement que cette église fut un prieuré, ordre Saint-Augustin, à la tête duquel fut saint Guillaume, I du nom, avant sa promotion à l'évêché de Poitiers, vers 1180. Ce prieuré fut ensuite érigé en abbaye (2), et son premier abbé fut Renaud I, promu à cette dignité, en 1403 (3).

Une partie de l'ancienne église est encore debout. On remarque dans un de ses murs intérieurs une pierre sépulcrale, que l'on affirme, d'après la tradition, être celle du tombeau de sainte Abre (4), fille de saint Hilaire. Cette tradition n'a pas l'ombre de vérité. La table de marbre dont il s'agit, représente une femme couchée, richement vêtue. Le plan

(1) *Pigan.*, *loc. dict.*, t. v, p. 79; *Expil. Dict. des Gaul. et de la Franc.*, verbo *Celle-hors-Poitiers*.

(2) M. Thibaudeau (*loc. dict.*, t. 1, p. 131) prétend, sans citer ses garans, que « Guillaume III, » comte de Poitiers, en fit augmenter les bâtimens » dans le dixième siècle. »

(3) *Nov. Gall. christ.*, ubi suprà, col. 1536.

(4) Vide ci-après, *section* viii.

supérieur est occupé par des personnages dont la tête est aujourd'hui mutilée, et dont le costume indique des prélats. Le genre d'habillement de la femme, qui est fort différent de celui du quatrième siècle, indique que le monument ne peut être que celui d'une comtesse de Poitiers; et nous n'hésitons pas à dire qu'il appartient à Gerloc, ou Heloys, dite Adèle, fille de Rol, ou Rolon, premier duc de Normandie, et femme de Guillaume I et III, dit *Tête-d'Étoupes*, dont le tombeau se voyait primitivement dans une chapelle de l'abbaye de la Trinité, où l'on célébrait tous les ans son anniversaire (1).

(1) *Anselm.*, *loc. dict.*, T. II, p. 514. Suivant Besly, (*ubi suprà*, p. 45) ce serait le tombeau d'Adèle d'Angleterre. Mais comme cette princesse embrassa la vie monastique, après le décès de son mari, suivant le libellé de la charte rapportée par le même Besly (p. 259), il n'est pas croyable qu'on l'eût représentée sur son tombeau, vêtue de l'habit séculier. Arthus de Sauzay fut inhumé à *la Celle*, suivant un ancien Missel publié par extrait dans les *Affiches de Poitou*, du 10 Février 1780, n° VI, p. 23; et sa sépulture, ou sa mort, y est datée du 24 Janvier 1157. Ce Missel ne m'inspire pas une grande confiance; j'en parlerai dans la *section* XVII.

§ I. Concession au monastère de S.-Cyprien.

On trouve une concession faite en faveur du monastère de *Saint-Cyprien*, par un personnage nommé Sigaud, de maison et jardin que celui-ci possédait dans la ville de Poitiers, que Mangon, sur les dépendances de *Saint-Hilaire-de-la-Celle*. Le jardin est indiqué avoir pour limites, d'un côté, la *voie publique*. Cette rue Mangon est absolument inconnue : mais comme les objets dont se composait la donation se trouvaient dans l'enceinte Visigothe de la ville, et sur les dépendances de *la Celle-Saint-Hilaire*, on pourrait présumer que l'emplacement dont il s'agit était dans les environs de la rue actuelle du *Gervis-Vert*, vers le débouquement de celle-ci dans la rue *des Bourbons*, quartier où saint Cyprien était propriétaire (1). La *voie publique* mentionnée serait alors l'espace de terrain connu sous le nom de rue *du Lierre*, qui bordait, selon nous, l'enceinte Romaine de Poitiers. Ce titre de concession ne porte aucune date : il est noté sur la copie manuscrite de Dom Fonteneau, CIRCA ANNUM 1017.

(2) Vide ci-après, *section* XVII.

SECTION V.

Abbaye de Ste-Croix; Rue et Ruelle S.-Oustril.

Nous comprendrons dans cette section et la suivante, comme nous l'avons observé, le monastère de *Sainte-Croix*, et le quartier dit de *Sainte-Radégonde*.

Le quartier ou petite ville de *Sainte-Radégonde*, qualifié tantôt CASTRUM, tantôt SUBURBIUM CIVITATIS, est un des moins considérables de Poitiers. Il doit son origine au monastère sous le vocable de Sainte-Croix, que vint y fonder l'épouse délaissée de Chlothacaire I, ou plutôt à son tombeau. Saint-Pien, évêque diocésain, et le duc Austrapius furent chargés de la construction des édifices (1). La règle de saint Césaire y fut introduite, en 570 (2), règle d'après laquelle les religieuses étaient tenues à une clôture sévère. Sainte

---

(1) Vide *Vit. S. Radeg.* apud *Mabill. Act. SS. ord. S. Bened.*, Sæc. I, T. I, p. 319 et seqq.

(2) *Greg. Turon.*, *Hist. Franc.*, L. IX, C. XL, col. 467; *Marten. Thes. anecd. nov.*, T. I, col. 3.

Radégonde mourut le 15 Août 587. On lit dans sa vie (1), qu'elle fut inhumée dans l'église de *Notre-Dame,* alors cimetière du couvent de Sainte-Croix, qui fut depuis convertie en collégiale. Cette version n'est pas tout-à-fait exacte, ce nous semble, et il faut la rectifier par le récit de Grégoire de Tours. Le prélat historien rapporte que, sur la nouvelle qu'il reçut de la mort de la sainte, il se rendit à Poitiers, où il trouva environ deux cents religieuses (2) éplorées, autour du cadavre. Mérovée, évêque diocésain (3), étant alors absent,

---

(1) *Loc. dict.,* L. II, n° XVII.

(2) Un Capitulaire de l'an 822 fixe le nombre de ces religieuses à cent; et à trente, au plus, celui des clercs externes pour le service de leur église. (*Hist. litt. de Franc.,* p. 593.) Par un réglement de Fors d'Aux, évêque de Poitiers, daté du 8 Février 1335, et confirmatif de celui de Jean (de Melun), son prédécesseur, le nombre des religieuses de Ste-Croix fut réduit, d'après leur consentement, au nombre de cinquante. On voit par ce réglement que les évêques du diocèse jouissaient, *à leur joyeux avénement* du droit de faire recevoir dans ce monastère une fille, pour y embrasser la profession religieuse, et que chaque nouvelle abbesse avait le même privilége. (*MS. de Fonten.*)

(3) Il vécut en mauvaise intelligence avec sainte Radégonde.

Agnès, première abbesse de *Sainte-Croix*, se trouva fort embarrassée pour faire rendre à la fondatrice les devoirs de la sépulture, parce que le lieu où le corps devait être déposé, n'était point encore consacré; cérémonie qui ne pouvait être faite que par le prélat du diocèse. Sur les instances des personnes marquantes qui s'étaient réunies pour les obsèques, Grégoire de Tours consentit à suppléer Mérovée, et à consacrer l'autel du cimetière : car alors il devait en exister un dans les lieux destinés à la sépulture, pour pouvoir y célébrer l'office des morts. Sainte Radégonde fut ensevelie dans un double cercueil : le corps enveloppé d'aromates, fut renfermé dans une caisse en bois, et déposé en terre, à visage découvert (1), jusqu'à l'arrivée de Mérovée (2). Il faut croire que c'est sur sa fosse, que l'on bâtit ensuite l'église, aujourd'hui sous le vocable de la sainte : mais le tombeau que renferme cette église ne peut être celui primitif de sainte Radégonde, car ceux des sixième

---

(1) C'est ce qui me paraît clair, d'après les expressions dont se sert Grégoire de Tours. Les religieux de l'un et l'autre sexe avaient retenu cette coutume.

(2) *Greg. Turon.*, *De Glor. confess.*, c. cvi, col. 985, 986.

et septième siècles étaient recouverts d'une pierre plate, sur laquelle on gravait quelquefois grossièrement la figure du mort, ou que l'on chargeait simplement d'une courte inscription qui indiquait son nom ; ainsi que le prouvent les sépulcres de Frédégonde, et de divers rois et reines de France de la première race, découverts autrefois dans l'église de Saint-Germain-des-Prés (1). D'ailleurs les tombeaux en prisme paraissent absolument modernes : Siauve doute même qu'on eût adopté l'usage de ces sortes de tombes avant le quinzième siècle (2). M. Lenoir, à la vérité, n'est pas éloigné de penser que les sarcophages en forme d'auge, fermés d'un couvercle à dos-d'âne, trouvés, en Mai 1807, dans la démolition de l'ancienne église de Saint-Géneviève de Paris, ne soient véritablement ceux de

---

(1) Vide *Ruin.*, *Append. ad Greg. Turon.*, col. 1373 et seqq.

(2) *Mém. sur les antiq. du Poit.*, p. 46. Je pense que cette forme de tombe est antérieure au quinzième siècle, et qu'elle date du règne de saint Louis, à en juger par les cercueils de pierre fabriqués sous ce monarque, et détruits lors de la dévastation de l'église de l'abbaye de S.-Denis, les 6, 7 et 8 Août 1793. Vide *Châteaub.*, *Gén. du Christ.*, T. VII, note G, p. 203 ; éd. de 1804, in-18.

Chludwig I, de Chrotechilde, sa femme, et de deux de leurs enfans : mais il ne se permet pas de l'affirmer, et il ajoute que ces corps y furent déposés, vers l'an 1100, lors de la restauration de ce temple (1). Ainsi la solution reste encore en suspens. Quoi qu'il en soit, on doit croire que le corps de sainte Radégonde fut renfermé, n'importe à quelle époque, dans son tombeau actuel, et qu'il n'en fut retiré que par les Réformés, qui le brûlèrent, au moins en partie, devant la porte de l'église actuelle, en 1562. L'inscription d'une des peintures à fresque qui décoraient le jubé de *Sainte-Croix*, du côté de la nef, nous apprenait que, le 28 Mai 1412, Jean de France, duc de Berri, fit ouvrir ce tombeau, dans l'intention de faire couper le chef de la sainte, pour le porter à la sainte-chapelle de Bourges ; mais que ce prince se contenta d'enlever l'anneau du roi Chlothacaire, qui ornait encore un doigt de sainte Radégonde, dont on « trouva le corps aussi entier que le jour » qu'il y (dans son tombeau) avait été » mis (2). » Dans mon opinion personnelle, le sarcophage actuel ne me paraît dater que

---

(1) *Mém. de l'Acad. Celt.*, T. 1, p. 354, 355.
(2) *Thibaud.*, *loc. dict.*, T. 1, p. 207, 208.

du quinzième siècle, et je l'attribue à ce même Jean, duc de Berri.

Le monastère de Sainte-Croix fut considérable dès le moment de sa fondation, et plusieurs filles et parentes des monarques Francs ne tardèrent pas à y embrasser la vie religieuse (1). Son cimetière se trouvait primitivement en dehors de sa clôture, d'après le récit de Grégoire de Tours (2). « Les religieuses en aube

---

(1) Une d'elles, Basine, fille de Chilpéric et d'Audoère, y avait été renfermée, après avoir été déshonorée par les satellites du roi son père. « On ne voit » pas bien, observe l'exact et judicieux Gaillard (*Hist.* » *de Charlem.*, T. I, p. 316, 317), pourquoi il fallait » ôter la virginité à une fille pour en faire une religieuse. » Je ne crois pas devoir parler des troubles qu'excitèrent dans le monastère de S^e-Croix, après la mort de Ste Radégonde, cette Basine et Chrodielde, sa cousine, fille de Charibert, à qui le duc Chilpéric, surnommé le *Saxon*, fournit sa troupe de brigands. (Vide *Greg. Turon.*, *Hist. Franç.*, L. VI, C. XXXIV; L. IX, C. XXXIX, XL, XLI, XLII, XLIII; L. X, C. XXII.) Le récit de ces faits scandaleux, et des meurtres qui en furent la suite, se rattache plus particulièrement à l'histoire générale de la province, et m'eût entraîné dans de trop longs détails.

(2) *Transeuntibus nobis sub muro, iterum caterva virginum per fenestras turrium et ipsa quoque muri propugnacula voces proferre ac la-*

» et en manipule servaient autrefois d'acolytes
» à la grand'messe, et éclairaient au diacre
» pendant l'Evangile avec le chandelier; et
» dans leur Ordinaire on lit : IN DIE EPIPHA-
» NIÆ, DUM LEGITUR NOVISSIMA LECTIO, INDUITUR
» DIACONUS DALMATICA ET ACOLYTHA ALBA ET AMI-
» CTU (1). » Cette abbaye de femmes, une des plus anciennes de France, fut toujours sous la protection spéciale des rois de la première et de la seconde races. Elle était exempte du service militaire, et de toutes redevances et prestations quelconques, suivant une notice de l'Assemblée d'Aix-la-Chapelle, de 817, et d'un capitulaire de Louis-le-Débonnaire, de

mentari desuper cœpit. Cette particularité prouve évidemment que le mur d'enceinte de la ville de Poitiers bâti par les Visigoths, formait une partie de la clôture du monastère de *St-Croix*, autrement ses religieuses n'auraient pas pu se montrer aux fenêtres des tours, et sur le parapet des murailles. Il convient en outre de remarquer que l'on ne dérogea point, même en faveur d'une épouse du souverain, à l'ancienne législation, qui ne permettait pas d'inhumer dans l'intérieur des villes. Et cependant le monastère de St-Radégonde, quoique renfermé dans l'enceinte de Poitiers, était situé sur un local presque vague, ou d'exploitation rurale.

(1) *Affich. de Poit.* du 14 Janv. 1779, n° 2, p. 7.

l'an 822 environ (1), priviléges qui lui furent confirmés par une charte de Carloman, de l'an 884 (2). Détruit par les Normands, le monastère de *Sainte-Croix* n'était point encore relevé de ses ruines en 877 (3). Comme il n'en existe plus qu'une portion d'aile, de construction fort moderne, dont le *facies* a même été totalement défiguré par suite du nouvel emploi qu'on en a fait (4), nous n'entrerons dans aucuns détails sur les diverses reconstructions et restaurations de ses bâtimens, postérieures au dixième siècle. Nous observerons seulement que sa clôture n'était pas fort considérable. Elle fut augmentée dans le dix-septième, du consentement de *la Mairie* de Poitiers, 1° en 1632, d'une *ruelle* qui conduisait de la rue *Saint-Oustril* aux remparts; 2° en 1660, de la rue *Saint-Oustril* elle-même (5), qui conduisait de l'é-

(1) Apud *Greg. Turon.*, *Hist. Franç.*, L. IX, c. XL, col. 468, *note* C.

(2) Apud *Besly*, *Comt. de Poit. Suppl.*, p. 40.

(3) *Chron. Malleac.*, *loc. dict.*, p. 199. Mais il paraît, d'après la charte citée, *note* 2 ci-dessus, qu'il était sinon reconstruit alors, du moins qu'on travaillait à sa reconstruction.

(4) C'est aujourd'hui le *palais épiscopal*.

(5) Cette rue de *S.-Oustril*, ou plutôt de *S.-*

glise actuelle de *Sainte-Radégonde* au cimetière de *Saint-Simplicien* (1).

§ I. Pas-de-Dieu ; S.-Sépulcre.

Une bulle de Sixte IV, donnée à Rome, le 6 Mars 1478, N. S., nous apprend que le *Pas-de-Dieu* était un prieuré sis dans l'enceinte de l'abbaye de S^e-Croix, ainsi qu'un autre office ecclésiastique, dit du *S.-Sépulcre*, dont les titulaires étaient des religieuses de cette maison. D'après les résignations qu'elles firent de ces bénéfices, ils furent supprimés par la bulle

Austregesile, était ouverte en partie sur les ruines de l'ancien mur de l'enceinte Visigothe, ainsi qu'il est encore facile de s'en convaincre. Elle est représentée aujourd'hui par la terrasse qui règne tout le long des bâtimens de l'évêché, du côté de la rivière. Avant que les religieuses de *S^e-Croix* eussent obtenu la permission de comprendre cette rue *S.-Oustril* dans leur clôture, elles ne pouvaient communiquer avec leur jardin bas, dont le sol est au niveau du boulevart actuel, que par un passage souterrain, et elles se trouvaient ainsi exposées dans leurs promenades aux regards curieux, quelquefois indiscrets, de tous les passans, ce qui était fort gênant pour elles.

(1) *Thibaud.*, *loc. dict.*, T. 1, p. 215, 216.

sus énoncée (1). On croit que le prieuré du *Pas-de-Dieu* avait été fondé, à une époque qui nous est inconnue, dans l'ancienne cellule qu'habita sainte Radégonde (2).

SECTION VI.

Collégiale et petite ville de S^e-Radégonde.

L'église de *Notre-Dame* fut affectée dans son principe au service des clercs qui desservaient le monastère de S^e-Croix. Élevée ensuite, comme nous l'avons dit, sur le tombeau de S^e Radégonde, elle fut mise sous le vocable de cette ancienne reine des Francs, et ne fut plus connue que sous ce nom. Pepin, I du nom, roi d'Aquitaine, mort à Poitiers, le 13 Décembre 838, y fut enterré (3). Louis-le-Débon-

---

(1) *MS. de Fonten.*
(2) *Pigan.*, *loc. dict.*, T. v, p. 98.
(3) *Chron. Ric.*; *Chron. Adem.*, apud *Besly*, *Comt. de Poit.*, p. 170; *Brev. chron. Norm.*, apud *Marten. Thes. anecd. nov.*, T. III, col. 1448.

naire, son père, la fit rebâtir, en 840 (1), peut-être à la sollicitation de l'impératrice Judith, sa seconde femme, qui, en 830, avait été renfermée dans le monastère de S^e-Croix. Louis mourut le 20 Juin 840; ainsi il ne put voir achever cette construction. Ce dut être vers cette époque que l'abbé et les ecclésiastiques réguliers qui l'occupaient, furent sécularisés et remplacés par des chanoines (2).

La population qui se fixa dans les environs du tombeau de S^e-Radégonde, donna naissance à une nouvelle petite ville, sous les murs de celle de Poitiers. Elle avait déjà acquis une certaine importance dans le dixième siècle, puisqu'elle est qualifiée CASTRUM URBI CONTIGUUM. Mais, en Mai 955, Hugues-le-Grand, accompagné du roi Hlothaire, étant venu mettre le siége devant la capitale du Poitou, le comte Renaud, un des généraux de l'armée royale, s'empara de la ville de S^e-Radégonde, et la réduisit en cendres (3). Son église devint

---

(1) *Nov. Gall. christ.*, T. II, col. 1301.

(2) *Ibid.*, col. 1222. Cependant il paraîtrait qu'il y avait déjà des chanoines à S^e-Radégonde, au plus tard en 926. (Voyez ci-après, IIIe *partie*, Ire *subdivision, section* VI.)

(3) *Chron. Frod.*, apud *Besly, loc. dict.*, p. 254.

de nouveau la proie des flammes, le 18 Octobre 1083, jour de la fête de S.-Luc (1). Celle actuelle fut consacrée le 18 du même mois de l'an 1099 (2). Il faut cependant distinguer dans son ensemble diverses époques de construction. Il ne reste de la plus ancienne que la moitié environ de l'édifice, dans laquelle se trouve compris l'extérieur du crypte, ou tombeau de S° Radégonde : son intérieur me paraît plus moderne, et j'incline à croire qu'il aura été restauré, lorsque la rampe de ce crypte fut décorée d'une balustrade en marbre. La tour, ou clocher sous lequel est l'entrée principale de l'église, appartient également à la construction primitive; mais les ornemens d'architecture de ce portail ont été ajoutés très-postérieurement à son élévation, et ne nous semblent pas devoir remonter tout au plus au-delà du quinzième siècle (3). Le surplus du bâtiment est absolument moderne.

(1) *Chron. Malleac.; loc. cit.*, p. 212.
(2) *Ibid.*, p. 216.
(3) On remarque dans le haut du frontispice deux écussons; l'un aux armes de France, très-probablement celles du duc de Berri; l'autre est chargé de celles du chapitre, qui sont reconnaissables par les initiales S R, *sancta Radegundis*, séparées par la fleur de lis posée en pointe.

§ I. Boucherie.

Une ordonnance de Charles, fils de France, régent du royaume, donnée à Amboise, le 14 Juillet 1421, nous apprend qu'il n'existait à cette époque qu'une seule boucherie à Poitiers. Ce prince, reconnaissant qu'elle était insuffisante, à raison de l'accroissement de la population, ordonne « qu'une nouvelle
» boucherie soit faicte et edifiee aupres et
» devant leglise de saincte Radegonde de Poic-
» tiers, en une place publique devant la porte
» du cloistre du prieure de ladicte eglise de
» saincte Radegonde, depuis ladicte porte jus-
» ques à la rue publicque qui sera faicte aux
» dépens de ceulx qui ilec vouldront vendre
» char pour icelle durer tant qu'il nous plaira...
» et a ce que chacun y veigne plus liberallement
» vendre char voulons... que chaque boucher
» nouvel tenant escal ou banc pour vendre
» char nous paiera par an seulement pour le
» banc ou escal qu'il levera six deniers avecq
» les aultres droix que nous prenons sur les
» aultres bouchers vendans char audict lieu
» pourveu que les anciens bouchers vendront
» toujours en nostre grant boucherie accous-
» tumée. » Mais, par Lettres patentes données

à Poitiers, le 27 Septembre 1427, ce prince parvenu à la couronne, et mieux informé, considérant que cette nouvelle boucherie se tenait à découvert; que les grands vents auxquels le local était exposé, empêchaient de le fréquenter pendant l'hiver; que, durant l'été, les chaleurs et les mouches dégoûtaient d'y venir acheter de la viande; permit, pour prévenir la ruine totale de l'établissement, de le transférer dans une maison voisine appartenant à la collégiale de S^e-Radégonde, qui fut autorisée à l'affermer aux bouchers le prix qui lui paraîtrait le plus avantageux à ses intérêts (1).

§. II. Inscription de la rue des Carolus.

La cave de la maison n° 5, quartier A, rue des *Carolus*, nous offre une inscription sépulcrale, déjà rapportée par Siauve (2). Cet auteur avait promis d'en publier la restitution, dont avait bien voulu se charger le savant Visconti, aujourd'hui décédé: mais il n'a pas tenu sa parole. Le bloc de pierre sur lequel

(1) (*MS. de Font.*)
(2) *Loc. dict.*, p. 16 et suiv.

est gravée cette inscription, fut employé, comme assise, dans le mur de l'enceinte Visigothe, et placée à contre-sens, ensorte que le Génie qui y est sculpté a la tête en bas, les pieds en haut, et que conséquemment les lettres sont renversées. La tête de ce Génie est entièrement mutilée. Après la cinquième lettre de la quatrième ligne, il existe un petit espace qui paraît avoir été occupé par un caractère petit majuscule, que Siauve nous semble avoir restitué fort heureusement, en le prenant pour un N. Voici la copie fidèle de cette inscription, dans son état actuel (1) :

```
                                    M
ΓRONI VIV ƎNIS DIORA
NOFILIOPER SI CIVI
SVIVE S DE SVO CONSA
IT
```

En essayant de suppléer au silence gardé par Siauve, silence qui doit être, particuliè-

_____

(1) La lettre T qui commence la seconde ligne est presque entièrement effacée. Le petit majuscule N existait bien réellement. Le Génie se trouve à droite

rement pour les antiquaires, un sujet de regrets, nous devons observer que ce n'est qu'avec une extrême défiance que nous nous permettrons de donner notre opinion, et j'avoue franchement que je ne puis déterminer le sens véritable du mot, ou plutôt des mots qui terminent la troisième ligne. Je lis :

D.   M.
TRONI. VIVENIS. DIORA
NO. FILIO. PERSI CIVI (1)
S. VIVENS. DE. SVO. CONS. A
LT.

c'est-à-dire : *Aux dieux mânes... Vivant a dédié, à ses frais, cet autel à Dioranus, fils de Trone Vivant.*

de l'inscription elle-même. Il me paraîtrait que le monument se composait originellement de trois pierres : celle qui formait le chapiteau, ainsi que la seconde qui devait offrir le pendant du Génie, ne se retrouvent plus. L'inscription ne couvre pas la moitié de la surface inférieure du bloc de pierre, quoique les lettres soient de grandes initiales.

(1) Ces trois mots PERSI CIVIS VIVENS ne signifieraient-ils point, *Vivant, citoyen* (Romain) *fils de*

SECTION VII.

Prieuré de S.-Porchaire.

On croit que le monastère de *S.-Porhaire* fut fondé, vers l'an 589, par un abbé de S.-Hilaire (1), du nom de Porchaire (2). Il est constant, au surplus, que ce monastère fut primitivement une dépendance de l'église de S.-Hilaire. Le plus ancien titre connu, relatif à l'établissement religieux dont il s'agit, ne date que du mois de Mai 1068 (3). A cette

Perse; ou plutôt en prenant le mot *civis* pour l'abréviation de *Civitis*, nom Gaulois, *Civitis Vivant, fils de Perse* ?

(1) *Nov. Gall. christ.*, T. II, col. 1224.

(2) Grégoire de Tours (*Hist. Franc.*, L. IX, c. XLIII, col. 476) parle de cet abbé, dont il fut contemperain; mais il ne dit pas un mot de la fondation qu'on lui attribue.

(3) Cette date est certaine. Le règne de Philippe I est compté, dans le titre, du 29 Août 1060, jour de la mort de Henri I. L'année de souveraineté de Guillaume VI, comte de Poitiers, indiquée être la onzième, nous fait connaître que le commencement

époque, Raimond, abbé de Bourgueil, et prieur de *S.-Porchaire*, sollicita Goscelin, archevêque de Bordeaux, et trésorier de S.-Hilaire, de disposer en faveur de l'abbaye de Bourgueil du monastère de *S.-Porchaire*. Goscelin acquiesca à cette prière, du consentement de Guillaume, VI du nom, comte de Poitiers, en sa qualité d'abbé de S.-Hilaire; d'Isembert, évêque du diocèse, et des chanoines de la collégiale; sous la condition que les moines de Bourgueil seraient sujets envers ceux-ci des mêmes prestations que les possesseurs précédens. Ces prestations consistaient en vingt sous de cens. Les donataires furent en outre tenus d'accompagner les chanoines de S.-Hilaire aux processions des *Rogations*, et le chapelain de *S.-Porchaire* à porter, pendant celles de Mars, la châsse du saint évêque

de l'année continuait encore à se compter du jour de *Noël*, ou du 1.er Janvier, dans le Poitou; autrement il y aurait erreur dans l'indication donnée; puisque Gui-Géofroy, dit Guillaume VI, ne succéda à Guillaume V, son frère, que dans l'Automne 1058. Guillaume VI compte ici pour la première année de sa souveraineté, les trois mois environ qui restaient à écouler de l'an 1058. Ce qui le prouve encore, c'est que la charte est signée par son épouse Mathilde, ou Mathéode, qu'il répudia en 1068.

de Poitiers. En compensation de ces pieuses fatigues, les chanoines s'obligèrent à deux CARITAS envers les moines, c'est-à-dire, à leur donner deux repas; l'un après *Vigiles*, et l'autre après la *Messe* (1). Toutes ces redevances furent abolies et converties en une rente de trente livres, monnaie de Tours, par un arrangement du 30 Juin 1277, conclu entre Hugues, abbé de Bourgueil, et le chapitre de S.-Hilaire (2).

L'église actuelle de *S.-Porchaire* est de deux constructions très-différentes. Il ne reste de la plus ancienne que la tour, ou porche d'entrée, qui sert aussi de clocher. Son architecture et son genre de construction dénotent un ouvrage du onzième siècle : c'est sans contredit le monument intact le plus antique de tous ceux de la même époque qui existent encore à Poitiers. On remarque sur le premier pilier extérieur, à droite en entrant, une figure tenant les deux mains élevées et étendues, dont le costume semble être celui d'un clerc, revêtu de l'aube, attachée autour des reins par un cordon, et les cheveux coupés

---

(1) Apud *Besly*, *Comt. de Poit.*, p. 351, 352.
(2) *MS. de Fonten.*

en rond (1). Une inscription fruste en partie entoure cette figure : le peu que j'en ai pu déchiffrer me fait soupçonner que son contenu appartient à un verset de quelque psaume. On a sculpté sur une des colonnes de ce portail, des lions qu'on ne reconnaît pour tels, que par le soin qu'on a pris de graver au-dessous le mot LEONES. Le travail est si grossier, qu'on prendrait ces animaux aussi bien pour des chats que pour des lions. Tout le corps de l'église ne date, suivant M. Thibaudeau (2), que de l'an 1536 environ.

§ I. Eglise de S.-Sauveur.

L'emplacement de l'ancienne petite église, ou chapelle de *Saint-Sauveur*, située de l'autre côté de celle de *Saint-Porchaire*, se reconnaît encore par un reste de voûte que l'on remarque dans la boulangerie de la maison n° 38, quartier B. On ignore la date de sa fondation. C'est dans le crypte de cette église que

(1) Le costume de cette figure me fait soupçonner que la tour fut construite antérieurement à la donation faite à l'abbaye de Bourgueil, car postérieurement on n'eût point donné à cette figure le costume séculier, mais bien celui régulier.

(2) *Loc. dict.*, T. 1, p. 174.

l'on découvrit, sous une petite arcade, en 1676, le tombeau de saint Porchaire, composé de deux pierres taillées et jointes ensemble par du ciment, ayant trois pieds dix pouces de long, deux pieds un pouce de large à la tête, et vingt-un pouces et demi aux pieds. Ces deux pierres, formant le fond du sarcophage, étaient recouvertes par une troisième de la même dimension que les inférieures réunies, et taillée en forme de chevalet, sur le travers de laquelle on lisait :

✝ IN hoC TuMVLo RqIeSci SꝄS PoRChARIuS (1).

Une ouverture de quatorze pouces de profondeur du côté de la tête, et de douze aux pieds, pratiquée dans une pierre du fond de ce tombeau, était remplie d'une quantité confuse d'ossemens d'un corps humain, et de poussière provenant tant de leur décomposition, que de celle d'une caisse, ou coffre de bois, dont on trouva et reconnut quelques fragmens, avec des bandes de fer toutes rouillées. trois clous, deux petites médailles indéchiffrables, et une petite plaque de métal sur la-

(1) Dans les anciennes inscriptions on ne remarque point la voyelle U, qui est toujours remplacée par la lettre V......

quelle était imprimé tout le corps, la face et un bras du Sauveur, vêtu de sa robe, attaché à la croix, et aux pieds de celle-ci un ange agenouillé, tenant à la main un chandelier garni de son cierge. En conséquence de cette inscription, l'évêque diocésain rendit, le 26 Février de la même année 1676, une ordonnance par suite de laquelle le nom de saint Porchaire, confesseur et abbé, fut réintégré dans le *Missel*, dont il avait été enlevé depuis l'an 1620, époque à laquelle l'ancien *bréviaire* avait été supprimé, pour y substituer le *Romain*, qui ne fait mention que d'un saint Porchaire, abbé de Lerins (1).

SECTION VIII.

Eglise de S.-Hilaire-entre-Eglises.

La date de la première fondation de l'église *Saint-Hilaire*, dite *entre-Eglises* (2), nous

(1) *Thibaud.*, *loc. dict.*, T. 1, p. 174 et suiv.
(2) A raison de sa position entre l'église cathédrale et le *temple de S.-Jean*.

est inconnue. Elle avait probablement été renversée, comme toutes les autres, par les hordes du Nord, et elle ne fut relevée que sur la fin du onzième siècle. Une charte du 22 Mai 1096 nous fait connaître que Géofroi, chantre de l'église cathédrale, la fit reconstruire en majeure partie; qu'il la dota de *missels* et autres livres de liturgie; enfin de quatre arpens de vignes, dont deux non en culture étaient situées dans la *chantrerie*, et de quelques autres fonds de terre. Le même Géofroi attacha un prêtre à la desserte de cette petite église (1), qui ne subsiste plus. J'ignore si l'on voit encore dans la cave de la maison bâtie sur l'ancien emplacement de *Saint-Hilaire-entre-Eglises,* une portion de tombeau assez antique, dit-on, et que l'on conjecturait être celui de sainte Abre, fille de saint Hilaire (2).

(1) *MS. de Fonten.*
(2) Vide ci-dessus, *section* IV.

SECTION IX.

Monastère, puis Collégiale de S.-Pierre-le-Puellier.

Saint-Pierre-le-Puellier, S. Petrus Puellarum, fut primitivement un monastère de filles (1), dont l'époque de la fondation est restée inconnue (2). L'histoire ne nous a trans-

---

(1) *Besly, loc. dict*, p. 251.
(2) La tradition l'attribue à sainte Loubette, qui était venue s'établir à Poitiers. La légende de cette sainte est l'ouvrage d'un faussaire ignorant et très-moderne. M. Thibaudeau (T. 1, p. 322) ne s'est pas laissé imposer, cette fois, par un témoignage si évidemment récusable. On trouve dans les cartons de Dom Fonteneau la copie d'une prétendue légende de cette même sainte Loubette, que l'on fait *suivante* de l'impératrice Hélène, fille d'un roi de la Grande-Bretagne, et mère de Constantin-le-Grand. Dom Fonteneau avertit, au besoin, que cette légende est fabuleuse. L'impératrice Hélène, loin d'être la fille d'un monarque, devait le jour à un aubergiste établi, selon toute apparence, à Naissus, ville de la Dacie. (Vide l'*auteur anonyme* publié à la fin de l'*Histoire d'Ammien*, p. 710; et *Julius Firmicus, De Astrol.*, L. 1, c. IV.)

mis quelques renseignemens authentiques sur cet établissement religieux, que depuis le dixième siècle. Un diplôme du roi Hlothaire, daté de Laon, nous apprend qu'on établit des chanoines à Saint-Pierre-le-Puellier, en 963, et que cette collégiale devint dès-lors une dépendance de l'abbaye de *la Trinité* (1). Il paraît que l'enclos, ou cloître de *Saint-Pierre-le-Puellier*, n'était encore que faiblement bâti vers le milieu du onzième siècle. En 1036 (2),

(1) Le diplôme de Hlothaire porte la date de 962, indiction vi, la 9ᵉ année de son règne. Il y a nécessairement erreur dans l'indication de l'an de l'Incarnation : il faut lire 963, pour le faire concorder avec l'Indiction et le nombre marqué des années du règne de ce monarque.

(2) Le titre est daté des Ides (13) de Septembre 1038, indiction viii. Cette indication est fautive. 1° L'indiction viii répond à l'année 1040. 2° Guillaume, IV du nom, comte de Poitiers, dit *le Gros*, mari d'Eustachie, ou Eustache de Bellai, mourut au commencement de 1037, suivant la chronique citée ci-dessus. (*Section* v.) 3° Eudes, frère et successeur de Guillaume, était comte de Poitiers en 1038. Nous avons pensé, d'après ces observations, qu'il fallait substituer l'an 1036 à celui 1038, puisque le titre relate Guillaume IV et Eustachie, sa femme. Quant à l'indiction, il faut lire iv, au lieu de viii, pour la faire concorder avec l'année de l'Incarnation.

le prêtre Raimond vendit au monastère de Saint-Jean-d'Angély des terrains vagues, ou emplacemens qu'il possédait dans la clôture de *Saint-Pierre-le-Puellier*, moyennant douze livres de deniers (d'argent). Ces emplacemens confrontaient, d'une part, à la maison d'un nommé Thibaut, premier vendeur; de l'autre, à celle du sacriste Gaudran, et des autres côtés à la *voie publique* (1). Il est parlé dans quelques titres (2) du BIVIUM *de la Trinité*, c'est-à-dire, d'un point ou carrefour où se rencontraient deux chemins qui conduisaient à ce monastère, et conséquemment à *S.-Pierre-le-Puellier*. La *voie publique* mentionnée dans l'acte de vente cité ci-dessus, ne me paraît autre qu'un embranchement formant la continuation de la rue du *Lierre*, VIA HEDERA, qui, comme nous l'avons vu, longeait le mur de l'enceinte primitive de Poitiers, au-dessous de l'abbaye de *Saint-Paul*. Ce qui semble confirmer cette opinion, c'est qu'en Août 1027, les moines de Saint-Jean-d'Angély avaient déjà acquis, par échange, de ceux de l'abbaye de *Notre-Dame-Saint-André-et-Saint-Benoît-de-Quinçai*, un *alleu*, pour y bâtir une mai-

---

(1) Apud *Besly*, *loc. dict.*, p. 301, 302.
(2) *MS. de Fonten.*

son, un manoir et une étable, *alleu* situé dans la même rue du *Lierre* (1). Il est dès-lors probable que l'acquisition faite du prêtre Renaud, par le monastère de Saint-Jean-d'Angély, fut un objet de convenance, résultant du voisinage de leur première propriété. Ces détails, minutieux en apparence, ne nous paraissent pas cependant dépourvus d'intérêt, puisqu'ils sont des monumens irrécusables des anciennes localités.

SECTION X.

Eglise de Notre-Dame-l'Ancienne.

L'emplacement qu'occupait l'église de *Notre-Dame-l'Ancienne* ne permet point de de penser qu'elle fut, lors de son érection, une des anciennes paroisses de Poitiers, puisqu'elle était située dans un quartier dont la population était encore très-peu considérable dans le dixième siècle. Je suis porté à croire

(1) *Besly, ibid.*, p. 345, 346.

que, dans le principe, cette église fut occupée par les prêtres réguliers, ou séculiers, chargés de la desserte du monastère de *Saint-Pierre-le-Puellier*. Et comme celui-ci remontait à une certaine ancienneté, et que son annexe de *Notre-Dame* survécut à sa ruine, on peut penser que c'est à cette circonstance que ce dernier temple dut son surnom. On ne saurait guères, en effet, raisonnablement révoquer en doute l'ancien patronage de *Saint-Pierre-le-Puellier* sur *Notre-Dame*, quand on considère que, par une transaction de 1372, l'abbaye de la *Trinité*, dont ces deux établissemens étaient une dépendance depuis sa fondation, abandonna au chapitre de *Saint-Pierre-le-Puellier* ce patronage de *Notre-Dame-l'Ancienne*, dont la cure lui fut unie, et son titulaire pourvu de l'antique office de *sacristain*, avec part aux distributions canoniales (1).

(1) *Thibaud.*, *loc. dict.*, т. 1, p. 356.

SECTION XI.

Prieuré de la Résurrection.

La charte de fondation du monastère de *la Résurrection* ne présente pas un grand intérêt historique. Elle nous apprend seulement que son église fut consacrée, le 12 Novembre 937, par Alboin, évêque de Poitiers, à la prière de Frotier, chanoine de la cathédrale, qui l'avait fait bâtir à ses frais. Dans l'énumération des propriétés qui composèrent la dot de *la Résurrection*, il faut distinguer un *alleu*, situé au-dedans des murs de la ville, et clos de toutes parts par une muraille antique : je n'ai pu, malgré toutes mes recherches, reconnaître cette localité (1). Le monastère de *la Résurrection* fut donné, dès le principe, à l'abbaye de *Saint-Cyprien*, à la charge d'y entretenir trois moines. Cette maison, d'après le libellé de la charte, devait lui devenir, au besoin, un lieu de retraite (2).

(1) C'était probablement un tombeau dont je parlerai dans mon *Histoire de Poitou*.
(2) Cette charte finit ainsi : *Data mense Aprilis*

SECTION XII.

Abbaye de la Trinité.

On ignore la date précise de la fondation du monastère de *la Trinité*. Il fut bâti, en dedans de l'enceinte Visigothe de Poitiers, par Adèle, fille d'Edouard, I du nom, dit *l'Ancien* ou *le Vieux,* roi d'Angleterre, et troisième femme d'Ebles, surnommé *Manzer,* comte de Poitiers, dont elle était alors veuve, sur une propriété *allodiale* que cette princesse acheta pour l'exécution de son pieux dessein, dans

regnante Ludovico rege et Hugo comes Pictaviensis. Quel est cet Hugues? En 937, le comté de Poitiers était possédé, depuis deux ans, par Guillaume I et III, surnommé *Tête-d'étoupes,* fils et successeur d'Ebles, dit *Manzer.* Je pense donc qu'il y a ici une erreur de copiste dans le Cartulaire de S.-Cyprien, d'où Martenne a extrait la charte; et que, par inadvertance, on aura écrit le nom de Hugues, au lieu de Guillaume. (*Ch. fund. mon. Resur.,* apud *Marten. Thes. anecd. nov.,* T. I, col. 69, 70.)

N. B. Il n'y a pas erreur de copiste : je prouverai dans mon *Histoire de Poitou* que cet Hugues et Guillaume, dit *Tête-d'Étoupes,* sont un même personnage.

le voisinage de l'église de *la Celle-Saint-Hilaire*. Le roi Hlothaire confirma cette fondation, en 963 (1). Adèle embrassa l'état monastique (2), et fut inhumée à *la Trinité* (3). Le calendrier de cette maison note son décès le 28 Octobre, sans désignation d'année (4).

---

(1) *Besly, loc. dict.*, p. 251, 259, 260.
(2) *Ibid.*, p. 259.
(3) *Anselm., loc. dict.*, p. 513.
(4) *Besly, ubi suprà*, p. 225. Agnet de Sauzay, probablement fils de Raoul de Sauzay, II du nom, et d'Alix *Avernacis* (peut-être d'Auvergne), et Montalbana, son épouse, furent aussi inhumés à la Trinité, suivant l'indication donnée par cet ancien missel, dont j'ai déjà parlé, qui renfermait la généalogie des anciens seigneurs de Sauzay, et que publia M. Moisgas, avocat et feudiste à Mortagne. J'ai dit que cet ancien missel, ou prétendu tel, ne m'inspirait pas une grande confiance. Je suis d'autant mieux fondé à rejeter l'authenticité de son témoignage, que l'inhumation d'Agnet et de Montalbana y est indiquée sous la date du 7 Janvier 864, et que Raoul de Sauzay II est noté comme un des bienfaiteurs de la Trinité. Voilà un anachronisme de cent années environ dans la fixation de l'époque de la mort d'Agnet, car il ne put être enterré dans un monastère qui ne fut fondé qu'à peu près un siècle après cet événement. J'en conclus que la prétendue généalogie de la maison de Sauzay est un ouvrage de complaisance.

SECTION XIII.

Prieuré de S.-Denis.

L'église connue ensuite sous le nom de *Prieuré de Saint-Denis*, était située près le mur de l'enceinte Visigothe de Poitiers, dans le voisinage de la *porte Mainard*. Guillaume I, évêque diocésain, en disposa, le 15 Mai 1120, ainsi que de toutes ses dépendances, en faveur du monastère de *Noyers* (1).

SECTION XIV.

Prieuré de S.-Léger.

Le titre de fondation de l'église sous le vocable de *Saint-Léger*, ou *Liguaire*, S. Leodegarius, dans l'enceinte de Poitiers, m'est

(1) *MS. de Fonten.*

absolument inconnu. Son existence est constatée par un titre de 1125. Ademar Luscus approuve et confirme la donation faite par Frééburge, sa mère, à l'abbaye de Saint-Maixent, d'une maison, d'un domaine d'exploitation, d'une roche et d'un pré, situés près ladite église de Saint-Léger, dont l'ancien emplacement n'est pas connu (1).

SECTION XV.

Eglise et rue de S.-Pélage.

Cette église était assez ancienne : le titre de fondation ne nous est point parvenu. Elle était située dans une rue à laquelle elle avait donné son nom, en dedans de l'enceinte Visigothe de Poitiers. Le pape Calliste II, par

---

(1) *MS. de Fonten.* Dans un autre ouvrage faisant suite à celui-ci, j'aurai occasion de parler de nouveau de l'ancienne église de S.-Léger, qui fut brûlée par les Normands, et dont je fais remonter la dédicace à l'an 693.

une bulle datée du 28 Août 1119 (1), confirma la possession de cette église à l'abbaye de *la Trinité*. Les religieuses de ce Monastère, dans une requête sans date (2), adressée aux Maire et échevins de Poitiers, demandèrent l'autorisation de comprendre dans leur clôture, l'église et la petite rue de *Saint-Pélage*, situées derrière leur couvent. Elles représentèrent que cette rue était habitée par des gens de mauvaise vie, qui avaient vue sur leurs maison et jardin, et qui entendaient tout ce qu'elles disaient entre elles, ce qui était aussi scandaleux qu'incommode. Il paraît que la demande des religieuses fut accueillie favorablement, puisque cette ancienne rue de *Saint-Pélage* formait, à l'époque de la révolution, la nouvelle terrasse du monastère de *la Trinité*. On voyait dans le haut enclos de cette maison, le presbytère de l'ancienne cure : le curé, pour venir la desservir, était obligé de passer sous la porte de ville, dite *l'Arceau-Saint-Cyprien* (3). On

---

(1) Apud *Thibaud*, T. 1, p. 478 et suiv., n° xxv.

(2) Que nous présumons être du dix-septième siècle.

(3) Cette porte devait représenter celle *libitinensis*, particulièrement affectée au passage des cadavres que l'on portait au lieu de sépulture, et à celui des

remarquait aussi dans le même local, des vestiges du mur de l'enceinte Visigothe. L'église curiale de *Saint-Pélage* avait été réunie dans le dix-huitième siècle à celle de *la Résurrection*, dont elle était voisine (1).

SECTION XVI.

Collégiale de S.-Nicolas; Forum, *ou* Marché-vieux.

Le quartier *Saint-Nicolas*, Burgum Sancti Nicolai, était en dedans de l'enceinte Visigothe de Poitiers; cependant le moine Martin, auteur de l'*Histoire de l'abbaye de Montierneuf*, le qualifie Suburbium Pictavæ civitatis (2). L'époque de la fondation de la collé-

---

criminels qu'on conduisait au supplice. (Vide ci-après, IIIe *partie*, 1re *subdivision, section* II, *paragraphe* VII.)

(1) *MS. de Fonten.*

(2) Apud *Marten. Thes. anecd. nov.*, T. III, col. 1212. Cette qualification de *Suburbium* prouve, ainsi que nous l'avons fait entrevoir, que l'enceinte

giale Saint-Nicolas, dont il ne reste plus aujourd'hui que l'église, qui sert d'écurie, paraît assez incertaine. On l'attribue, avec raison, à Agnès de Bourgogne, comtesse de Poitiers, et ensuite d'Anjou (1). Martenne a publié la charte, ou plutôt les chartes y relatives : elles ne portent aucune date ; mais ce Bénédictin indique celle de 1060 environ. Il y a défaut d'exactitude dans cette indication. Pour éclaircir la difficulté chronologique à laquelle donne lieu le monument historique, il faut distinguer quatre époques diverses, d'après son libellé, qui n'est, à proprement parler, qu'une récapitulation générale, tant des concessions primitives, que de celles subséquentes. I° Il est fait mention d'un legs en faveur de *Saint-Nicolas*, fait, à sa mort, par Guillaume, III du nom, comte de Poitiers, surnommé *le Grand*, mari en troisième noces d'Agnès de Bourgogne. II° Agnès parle dans le titre de l'église de *Saint-Nicolas*, comme étant déjà fondée, et déclare que les concessions qu'elle lui fait sont approuvées et ratifiées par ses

---

Visigothe n'était, à proprement parler, qu'une ligne militaire de fortifications.

(1) *Fragm. chron. Pict. et Aquit. princ.*, loc. dict., col. 1148, n° 5.

deux fils, Guillaume V., comte de Poitiers, mort en 1058, et Géofroi, ou Guillaume-Géofroi, dit ensuite Guillaume VI, mort le 25 Octobre 1086. III° Parmi les signataires de la charte, on voit figurer en premier lieu Guillaume, duc d'Aquitaine, fils du duc Géofroi, et Philippe, son épouse. Or, il est constant que ce Guillaume est celui VII du nom, comte de Poitiers, IX du nom, duc d'Aquitaine, dit *le Vieux*, fils de Gui-Géofroi, dit Guillaume VI, lequel épousa en premières noces Philippe de Toulouse, veuve de Sanche-Ramire, roi d'Arragon. Il résulte de ces observations que la fondation primitive de *Saint-Nicolas* est antérieure au 31 Janvier 1030, époque de la mort de Guillaume III, puisque ce prince fit un legs à la collégiale dont il s'agit. La dotation de son église par Agnès, lorsqu'elle y plaça douze chanoines, doit aussi n'être pas postérieure, pour une partie, à l'automne de l'an 1058, époque de la mort de Guillaume V, dit *Aigret*, et pour l'autre partie, au 25 Octobre 1086, date de la mort de Guillaume VI, puisque ces deux princes consentent les dispositions faites par leur mère. Enfin, le corps entier de la charte, telle que l'a publiée Martenne, ne peut avoir une date postérieure à 1116, puisque Philippe, femme de Guillaume VII, qui la revêtit de sa signature, se sépara, cette même année, du duc son époux. D'ailleurs, Agnès et Guillaume V, son fils, parlent tantôt au nominatif, et tantôt on se borne à relater simplement et leurs concessions, et celles des autres bienfaiteurs de *Saint-Nicolas.* Nous pensons donc, en résumé, que la charte dont il est question, n'a été rédigée que très-postérieurement à l'époque de la fondation primitive (1); en un mot que ce n'est point là le titre original.

(1) Cette opinion est justifiée par une charte sans date de Géofroi-Martel. Le comte d'Anjou déclare prendre sous sa protection l'église de *S.-Nicolas*, bâtie par Agnès, sa femme, dans le marché de Poitiers, *in foro pictaviensi.* (*MS. de Fonten.*) On entend par *forum*, un lieu de marché, une place publique, où se réunissaient les habitans de la ville et de la campagne, soit pour vendre, soit pour acheter toute espèce de denrées et de vivres. Celui dont nous parlons est appelé dans plusieurs titres MERCATUM DE CAIRO, et comportait une assez vaste étendue, puisqu'il comprenait même une partie de *la place Royale* et de l'emplacement de la nouvelle *salle de spectacle.* Encore aujourd'hui, les gens de la campagne qui amènent des fagots à vendre, rangent les charrettes qui en sont chargées, autour de ce dernier local. Son ancienne destination n'a changé que pour les vivres, dont l'exposition a été transférée sur un autre

Je donnerai ici un court extrait de deux monumens historiques, propres à jeter quelque jour sur l'ancien état des lieux. I° Une transaction sans date rappelle qu'Agnès, en construisant une église sous le vocable de *S.-Nicolas*, desservie par treize chanoines, avait compris dans sa dotation quelque petite portion de terrain appartenant à la collégiale de *Saint-Hilaire*, pour indemnité duquel les chanoines de *Saint-Nicolas* s'obligèrent, de l'avis de leur fondatrice, et tant qu'ils jouiront de ses bienfaits, à servir une redevance de douze deniers au profit de *Saint-Hilaire* (1). II° Par titre daté de Juin 991, Hucbert et Adalberge, sa femme, vendent à Enjubaut un *complant* qu'ils possédaient près les *Arènes*, entre la ville, CASTRA, de Saint-Hilaire; laquelle vigne était limitée de trois côtés par la terre, c'est-à-dire, le fief de cette collégiale, et du quatrième côté, par un large chemin et *le Marché*. Ce *complant* fut concédé à *S.-*

emplacement, à l'exception de celle des grains. Dans un titre daté de 1068, et relatif à diverses acquisitions faites par la comtesse Agnès, elle se dit fondatrice de *Saint-Nicolas*, IN FORO PICTAVIENSI. (*MS. de Fonten.*)

(1) *MS. de Fonten.*

Nicolas, lorsque les moines de *Montier-neuf* avaient été déjà substitués aux droits des anciens chanoines (1).

Le titre récapitulatif des possessions de *S.-Nicolas* nous offre quelques petits renseignemens topographiques et politiques sur la ville de Poitiers et sur ses environs. Il comprend au nombre des concessions faites, 1° la portion du droit de *complanterie* dont Agnès jouissait à *la Vacherie;* 2° la moitié du *péage* du pont de la Boivre, ou Boave : ce pont ne peut être que celui dit *le pont Achard;* 3° un moulin sur la même rivière de Boivre, sujet à un cens annuel envers les clercs, c'est-à-dire les chanoines de Sainte-Radégonde. Ce moulin subsiste encore (2); 4° le droit de pêche à l'embouchure de la Boivre dans le Clin; 5° la moitié du droit de *monnoyage* de l'atelier monétaire de Poitiers (3); 6° deux mai-

---

(1) *MS. de Fonten.*

(2) C'est celui possédé par M. Favre, à l'entrée de la rue de *la Chaussée.*

(3) Les Bénédictins, éditeurs du *Glossaire* de Ducange, ne nous ont donné l'empreinte que de deux pièces de monnaie Poitevine; l'une frappée par Alphonse, et l'autre par Philippe de France, tous deux comtes de Poitiers. Ce ne sont que des deniers, dont

sons situées devant la *porte de Saint-Nicolas* (1), dans l'une desquelles on fit construire

quatorze étaient comptés pour douze petits tournois. Ils devaient être de trois deniers dix grains de loi, argent royal, et de dix-neuf sols six deniers de poids, marc de Paris : les mailles de deux deniers vingt-un grains de loi, et de dix-sept sous quatre deniers de poids. Il est parlé des *Aquitains* dans l'histoire des *Chasteigniers*, par Duchesne (p. 88); et souvent de la *Pite* ou *Poitevine*, très-petite pièce, et de la plus mince valeur. Tout cela ne nous apprend rien sur l'espèce, la nature, et le poids de l'ancienne monnaie frappée par les ducs d'Aquitaine, comtes de Poitiers, et j'ai cherché vainement dans les auteurs que je connais, quelques renseignemens à ce sujet. J'ai possédé quelques pièces de Richard, dit *Cœur-de-lion;* on lisait dans le champ *Ricardus*, sur deux lignes; et de l'autre côté, *Pictaviensis*, mot disposé sur trois lignes. Comme cette monnaie était de très-bas aloi, je pense qu'elle pouvait être de l'espèce de celle nommée *Pictavienses bruni*. Il est fait mention dans diverses chartes de *sous mailles poitevins*, SOLIDI PICTAVIENSES MASCULI; *de sous de deniers*, SOLIDI NUMMORUM PICTAVINORUM; et, en 1105, de *sous vieux poitevins*, SOLIDI PICTAVIENSES VETERES; enfin de *sous* de la plus petite valeur d'une très-bonne monnaie, SOLIDI MINUTARUM OPTIMÆ MONETÆ. (Vide *Ducang. Gloss.*, PICTA 3; *Besly, loc. dict.*, p. 395.) Il est bien étonnant qu'on ne puisse plus se procurer

(1) Vide ci-dessus, *note 7*, p. 58.

un four, à la charge d'un cens de deux deniers ; 7° le droit sur le sel amené, n'im-

dans les départemens qui composent l'ancien Poitou, aucune pièce de monnaie, particulière aux comtes de Poitiers de la première race, tandis que les deniers d'argent frappés à Melle, sous Charles-le-Chauve, sont assez communs. Il existait cependant, sous les souverains particuliers de Poitou, deux ateliers monétaires; l'un à *Poitiers*, et l'autre à *Niort*. Le bénéfice du monnoyage de ce dernier fut concédé aux moines de Cluni, par Guillaume III, dit *le Grand*. (*Ch.* apud *d'Ach. Spicil.*, T. III, p. 413, col. 2 ; éd. de *Baluz.* et *Marten.*) Il nous reste plusieurs monnaies des princes Anglais d'Aquitaine; mais je ne sais si ces souverains temporaires reprirent l'usage des anciens coins, dont on se servait sous les ducs d'Aquitaine, leurs prédécesseurs. En 1362, Edouard III (VI) roi d'Angleterre, érigea en principauté le duché de Guienne, et il en investit son fils aîné, Edouard, prince de Galles, dit *le Prince-noir*, pour le posséder à titre de fief de la couronne d'Angleterre, et sous la redevance annuelle d'une once d'or. (*Rym.* vol. VI, p. 384-390.) La même année, ce dernier vint prendre possession de ses nouveaux états, et reçut à Poitiers le serment et l'hommage lige des barons de Poitou. (*Fraiss. Chron.*, vol. 1, ch. CCXVI, p. 238 ; éd. de *Den. Sauv.*) Il continua d'y faire frapper monnaie, et j'ai possédé quelques pièces de ce prince. Elles sont d'argent, et pèsent quarante-deux grains. Leur dimension est à peu près celle d'une pièce en

porte de quelle manière, soit au marché DE CAIRO, soit dans le quartier *Saint-Nicolas*,

cuivre de cinq centimes. Côté principal : buste du prince; tête à droite ; ceinte d'une couronne chargée de rosettes, formées par six petits points ronds; menton barbu; corps revêtu d'un habit ample, à plis nombreux, dont les manches ont une certaine ampleur, ce qui les rend un peu pendantes; glaive nu, appuyé sur l'épaule, tenu de la main droite; celle gauche élevée, les doigts fermés, à l'exception de l'*index*, qui est relevé; inscription, ED : PO : GNS : REGIS : ANGLIE. P. (quelquefois I.) *Eduardus primogenitus regis Anglie. pictavis*. Revers : une croix carrée, coupant tout le champ de la pièce en quatre parties égales; trois tourteaux, ou points ronds, posés en triangle, deux et un, entre chaque branche de la croix, et renfermés dans un cercle. Première inscription, AQITAN PRNCPS, *Aquitanie princeps :* seconde inscription, ou supérieure, GA IN EXCELLCI DEO ET IN TRA PAX, *Gloria in excelsis deo et in terra pax*. Quant aux monnaies d'or, je ne trouve aucun indice de leur existence. *Poitiers* et *Niort* ne furent pas les seules villes de Poitou où l'on ait battu monnaie. Sans mentionner de nouveau *Melle*, A. Valois parle d'une pièce de Theudomer, portant pour inscription au revers : VVULTACONNO, *Wultegon*, que Grégoire de Tours qualifie de *vicus Pictaviensis*. (*De mir. S. Mart.*, c. XLV, col. 1067, et *note* d.) L'atelier monétaire de *Montreuil-Bonnin* fut célèbre autrefois. Pierre Paralève, de Tours, s'obligea, en 1267, à

soit dans l'intérieur de la ville de Poitiers, et partout ailleurs, quel que fût le vendeur, sans distinction de titre et de qualité (1).

Les chanoines de *S.-Nicolas* ne jouirent pas long-tems des bienfaits de leur fondatrice. La conduite qu'ils tinrent indisposa contre eux l'évêque diocésain et les légats du Saint-Siége. Méprisant à la fois les représentations et l'autorité des supérieurs ecclésiastiques, ces prêtres réguliers continuèrent de mener une vie fort opposée à celle prescrite par la règle qu'ils avaient embrassée. Pour mettre un terme à un scandale toujours croissant, Urbain II les supprima, et par sa bulle, datée du 16 Novembre 1093, le pontife Romain

---

payer douze cent cinquante livres tournois au comte de Poitiers et de Toulouse, pour le défaut de la traite de *la monnoie poitevine* fabriquée à Montreuil-Bonnin. S. Louis écrivit à Alphonse, son frère, pour lui ordonner de faire cesser la fabrication de sa monnaie, dans la même petite ville. Par son ordonnance de 1308, Philippe-le-Bel enjoignit aux changeurs de porter tout leur billon à la monnaie de Montreuil-Bonnin. Toutes les espèces fabriquées dans cette atelier portent le nom de MOUNTVRVEL (lisez *Mounturuel*). Vide *Expil.*, *loc. dict.*, MONTREUIL-BONNIN.

(1) *Ch. fund. S. Nicol.*, apud *Marten. Thes. anecd. nov.*, T. 1, col. 186, 187.

disposa de leurs biens, en faveur de Gérard, abbé de Montier-neuf (1).

§ I. Aumônerie de S.-Nicolas.

La *chronique de Maillezais* attribue encore à Agnès de Bourgogne la fondation de l'*Aumônerie de S.-Nicolas* (2), qui fut connue par la suite sous le nom de monastère des *Sœurs-Hospitalières*.

§ II. Monastère des Augustins.

Les Ermites de S.-Augustin, ou simplement les *Augustins*, furent établis à Poitiers, le 14 Août 1345, par Herbert Berland, citoyen de cette ville et seigneur des Halles. Un acte du 13 Mai 1358, nous fait connaître que la concession première faite à ces religieux ne consistait que dans un arpent de terre, situé dans le *Vieux-Marché* (3). Plusieurs personnes leur firent don ensuite d'un demi-ar-

---

(1) *Nov. Gall. christ.*, t. II., *inter Instrum.*, n° XXXVIII, col. 356.
(2) *Chron. Malleac., loc. dict.*, p. 209.
(3) *MS. de Fonten.*

pent de terrain, contigu au premier du côté du Sud, ainsi qu'il résulte du libellé des lettres d'*amortissement*, données à Poitiers, en Décembre 1384, par Jean de France, duc de Berri et d'Auvergne, comte de Poitou (1). Mais ce qui facilita davantage aux *Augustins* les moyens de pouvoir donner à leur maison toute l'étendue qu'elle comportait anciennement, fut un échange fait entre ces moines et le prieur de *S.-Porchaire*, acte dont la ratification est datée du 30 Juin 1360. Ce prieur leur transporta la propriété d'une pièce de terre plantée en treilles et en vignes, de la contenance de dix journaux, joignant, d'un côté, au mur de clôture de leur jardin, ou verger; et de l'autre, au chemin ou rue qui conduisait de l'église de *S.-Porchaire* à celle de *Notre-Dame-la-Chandelière*. Les *Augustins* donnèrent en retour d'autres vignes, divisées en deux pièces, dont l'une comportait quinze, et l'autre huit journaux. Ces vignes étaient bornées, d'un côté, par le chemin ou *venelle* qui, partant de *Notre-Dame-la-Chandelière*, longeait les murs de l'enceinte Visigothe de la ville; et de l'autre côté, par le

(1) *MS. de Fonten.*

grand clos de *S.-Hilaire* (1). Ainsi une portion des treilles de *S.-Porchaire* se trouvait comprise dans la clôture seconde de Poitiers; et le surplus était séparé par la rue qui, de ce prieuré, tendait à *Notre-Dame-la-Chandelière*. Cette même petite portion contribua à l'agrandissement du jardin des *Augustins*, dans le bas duquel elle se trouva renfermée par le mur de clôture du monastère; et l'on plaça dans ce mur des pierres, en forme de bornes, qui indiquaient l'endroit où finissait le fief de *S.-Hilaire*, et le juste alignement des anciens murs de la *cité* (2). Les arts ont à déplorer la dégradation toujours croissante de la jolie façade de l'église des *Augustins*, qui sert aujourd'hui de magasin.

SECTION XVII.

Faubourg Marin.

L'existence et le nom de ce quartier, ou faubourg, BURGUM MARINI, MARINII, sont con-

(1) *MS. de Fonten.*
(2) *Note* du même Dom Fonteneau, à la suite du titre précité.

statés par deux titres du treizième siècle. Le premier est un traité, daté de Décembre 1221, fait entre le chapitre de *Notre-Dame-la-Grande*, et les religieux de *la Celle*, relativement à des droits de *cens* dans la mouvance de leurs fiefs respectifs. Il fut convenu entre les parties que le monastère de *la Celle* pourrait acquérir à son bénéfice, et à celui de l'église neuve, bâtie dans l'hospice de Guillaume, ex-prieur de S^c-Radégonde, lequel hospice est situé dans les environs de la rue des *Juifs* (1), et dans tous les *censifs* de *Notre-Dame*, au-dessous des coteaux de Poitiers, excepté dans ceux desdits *censifs* qui sont autour de cette dernière église, jusqu'à la *porte Guitard* (2), et jusqu'à celle du *Comte* (3), et jusqu'au quartier *Marin*, et jusqu'au carrefour de *S.-Paul* et de *Gilon* (4).

(1) Aujourd'hui rue *Penthièvre*, ainsi appelée de l'hôtel du même nom qui y existait autrefois.

(2) Rue *des Flageolles*.

(3) Vide ci-après, *section* xix.

(4) *Quadrivium*, l'endroit où se croisaient quatre chemins. (*MS. de Fonten.*) Ce carrefour devait se trouver derrière l'ancienne abbaye de *S.-Paul*. Une concession faite, vers 1081, au monastère de *S.-Cyprien*, parle d'un four qui existait sur cet emplacement, et de vignes dans les environs. (*MS. de*

Un acte de vente, sous la date du mercredi après les Rameaux 1279, porte que Pierre

Fonten.) Les carrefours étaient des lieux consacrés dans la religion Druidique. Cette coutume, ou pieux usage, de mettre sous la protection des dieux tout point de réunion, ou d'embranchement de deux, *Bivium*, de trois, *Tribuum*, et quatre chemins, *Quadrubium*, *Quadrivium*, n'était point particulière aux habitans de la Gaule. Un autel antique, déterré en 1744, près d'Avenche, *Civitas Elvitiorum Aventicus*, portait pour inscription :

       BIVIS
       TRIBVIS
       QVADRVBIS.

(*Exchaq., Dict. des ponts et chaus.*, p. 82. Cette ancienne superstition avait jeté de si profondes racines, surtout dans l'esprit des gens de la campagne, que, voyageant dans certaines parties du Poitou et du Limousin, il y a environ dix-huit ans, j'ai vu les paysans s'arrêter dans tous les carrefours ruraux qui se trouvaient sur la route qu'ils parcouraient, s'y agenouiller, et y réciter une courte prière, quoique, d'après tous les renseignemens que je recueillis sur les lieux, il n'y eût aucun souvenir, même traditionnel, qu'une croix fût précédemment plantée dans ces mêmes carrefours. Il paraît au surplus assez avéré que la plantation de ces sortes de croix, car il faut bien distinguer leurs diverses natures, eut

Gastineau et Hilairie, sa femme, transportent au chapitre de *Notre-Dame-la-Grande*, la propriété de la maison qu'ils possèdent dans le quartier BURGUM, *Marin*, laquelle maison était située entre l'église des *Frères-des-Sacs* et celle de Jean Nogent (1).

§ I. Monastère des Frères-des-sacs, et des Franciscains, ou Cordeliers.

M. Thibaudeau attribue à Hugues et à Gui de Lusignan, l'établissement des *Franciscains*, ou *Cordeliers*, dans une chapelle sous le vocable de S⁰-Catherine (2). On s'accorde assez

primitivement pour objet principal de détourner l'espèce de culte religieux rendu aux carrefours, avant l'établissement du christianisme. Très-postérieurement, sous le règne de François II, le fanatisme du peuple érigea de nouveau dans les rues et sur les routes, une foule de croix, etc., devant lesquelles on forçait les passans de s'incliner, et de contribuer pour leur entretien : mais le motif qui fit agir à cette époque était et devait être en effet très-différent du but qu'on se proposa lors de l'érection première des croix.

(1) *MS. de Fonten.*

(2) *Loc. dict.*, T. II, p. 95. Il n'appuie ce fait d'aucune preuve. Quels étaient ces personnages? Si la fondation était réellement avérée, je pense qu'elle

généralement à regarder comme leur fondateur à Poitiers, Alphonse de France, comte de Poitou (1). Le couvent de ces religieux fut bâti primitivement du côté droit de la rue actuelle du *Chaudron-d'Or*. Comme l'emplacement qu'il occupait était fort resserré, Gautier, évêque diocésain, et son chapitre, leur concédèrent, en 1295, un autre local qui y était contigu, et sur lequel avait été édifié le monastère des *Frères-des-Sacs*, ou de *la Pénitence* (2), plus connus sous le nom

ne pourrait alors être attribuée qu'à Hugues, XI du nom, dit *le Brun*, mort en 1260; ou à Hugues XII, son fils et son successeur. Quant à Gui, ce serait incontestablement Gui de Lezignem, sire de Cognac et d'Archiac, frère de Hugues XI, décédé sans postérité, en 1288.

(1) *Nov. Gall. christ.*, T. II, col. 1185, 1186.

(2) Il paraît que ce local était alors abandonné. On voit, en effet, que les *Frères-des-Sacs* avaient antérieurement transporté leur établissement dans un autre endroit; mais l'emplacement dont ils firent choix n'est point suffisamment connu. On peut seulement conjecturer qu'il était situé sur le fief du chapitre S.-Hilaire, d'après un traité daté du Samedi après la S.-Michel 1271, consenti entre les chanoines de cette dite église collégiale, et les *Frères-de-la-Pénitence*. Il est dit que ceux-ci ayant fondé, ou bâti de nouveau leur monastère sur un local planté

de *Fratricelles*, ou *Frérots*, dont les opinions, les désordres et la conduite immorale décidèrent la suppression de l'Ordre. Les donateurs ajoutèrent encore à cette première concession, du consentement du curé, le cimetière de la paroisse de *Notre-Dame-du-Palais*, qui se trouvait au-dessous de la clôture des *Cordeliers*. Ces moines rétrocédèrent, par forme de compensation, pour être converti en un nouveau cimetière, un emplacement dans le même endroit, faisant antérieurement partie des dépendances des *Frérots*, et le long duquel ils avaient élevé un mur qui fut conservé. Il fut en outre stipulé entre les parties, que, si par la suite on ouvrait une rue ou chemin public proche le nouveau cimetière, le mur existant serait regardé comme une dépendance de celui-ci (1). Il résulte de tous ces détails topographiques, que ce quartier de Poitiers, compris dans l'en-

en verger et en treilles, qui était passible d'une redevance envers l'église *S.-Hilaire*, ces religieux s'obligent de payer à cette dernière une rente annuelle de vingt sous, en forme d'indemnité. (*MS. de Fonten.*)

(1) *Ch.* apud. *Thibaud.*, *loc. dict.*, т. ii, p. 443, 444, n° xxix.

ceinte Visigothe, ne commençait à se bâtir que dans le treizième siècle. Le tombeau que Clément V fit élever, devant le maître-autel de l'église des *Cordeliers*, à l'évêque Gautier, que ce pape avait déposé précédemment, et renvoyé dans son cloître, a partagé le sort du monastère lui-même, qui ne subsiste plus.

§ II. Monastère des Frères-Prêcheurs, ou Jacobins.

L'évêque Guillaume (Prévost), IV du nom, appela à Poitiers les *Frères-Prêcheurs*, mieux connus sous le nom de *Dominicains* et de *Jacobins* (1), on ne sait pas précisément en quelle année, mais bien certainement entre celles 1217 et 1222. On doit le considérer comme le fondateur de leur monastère, dont le principal bienfaiteur fut Philippe. Avant Août de l'an dernier dit, ce doyen de l'église cathédrale concéda à Guillaume, alors prieur de ces religieux, et résidant à Poitiers, l'église de *Saint-Christophe* (2), dont on unit la

(1) *Nov. Gall. christ.*, т. II, col. 1183, *note* c.
(2) On voit cependant qu'elle appartenait à l'abbaye de *S.-Cyprien*, en vertu de la donation qui lui en avait été faite, vers 1096, par Hervé, archidiacre de Poitiers, et Pierre, son frère, qui la possédaient du chef de leur père. (*MS. de Fonten.*)

cure à celle de *Notre-Dame-du-Palais*, avec un enclos palissadé, et tous les emplacemens et terrains environnans qui dépendaient de cette dite église de *Saint-Christophe* (1). Devenu évêque du diocèse, le même Philippe fit encore don aux *Jacobins* d'une vigne, appelée *la Vicane*, avec toutes ses appartenances, située près de leur couvent; vigne dont Richard *Cœur-de-Lion*, roi d'Angleterre, comte de Poitiers, avait antérieurement gratifié Thibaut, neveu du donateur. Enfin, Philippe fit bâtir une maison près l'église des moines; et en témoignage de l'amour qu'il leur portait, il la leur concéda en *précaire*, la veille de la fête de Saint-Georges 1231 (2). Géofroi du-Pui-du-Fou, ou du-Fau, voulant aussi donner aux *Dominicains* une preuve de l'attachement de Hugues et de Valence de Lusignan, ses père et mère, qui avaient été inhumés dans leur église (3), fit augmenter les bâtimens de leur monastère (4).

(1) *Nov. Gall. christ.*, *ibid. Instrum.*, n° XVIII, col. 338.

(2) *Ibid.*, n° XIX, col. 339.

(3) Hugues du Pui-du-Fau était parent des anciens comtes de Poitiers, ducs d'Aquitaine. Après la mort de Richard *Cœur-de-Lion*, Aliénor, veuve de Henri II,

(4) Voyez cette note, pag. 399.

SECTION XVIII.

Monastère des Carmes.

Je n'ai trouvé aucuns titres relatifs à ce monastère : je me contenterai donc de rappor-

sa mère, étant venue se fixer à Poitiers, elle nomma Hugues son sénéchal en Poitou, et lui fit épouser auparavant Valence de Lusignan, aussi sa parente. Philippe-Auguste s'étant emparé du Poitou sur Jean *Sans-Terre*, continua Hugues dans ses fonctions de sénéchal. Aucune généalogie de la maison de Lusignan ne parle de Valence, femme de Hugues; cependant son existence ne peut être révoquée en doute, puisqu'elle est attestée par un auteur en quelque sorte contemporain. Besly fait mention d'une Valence, fille unique de Géofroi de Lusignan, frère de Hugues V, comte de la Marche, laquelle épousa Hugues l'Archevêque, sire de Parthenai. (*Comt. de Poit.*, p. 57.) Ce ne peut être la même personne qui fut mariée à Hugues du Pui-du-Fau. Je soupçonne que cette dernière pourrait bien avoir été fille de Jeanne de Montchensey, comtesse de Pembrock, et de Guillaume de Lusignan, quatrième fils de Hugues X, tige de la maison des comtes de Pembrock, qui prit le nom de Valence, que retint sa postérité; soit qu'il

ter ce qu'en a dit M. Thibaudeau (1). Les *Carmes* furent établis à Poitiers, vers le milieu du quatorzième siècle, par le fameux Jean Chandos. Ce grand Sénéchal de Poitou, sous la domination Anglaise d'Edouard III, fit bâtir leur maison, et l'on voyait encore ses armoiries dans le cloître avant la révolution.

SECTION XIX.

Quartier de la Porte-du-Comte

Le quartier, ou faubourg, Vicus de porta comitis, comprenait la rue anciennement nommée de *l'Intendance*, et se prolongeait jusqu'à *Saint-Didier*, église située sur le fief de

naquit en ce lieu, soit parce qu'il lui fut donné en partage avec plusieurs autres terres. Ce n'est, au surplus, qu'une conjecture.

(4) *Fragm. chron. Pict. et Aquit. princ., loc. dict.*, col. 1158, n° 20.

(1) *Loc. dict.*, T. 1, p. 307, 308.

Notre-Dame-la-Grande (1). Ce quartier de la *Porte-du-Comte* fut incendié, en 1346 (2), par l'armée Anglaise commandée par le comte de Derby (3). Un titre du 5 Mai 1350 (4), par lequel le chapitre de *Notre-Dame-la-Grande* permet la reconstruction d'une maison incendiée pendant ce siége de Poitiers, nous apprend que le quartier dont il est question ne fut pas en totalité la proie des flammes, mais seulement quelques habitations. Le comte de Derby fit publier une défense à ses soldats, sous peine de mort, de continuer à mettre le feu; et il ne resta que douze jours dans la ville.

(1) Je trouve cette église de *S.-Didier* mentionnée pour la première fois dans les titres recueillis par Dom Fonteneau, dans un acte du 12 Février 1277, quoique sa fondation soit certainement antérieure à cette époque.

(2) Ainsi qu'une partie du *Palais;* c'est ce qui obligea Jean de France, duc de Berri, à le faire rééditier.

(3) Le continuateur anonyme de la *chronique de Maillezais* fixe au 4 Octobre 1346, la prise de Poitiers par l'armée Anglaise, qu'il dit à tort commandée par le comte de Lancastre. *Ann. Maill.*, apud *Labbe, loc. dict.*; p. 248. (Vide *Froiss., loc. dict.*, ch. cxxxvi, p. 144.)

(4) *MS. de Fonten.*

D'après une ordonnance rendue à Poitiers, le 16 Juillet 1347, par Gui, comte de Forêt, lieutenant du roi en Poitou et en Saintonge, il fut défendu de tenir ouvertes plus de trois portes de la ville, pendant tout le tems de la guerre (1).

IIIe PARTIE.

Ire SUBDIVISION.

Rive gauche du Clin.

SECTION I.

Observations générales sur le SUBURBIUM.

Un assez grand nombre de titres que nous avons compulsés, renferment ces mots : INFRA QUINTAM CIVITATIS; INFRA QUINTUM MILLIARE. Les savans Bénédictins, éditeurs du *Glossaire de*

---

(1) Apud *Thibaud., loc. dict.*, T. II, p. 410 et suiv., n° XXIII.

la moyenne et basse latinité, par Ducange, ne déterminent point avec certitude le sens du mot QUINTA : ils semblent se référer à ce sujet au sentiment du docte Ménage. Cet auteur prétend, dans ses *Etymologies françoises* (1), que par QUINTA, *quinte*, terme qui se trouve également employé dans les titres relatifs aux anciennes provinces du Maine et de l'Anjou, comme *septaine* dans les titres du Berri, il faut entendre une juridiction composée de cinq bourgs; juridiction qui appartenait au *prévôt* de la ville capitale de la province, PRÆPOSITUS CIVITATIS. Ménage justifie cette opinion par les anciennes coutumes d'Anjou. On pourrait peut-être adopter cette signification du mot QUINTA, car nous compterons au moins cinq faubourgs, ou quartiers dans le SUBURBIUM de Poitiers, ville moderne : mais je pense que QUINTA CIVITATIS est une expression synonyme de QUINTUM MILLIARE, et que c'est pour cette raison que ces mots sont employés indifféremment l'un pour l'autre, pour désigner des localités situées dans un rayon de *cinq milles* de distance autour de Poitiers. Je crois encore que les anciennes paroisses des environs de cette ville, qui y étaient tenues aux

(1) T. II, p. 371, éd. de 1750.

guet et garde, une fois par mois seulement, d'après les lettres patentes de Charles VII, du 1er Juillet 1451, étaient les mêmes bourgs et hameaux qui ressortissaient primitivement de l'ancienne *Prévôté*, et qu'on ne fit alors que diminuer simplement le poids des charges qui pesaient sur leurs habitans, par suite d'un déplacement devenu arbitraire de la part des gouverneurs militaires. Ces paroisses étaient celles ci-après dénommées, dans le nombre desquelles se trouvent comprises, avec juste raison, celles du SUBURBIUM primitif de la capitale du Poitou, parce qu'elles étaient, à cette époque, renfermées dans l'enceinte de ses fortifications, et qu'elles devaient conséquemment contribuer à leur défense. Il n'est pas parlé de *Saint-Hilaire*, sans doute parce que l'on avait cru devoir respecter ses immunités, dont l'origine remontait, pour ainsi dire, au berceau de la monarchie.

Paroisses sujettes au *Guet* dans Poitiers.

Noms français.	Noms latins.
ANXAUMONT, AUZOMON...	ESSOMONS, EXOMUNDUM, EXOMUNDUS.
S.-SATURNIN, S.-SORNIN.	S. SATURNINUS.

Nieuil-l'Espoir, Niol.	Niolium.
Premaris-l'Abbaye, Primary, Primali, Prémali.	Pratus-Maledictus.
Les Roches.	
Mignalou.	
Beauvoir.	Bellum-Visere.
S.-Julien-l'Ars, ou l'Arc.	S. Julianus-Arsus, Arcus.
Lavoux.	Lavatorium, Laliacum.
Liniers, Liners.	Linalias, Linarias, Linarium, Linalium.
Montamisier.	Mons-Miserus.
Baignoux, Baigneux, Bignoux.	Banonium.
Busseroles, Buxeroles.	Buxeriolas.
Tercé.	
La Celle-hors-Poitiers.	Cella S. Hilarii.
S.-Germain.	S. Germanus.
M ntierneuf.	Monasterium novum.
Les Bordes-près-Noaillé.	Adillas-Bordas.
Ligugé.	Locociacum, Locogeiacum, Locuciacum.
Vouneuil.	Volienolus, Volonus.
Migné, Maigné, Meigné.	Magnecium, Magniacum, Migniacum.
S.-Benoit.	S. Benedictus de Quinciaco.
Sᵉ-Radégonde-hors-Poitiers.	S. Radegundis.
Smarve, Samarve.	Samardum, Samarda, Samarvia.
Savigné-l'Evescaut.	Savigniacus episcopalis.
La Ville-Dieu.	

La Fontaine-le-Comte.	Fons-Comitis.
S.-Romain.	S. Romanus.
La Chapelle-de-Moulières, Mollières.	Jamias, Januas, Molerias.
Bouxie.	Buxia.

Apud *Thibaud.*, *loc. dict.*, t. III, p. 98.

SECTION II.

Ville, monastère, et subséquemment collégiale de S.-Hilaire-le-Grand.

Dom Estiennot, suivant les auteurs de la *Nouvelle Gaule chrétienne*, prétend que l'église sous le vocable de *S.-Hilaire*, fut bâtie par ce prélat (1). M. Thibaudeau attribue également sa construction au saint évêque, son patron. Il dit qu'elle fut, pendant quelque tems, sous l'invocation de S. Jean et de S. Paul, et qu'il existait tout auprès un monastère sous le gouvernement d'un abbé (2). L'assertion de cet auteur ne mérite pas de

---

(1) *Nov. Gall. Christ.*, t. II, col. 1123, *note* a.
(2) *Thibaud.*, *loc. dict.*, t I, p. 49.

confiance : elle n'est appuyée que sur un titre dont l'ignorance grossière du rédacteur atteste irrévocablement la fausseté (1). Quoi qu'il en soit, l'église de *S.-Hilaire* doit être considérée comme étant d'une fondation très-ancienne. Elle existait, lorsque Chludwig marcha contre Alaric II, et c'est de son enceinte, ou peut-être mieux de son clocher, que dut partir le globe, ou colonne de feu, qui sembla se diriger sur la tente du roi des Francs, pour ajouter, par cette protection visible du Ciel, à son courage contre les hérétiques, avec lesquels il allait mesurer ses armes (2).

(1) *Ibid.*, p. 392. n° v.
(2) *Greg. Turon., Hist. Franc.*, L. II, C. XXXVII, col. 93. « Un météore enflammé, suspendu au-dessus » de la cathédrale de Poitiers, dirigea sa marche » pendant la nuit, et ce signal, qui pouvait avoir été » concerté avec le successeur orthodoxe de saint » Hylaire, fut comparé à la colonne de feu qui gui- » dait les Israëlites dans le désert. » (*Gibb., loc. dict.*, T. VII, CH. XXXVIII, p. 39.) Le météore, ou colonne de feu, n'importe le nom qu'on voudra lui donner, ne dut point être *suspendu* au-dessus de la cathédrale de Poitiers, car l'emplacement de celle-ci était dans la partie la plus basse de la ville; conséquemment on n'eût pu l'apercevoir que difficilement. D'un autre côté, comment les Visigoths n'eussent-ils pas

Il paraîtrait, d'après la chronique d'Ademar de Chabanais, que l'église de *S.-Hilaire*

suspecté, ou regardé comme un signe d'intelligence avec l'ennemi, qui était presque en vue, cette espèce de *météore enflammé*, suspendu, sous leurs yeux, au-dessus de la cathédrale! L'église de S.-Hilaire, au contraire, était en dehors de l'enceinte de la ville, par conséquent sujette à une surveillance moins rigoureuse, et elle était bâtie sur un coteau élevé, appelé dans les anciens titres et chroniques *mons Gorgonius*, ce qui permettait de la distinguer aisément. Ecartons le merveilleux du récit de Grégoire de Tours, et voyons quels furent les moyens dont se servit habilement Chludwig, pour miner sourdement l'autorité d'Alaric dans la Gaule, avant d'en venir à une rupture ouverte. Il faut regarder comme une vérité incontestable, que les passions religieuses tendent toujours, de plus en plus, à relâcher le lien qui doit attacher le citoyen au gouvernement sous lequel il vit. Euric, père d'Alaric, avait persécuté les évêques catholiques. Neuf d'entre eux, dont deux de la seconde Aquitaine, ceux de Bordeaux et de Périgueux, avaient été punis de leur zèle par la prison, l'exil et la confiscation. (Vide *Sidon Apollin.*, L. VII, épist. VI, p. 182 et suiv.; éd. *Sirmond*; Greg. Turon., *loc. cit.*, c. xxv, col. 77, et *note* d.) Les peuples de l'Aquitaine ne pouvaient souffrir qu'avec peine les reproches continuels de leurs oppresseurs, qui les accusaient de préférer à leur gouvernement celui des Francs. (*Greg. Turon.*, *ibid.*, c. xxxvi, col. 91.) Chludwig, en lançant d'un bras

fut incendiée par les Sarrasins (*), en 732 (*).
Elle devint de nouveau la proie des flammes

nerveux sa hache de bataille, avait promis d'élever une église en l'honneur des SS. Apôtres dans l'endroit où tomberait sa *francisca*. (*Gest. Franc.*, apud *Bouq., loc. dict.*, T. II, p. 554.) Pour mettre le clergé dans ses intérêts, il ne parlait que de défendre la divinité du Verbe et la consubstantialité du Père et du Fils. (*Gaill., Hist. de Charlem.*, T. I, p. 80.) L'exil de Quintianus, évêque de Rhodez, le plus chaud partisan du monarque Franc, exaspéra plus fortement encore les esprits, et le zèle des catholiques finit par se convertir en une conspiration formidable. Le globe de feu qui fut remarqué par l'armée de Chludwig, n'était qu'un signal convenu, qui apprenait à ce prince l'évacuation de Poitiers par Alaric. Grégoire de Tours donne assez à entendre (L. II, C. XXXVI; L. III, C. II; L. X, C. XXXI, n° 7) qu'il y eut un traité préalable conclu entre les évêques du royaume des Visigoths et le roi Franc. (Cependant ces mêmes évêques, réunis dans le concile tenu à Agde le 11 Septembre 506, disaient: *Cum in Dei nomine et permissu Regis.. sancta Sinodus convenisset... ibique flexis genibus in terra pro regno ejus.. deprecaremur, ut qui nobis congregationis permiserat potestatem, regnum ejus Dominus felicitate extenderet justitia gubernaret, virtute protegeret.* Alaric II fut en effet un prince humain et tolérant.) L'existence de ce traité ne saurait être

(*) Voy. ces deux notes, pag. 410.

à plusieurs époques, comme nous l'avons indiqué ailleurs, et elle n'était point encore révoquée en doute, puisque quelques-uns de ses articles sont en quelque sorte mentionnés dans une lettre que Chludwig leur fit écrire après sa conquête, et dans laquelle il se prévaut de remplir rigoureusement les conditions stipulées. (Apud *Bouq.*, *loc. dict.*, T. IV, p. 54, n° VII.) Les évêques avaient trouvé d'autant plus de facilité à favoriser ses armes, que, tout motif religieux et d'intérêt à part, ils devaient être certains de la coopération des habitans de l'Aquitaine. En effet ceux-ci s'étaient vu dépouiller des deux tiers de leurs propriétés par les Visigoths (*Cod. Wisig.*, L. X, tit. I, C. VIII, apud *Bouq.*, *loc. dict.*, T. IV, p. 428, 429), dès qu'ils furent devenus maîtres de cette province. Il est plus que croyable que, pour s'en ménager la possession, indépendamment des avantages civils qu'offrait le gouvernement des Francs, Chludwig se sera obligé à rendre aux anciens propriétaires quelque partie des terres qui leur avaient été enlevées; et que, par ce moyen, il les attacha entièrement à son parti. Ce qui le prouve assez évidemment, c'est que ce monarque ne laissa ni ne mit aucune garnison dans la seconde Aquitaine après sa conquête. Il y avait donc un accord précédemment conclu, tellement avantageux pour les habitans de cette province, qu'il rendait le roi des Francs certain de leur fidélité à sa personne. La politique, dans cette circonstance, était d'ailleurs commandée par l'impossibilité où il

reconstruite en 877 (1). Les moines qui la desservaient, l'avaient abandonnée depuis les incursions des Normands. Nous voyons néanmoins qu'Ademar, comte de Poitiers, décédé le 29 Mars 926, et non pas 930 (2), fut inhumé près ou devant la porte de cette église,

se trouvait de disposer de toute la portion des terres précédemment enlevées par les Visigoths; car les Francs ne restaient plus qu'en très-petit nombre à établir. La colonie militaire que Chludwig fonda dans la Saintonge et le Bordelais, et qui fut ensuite renouvelée par Charlemagne, ne doit être considérée que comme une espèce de camp-volant, établi dans le principe pour purger l'Aquitaine du reste des Visigoths qui s'y étaient réfugiés. (*Gest. Franc.*, c. XVII.) Observons enfin que le fondateur de la monarchie française ne paraît s'être réservé, en Aquitaine, que des *bénéfices*: quant aux *terres saliques*, on n'en trouve point dans le commencement de la conquête; mais postérieurement les *bénéfices* furent successivement concédés par le souverain, soit en simple jouissance, soit à perpétuité, aux *Leudes*, ou *Fidèles*. (Vide *Marculf. Formul.*, L. I, nos III, IV, XVII.)

(*) *Chron. Adem.*, loc. cit., p. 153.
(*) *Chron. Fred. Scot.*, pars II, apud *Greg. Turon.*, Op., col. 675.
(1) *Chron. Matteac.*, loc. cit., p. 199.
(2) *Art de vérif. les dat.*, p. 712, col. 1; éd. de 1770.

le 2 Avril suivant (1). Ebles, évêque de Limoges, fils puîné d'Ebles, dit *Manzer*, ayant été pourvu par Guillaume I et III du nom, dit *Tête-d'Étoupes*, comte de Poitiers, son frère, de l'abbaye de *S.-Hilaire* (2), y plaça des chanoines, et fit bâtir la petite ville de ce nom, dont un mur nouvellement construit en 942, formait la clôture. Le 5 Janvier de la même année, Louis IV, surnommé d'*Outre-Mer*, alors à Poitiers, leur en confirma la propriété, ainsi que celle des terres et emplacemens en dehors de l'enceinte de leur ville, et de toutes les autres possessions quelconques dont ils jouissaient dès-lors (3).

(1) *Brev. chron. Norman.*, apud *Marten. Thes. anecd. nov.*, T. III, col. 1448; *Chron. Malleac.*, *ubi suprà*, p. 202; *Besly, Comt. de Poit.*, p. 207.

(2) Lorsque les comtes de Poitiers se faisaient installer abbés de *S.-Hilaire*, l'archevêque de Bordeaux et l'évêque de Poitiers lui mettaient en main une lance et un étendard. Tel fut le cérémonial pratiqué à l'installation de Richard *Cœur-de-Lion*. (*Chron. Gauf. pr. Vos*, apud *Labbe, loc. dict.*, T II, p. 318.) Le trésorier était le premier dignitaire du chapitre, et jouissait du droit de porter *la mitre*.

(3) *Chron. Adem., ubi suprà*, p. 166; *Chron. Malleac., loc. cit.; Besly, loc. dict*, p. 244, 245, 365.

Il est donc constant que la ville de *Saint-Hilaire* (1) était fermée de murs, et par conséquent fortifiée. Un titre, daté de Mars 967, parle d'une *fausse porte* de sa clôture, c'est-à-dire, qui ne s'ouvrait que rarement, laquelle était située près la petite église de *Sainte-Triaise* (2). L'évêque Ebles, dont nous avons déjà parlé, concéda, vers 975 ou 976, à son chapitre collégial, quelques maisons qu'il avait fait bâtir INTRA MUROS, et leurs dépendances, ainsi que *sa houillerie*, HOLERUM, à l'Ouest de l'église (3). Une dotation *en précaire*, c'est-

---

(1) Il y avait dans la ville de *S.-Hilaire* une foire qui se tenait à l'époque de chacune des deux fêtes de cet ancien évêque de Poitiers, et qui durait trois jours. Les droits résultant de ces foires appartenaient au chapitre. *(MS. de Fonten.)* Par lettres patentes de Louis XII, datées du 28 Mars 1498, la même ville de *S.-Hilaire* fut avantagée d'un *marché*, tous les mardis de l'année. *(MS. de Fonten.)*

(2) *MS. de Fonten.*

(3) *Ibid.* D'après Ducange, HOLERUM signifie *houiller*. Ce serait donc un local affecté au dépôt de la houille à l'usage de ce prélat. Ceci me paraît assez extraordinaire : je soupçonne fort qu'il y a erreur dans la copie du titre original, qui fait aussi mention de deux *fenils* situés à l'*Ormeau*, AD ARBOREM ULMEAM, en dehors de la ville. Je lirais donc OLERUM, en retranchant la lettre *h*, et alors ce mot

à-dire, avec réserve de jouissance, que l'on croit avoir été faite vers 1012, par Gislebert et Ademar, en faveur du chapitre de *Saint-Hilaire*, se composait d'un certain héritage patrimonial, consistant en un domaine d'exploitation, vignes, maisons, et une tour (1). Un autre titre de 1016, parle de *la porte* méridionale qui s'ouvrait sur *la voie publique* (2), laquelle se divisait en deux branches : l'une conduisait au *pont-Achard*, l'autre aux moulins du chapitre (3).

L'église collégiale, dont une portion est encore debout, fut commencée par Adèle d'Angleterre, femme d'Ebles, dit *Manzer*, comte de Poitiers. Gaultier Coorland en dirigea la construction en majeure partie, et Agnès de Bourgogne, troisième femme de Guillaume III et V, fit perachever l'édifice. Sa dédicace date du 1er Novembre 1049 : treize archevêques

---

me paraîtrait désigner une *huillerie*, ou peut-être mieux encore un *jardin potager*.

(1) *MS. de Fonten.* On remarque encore une tour assez élevée dans la maison aujourd'hui possédée par mademoiselle de la Chénais. Je ne prétends pas dire cependant que cette tour soit la même que celle dont il est question dans le titre.

(2) *MS. de Fonten.*

(3) *Ibid.*

et évêques y assistèrent (1). Son clocher s'écroula le 22 Janvier 1591. Celui actuel fut commencé et achevé l'année suivante : sa construction coûta au chapitre *cent écus sol*, suivant le marché qui en fut passé le 25 Janvier 1592 (2).

On trouve sur une pièce du mur extérieur d'une chapelle de l'église de Saint-Hilaire, du côté Sud-Est, une inscription mutilée, dont les caractères permettent de la faire remonter à l'époque de la reconstruction par Agnès de Bourgogne.

§ I. Eglise de S.-Michel.

Le cimetière situé près la collégiale de *S.-Hilaire*, renfermait une église paroissiale sous le vocable de *Saint-Michel*. Le chapitre, du consentement du curé, la supprima, par une délibération capitulaire, datée du 19 Janvier 1416, N. S., et sa circonscription fut divi-

---

(1) *Chron. Matteac.*, *loc. dict.*, p. 209; *Besly, ubi suprà*, p. 319. Le moine Martin attribue à Agnès de Bourgogne la reconstruction totale de l'église. (*Fragm. hist. Monast. nov.*, *loc. dict.*, col. 1212.

(2) *MS. de Fonten.*

sée entre les trois paroisses du SUBURBIUM dont nous parlerons (1).

SECTION III.

SUBUBBIUM de la ville de S.-Hilaire.

§ I. Eglises de S.-Pierre et de S.-Jean, dites l'Hospitalier, ou l'Houstaut.

Tout le *suburbium*, ou les quartiers en dehors de l'enceinte de la ville de *Saint-Hilaire*, étaient primitivement exploités comme terre labourable, ou plantés en vignes : tel était encore l'état des lieux dans les dixième et onzième siècles. La renommée des vertus du saint évêque s'étant de plus en plus répandue, on vit bientôt accourir de tous côtés une foule de personnes jalouses de visiter son tombeau, et de réclamer son intercession. Ce concours de dévots donna naissance à l'établissement connu avant la révolution, sous le nom de l'église de *Saint-Jean-l'Hos-*

(1) *MS. de Fonten.*

pitalier, et par corruption *Saint-Jean-d'Houstaut*. Le titre le plus ancien qui le relate, est une charte datée de Juin 942, par laquelle Guillaume I et III, dit *Tête-d'Etoupes*, comte de Poitiers, duc d'Aquitaine, fait don à Géofroi, prêtre de Saint-Hilaire, des dépendances de l'église de *Saint-Jean*, dite de *Saint-Germain*, près de la ville de *Saint-Hilaire*, dépendances limitées de trois côtés par la *voie publique* (1). Ce surnom d'*Hospitalier* donné à l'église *Saint-Jean*, provient-il de la réunion qui lui fut faite de l'établissement de S.-Pierre, surnommé *ex hospitale*, *ex hospite pauperi*, c'est-à-dire, destiné à y recueillir les pauvres pèlerins, dont il est fait mention dans un titre unique, daté de Mars 967 (2)? Nous l'ignorons.

§ II. Eglise de S^e-Triaise.

Je ne trouve point de monument historique relatif à l'église de *Sainte-Triaise*, antérieurement à 965. En Mai de cette année, et ensuite en Mars 967, Archambaud, prêtre et chanoine de Saint-Hilaire, vendit à Salomon, diacre du

(1) *MS. de Fonten.*
(2) *Ibid.*

même chapitre, une terre labourable située sur le sommet du coteau, et confrontant à la vigne de *Sainte-Triaise*, dont le chapitre de *Saint-Hilaire* assura la jouissance à ces donateurs, qui lui payèrent en outre une somme de cent sous (1).

Les modillons de la façade principale, ou porte d'entrée de l'église de *Sainte-Triaise*, indiquent une construction du onzième siècle. Le corps du bâtiment est absolument moderne (2) : mais on remarque du côté de l'ancien cimetière (3), une espèce d'écusson, ou panonceau carré, incrusté dans le mur, au-dessus d'une ouverture bouchée en maçonne; écusson sur lequel sont sculptées deux figures en ronde-bosse, dont les têtes reposent, chacune isolément, sur une auréole, ou *nimbus*. La principale figure, c'est-à-dire la plus grande, représente saint Hilaire, regardant sainte

_____

(1) *Ibid.*

(2) Il me paraît être de 1621, au moins en partie : cette date se trouve inscrite au-dessus d'une porte latérale, qui a son ouverture dans la petite *ruelle* qui conduit à la rue de *la Tranchée*.

(3) Il y avait anciennement dans ce cimetière une chapelle sous le vocable de Saint-Agon. (*Besly*, *Evêq. de Poit.*, p. 2.)

Triaise, la tête nue, la main droite élevée, revêtu d'une tunique, ou chasuble de forme antique (1), *casula*, terminée en pointe sur le devant, et garnie de pierres précieuses figurées par de petites éminences rondes et coloriées, ou plutôt de *patagium*, clous d'or, dont on ornait les tuniques. On lit derrière le saint :

†
I
L
A
R
I
V
S

La seconde et plus petite figure, représente une femme, le corps tourné et un peu penché vers saint Hilaire, la tête couverte d'un long voile, qui ne cache point la figure,

---

(1) Dans la vignette, p. 1, tome v du recueil de *Dom Bouquet*, on a représenté deux prélats revêtus d'une chasuble de même forme, qui assistent le pape Etienne sacrant le roi Pépin, en 754, dans l'église de S.-Denis.

mais seulement une portion du front et le derrière de la tête, d'où il revient pour couvrir les épaules. Ce voile est enrichi au-dessus du front, de pierres, ou clous, de même forme que ceux qui décorent la chasuble de saint Hilaire; le dos de la figure est couvert d'un manteau. Ce voile paraît assez ressemblant au RICA, que portaient les prêtresses Romaines, de qui nos religieuses l'auront emprunté (1). Quant au manteau, PALLA, il distinguait les Vestales. On lit au-dessus de la figure : SX TROECI
Ā.

§ III. Eglise de Notre-Dame-la-Chandelière.

L'église de *Notre-Dame-la-Chandelière* est mentionnée dans un titre de Février 997 : elle touchait d'un côté des terrains en *complant* (2). Le 1ᵉʳ Novembre 1049, Guillaume, V et VII du nom, comte de Poitiers, et Agnès

---

(1) Cependant on doit remarquer que, sous la première race de nos rois, le voile faisait partie de l'habillement des femmes, et particulièrement des princesses. Le vêtement ordinaire de leur sexe était alors le *mafors*, genre d'habit fort large, qui couvrait la tête et les épaules.

(2) *MS. de Fonten.*

de Bourgogne, sa mère, concédèrent au chapitre de S.-Hilaire, un certain autel qui avait appartenu anciennement à cette collégiale, et qu'on devait consacrer sous le vocable de S.-Sauveur et de Notre-Dame (1). La charte était étiquetée *Notre-Dame-la-Chandelière*, B. Maria de Candellaria, surnom qui fut donné à cette église, probablement à raison de ce que les chanoines y allaient anciennement en procession, ou y faisaient une station le jour de la Purification. Je présume que ce surnom *la Chandelière* n'est point celui primitif, et que cette paroisse s'appelait dans le principe *Notre-Dame-entre-les-Églises*. Jean de Bérenger, qui prenait le titre de son curé, en 1261, arrenta, cette même année, le dimanche où l'on chante *Isti sunt dies* (dimanche de la Passion), à son confrère le chanoine Géofroi de Pontyes, une certaine treille qui relevait des clercs du chœur de S.-Hilaire de Poitiers (2).

§ IV. Etang de S.-Hilaire.

En 1143, Louis VII, en sa qualité de duc d'Aquitaine, comme mari d'Aliénor, accorda

(1) *MS. de Fonten.*
(2) *Ibid.*

au Trésorier du chapitre de S.-Hilaire, la permission de créer de nouveaux domaines, de bâtir des moulins sur l'une et l'autre rive (de la Boave) (1), et de pratiquer des étangs, tant sur le mont *Gorgon*, ou *Gorgion*, qu'au *pont-Achard*, et dans les environs, sur les dépendances propres et sur les eaux de ladite église collégiale, à la charge par ce Trésorier de ne déroger en rien à l'arrangement précédemment conclu entre lui et les chanoines (2). Par une autre charte de la même époque, le même monarque permet à ces derniers, d'après leur demande, et sur le rapport qui lui a été fait des avantages qui en résulteraient pour leur chapitre, et pour l'ornement et la sûreté de la ville de Poitiers, de créer des étangs, et de bâtir des moulins sur les terrains et dans les eaux qui leur appartenaient au-dessous de leur église (3). Louis VII ne se borna pas à cette simple autorisation : il adressa aux *Prévôt* et habitans de Poitiers, une injonction pour qu'ils eussent à aider de tous leurs moyens les chanoines de *S.-Hilaire*, dans la confection des ouvrages qu'ils se pro-

(1) Il y en avait alors quatre.
(2) *Besly, Comt. de Poit.*, p. 483, 484.
(3) *MS. de Fonten.*

posaient d'effectuer (1). Ce n'est donc que de cette époque qu'il faut dater l'existence du marais infect et insalubre du *pont-Achard*, marais desséché depuis la révolution, mais trop imparfaitement dans certains endroits.

§ V. Place des Trois-Fours.

Une maison, rue de *la Tranchée*, sur les murs de laquelle j'ai vu trois fours représentés, rappelle l'ancien emplacement de la place de ce nom, dont il est parlé dans une charte de concession accordée par Aliénor d'Aquitaine, sous l'an 1205 (2).

§ VI. Aumônerie de la Madeleine, dite de S.-Antoine.

L'autorisation de fonder l'*aumônerie* dite de *S.-Antoine* fut accordée par délibération du chapitre collégial de S.-Hilaire, en date du 27 Juin 1363. La charte de fondation est du 9 Janvier 1364, N. S. Elle est due à l'humanité de Pierre Daillé, chanoine de cette même église de S.-Hilaire, qui fixa à quinze le nombre des lits destinés à recevoir tout

(1) *MS. de Fonten.*
(2) *Besly, loc. dict.*, p. 497.

pauvre infirme, étranger, ou domicilié, et les femmes en couche. Le desservant devait être un chanoine de la collégiale de S.-Hilaire, avec la clause que le titulaire de ce bénéfice serait tenu de se faire ordonner prêtre dans l'année de sa nomination, s'il ne l'était pas encore au moment où elle aurait lieu. Il devait en outre résider dans la maison, et y célébrer la messe au moins trois fois par semaine. Cette *aumônerie*, ou hospice sous le vocable de *Notre-Dame-S.-Hilaire-S^e-Marie-Madeleine-et-S^e-Radégonde*, fut établie dans la maison même du fondateur, qui comportait déjà une chapelle, avec son clocher et sa cloche. Une rente annuelle de vingt sous fut créée, par forme d'indemnité, au profit du curé de *Ste-Triaise*, sur la paroisse duquel se trouvait l'établissement. Toutes ces dispositions furent confirmées et homologuées par acte capitulaire du 18 Janvier de la même année 1364. Mais après un certain laps de tems, la modicité du revenu de la maison décida les chanoines de S.-Hilaire à réunir ce bénéfice à une *hebdomade* de leur collégiale, par une délibération du 24 Novembre 1422 (1). Elle en fut distraite définitivement

(1) *MS. d Fonten.*

dans le dernier siècle, suivant M. Thibaudeau (1), et réunie à l'hôpital général de Poitiers, sur le fondement que l'administration de *l'aumônerie de la Madeleine* était simplement laïque.

§ VII. Cimetière de Ste-Loubette, depuis Monastère des Capucins; Eglise de S.-Grégoire.

Suivant Bouchet, l'emplacement du *couvent des Capucins* (2) fut occupé très-anciennement par un cimetière où sainte Loubette reçut la sépulture (3), et dans lequel on éleva par la suite une église sous le vocable de *S.-Grégoire* (4). Elle était, en effet, située *in suburbio Pictavii*, dans les dehors de Poitiers; et elle dépendait, en 1119, de l'abbaye de *la Trinité* (5). Par un traité de 1186, le chapelain de l'église de *S.-Grégoire*,

(1) *Loc. dict.*, T. 1, p. 77.
(2) La première pierre en fut posée, en 1610, par les officiers du présidial, au nom et par commission de Louis XIII. (*Thibaud., loc. dict.*, T. VI, p. 240, 241.) Ce monastère est abattu.
(3) Vide ci-dessus, IIe *partie*, *section* IX.
(4) *Annal. d'Aquit.*, 1re part., CH. V, p. 17.
(5) *Bull. Calix* II, apud *Thibaud., loc. dict.*, T. 1 p. 478 et suiv., n° XXV.

située près le quartier *S.-Hilaire* (1), se reconnut, en sa dite qualité, redevable d'un cens annuel de douze deniers, envers les chanoines de la collégiale susdite (2).

§ VIII. Gillevert.

Gillevert, ou *Chillevert*, Gilevertum, Chillevertum, était le nom d'un domaine rural, villa. Deux titres, l'un daté de Février, et l'autre de Mars, vers l'an 990, nous apprennent que plusieurs terrains environnans, dont un s'appelait Alagarda, avaient été

---

(1) Une ordonnance du mercredi (22) Juillet 1265, rendue par Thibaud de Neuvi, Sénéchal de Poitou, régla, d'après la volonté du comte de cette province, qu'en conformité des priviléges dont jouissait le chapitre de *S.-Hilaire*, les condamnés à mort ne seraient plus dorénavant conduits au supplice par le chemin qui, passant sous l'église de *S.-Grégoire*, tendait à celle collégiale de *S.-Hilaire*. (*MS. de Fonten.*) Louis XI, par ses lettres patentes, datées de septembre 1481, enregistrées au parlement le 5 Janvier 1482, confirma ce privilége des chanoines d'empêcher qu'un criminel passât sur leur bourg. (*Chop. De jurid. Andeg.*, L. I, c. XLVIII, par. VI, p. 474, note 5; éd. de Par. 1611.)

(2) *MS. de Fonten.*

vendus ou concédés en *complant*, c'est-à-dire, pour y planter des vignes (1).

§ IX. Tombeaux cloisonnés.

En fouillant sur un emplacement, ou terrain vague, situé à l'entrée du faubourg actuel de *la Tranchée*, vallum, à gauche de la route de Paris à Bordeaux, dans un endroit où il exista, dit-on, jadis un chapelle, on découvrit, en 1819, des tombeaux cloisonnés très-grossièrement, dont les séparations ne consistaient qu'en pierres plates, minces, et non polies. Les cadavres qui y avaient été déposés, ceux du moins qui furent mis à découvert, portaient sur l'épaule droite un pot de terre, à cou fort étroit relativement à la panse, rempli vraisemblablement de l'eau *démonifuge*, ou eau bénite, orné d'une manière aussi singulière qu'inusitée de nos jours, et revêtu extérieurement, mais dans le haut du vase seulement, d'un vernis grossier dû à une préparation de plomb; ce qui prouve que ces vases sont d'une fabrique assez moderne.

(1) *MS. de Fonten.*

SECTION IV.

Église et quartier de S.-Germain.

En dehors de l'enceinte Visigothe de Poitiers, entre cette ville et le bourg de *Montier-neuf*, on trouvait le quartier appelé *Saint-Germain*. Il ne nous est connu que par l'existence d'une église sous ce vocable. Elle fut primitivement une dépendance de l'ancienne abbaye de *Saint-Paul*, dont Isembert, évêque de Poitiers, disposa, le 10 Juillet 1083, en faveur du monastère de *Montier-neuf* (1).

§ I. Marché-neuf.

Il faut placer dans le quartier de Saint-Germain le *Marché-neuf*, dont il est fait mention dans une charte de 1087, en faveur de *Montier-neuf*. Ce *marché* existait déjà à cette époque, et l'on avait bâti dans ses environs, puisqu'il est parlé d'une rue concédée

---

(1) *Besly, loc. dict.*, p. 387.

au même monastère, à qui on fit don en outre, et en toute franchise, de tout ce qu'il pourrait acquérir dans la même localité, jusqu'aux murs d'enceinte de la ville de Poitiers (1). Dans un titre de 1280, il est question d'une maison, située dans le *lieu d'Asile* du *Marché-neuf*, IN SALVERIA IN FORO NOVO (2). L'emplacement de ce *marché* est aujourd'hui occupé, à ce qu'il me paraît, par le haut de la rue de *la Chaîne*, l'entrée de celle dite de *la Prévôté*, et la pointe Nord de la place du *Pilori*.

SECTION V

Ville de Montier-neuf.

L'époque précise du commencement de la construction de *Montier-neuf*, MONASTERIUM NOVUM, est assez incertaine. Les uns la datent de 1066 (3), d'autres de 1069 (4). Ce

(1) *Besly, loc. dict.*, p. 404.
(2) *MS. de Fonten.*
(3) *Nov. Gall. christ.*, T. II, col. 1165.
(4) *Chron. Malleac.*, apud *Besly, Comt de Poit.*,

monastère fut fondé par Gui-Géofroi, dit Guillaume, VI du nom, comte de Poitiers, VIII du nom, duc d'Aquitaine, second fils de Guillaume III et V, surnommé *le Grand*, et d'Agnès de Bourgogne, sur un emplacement nommé *Chassaignes,* CASSANIAS, hors l'enceinte de Poitiers (1). Les motifs du fondateur furent, suivant l'usage du siècle, ainsi que l'exprime la charte dans laquelle ils sont énumérés, l'énormité de ses crimes, la rédemption de son âme, de celles de ses père et mère, et de toute sa parenté. Le titre de donation est de 1077 (2), le 28 Janvier, ce qui

---

p. 347. Martin, moine de *Montier-neuf*, a écrit l'histoire de ce monastère. D'après le fragment qui nous en est parvenu, il paraîtrait que les fondemens n'en furent jetés qu'en 1076 : mais comme l'indiction relatée, ainsi que les années du pontificat de Grégoire VII, et du règne de Philippe I, sont évidemment fautives, il est à croire qu'il y a erreur de copiste.

(1) *Bull. Urb.* II, apud *Marten. Thes. anecd.*, T. I, col. 268; *Fragm. chron. Pict. et Aquit. princ.*, apud *Marten. Coll. ampliss.*, T. V, col. 1150, n° 10.

(2) Le monastère était sous le vocable de la vierge et des apôtres S. Jean et S. André. Il fut donné, dès 1075, à Hugues, abbé de Cluni. Gui, premier abbé de Montier-neuf, fut intronisé le 22 Janvier 1082. (*Fragm. hist. mon. nov.*, apud *Marten. Thes. anecd. nov.*, T. III, col. 1214.

prouverait que l'année continuait toujours de commencer *à Noël*, dans le Poitou, et que l'on comptait l'indiction de la même époque, ou du 1ᵉʳ Janvier, puisqu'on lui assigne le nombre xv, la quatrième année du pontificat de Grégoire VII. Ces indications, parfaitement exactes, doivent servir à corriger la date du diplôme de confirmation accordé par Philippe I, roi de France (1), le 15 Octobre, l'an de l'Incarnation 1076, et la dix-neuvième année de son règne. Le monarque dit qu'il ne pouvait faire apposer son sceau, parce qu'il ne l'avait point apporté, s'étant rendu en toute hâte à Poitiers, et presque comme un simple particulier, pour obtenir du secours du duc d'Aquitaine, contre Guillaume, roi d'Angleterre, duc de Normandie, qui assiégeait alors un château en Bretagne (2). Ce château était celui de Dol, dont Philippe parvint à faire lever le siége. Or, cette expédition est, non pas de 1076, mais de 1077, ce qui cadre avec le

---

(1) On ne demandait cette confirmation au monarque, que parce que, suivant la maxime généralement établie alors, un vassal quelconque ne pouvait pas diminuer la valeur du fief qu'il avait reçu.

(2) *Chron* apud *Besly, Comt. de Poit.*, p. 365, 366.

nombre des dix-neuf années mentionnées du règne de Philippe I, dont le commencement est ici pris du 23 Mai 1059, jour que Henri I, son père, le fit sacrer.

La charte de dotation consentie par le duc d'Aquitaine est extrêmement intéressante. Guillaume constitue et confirme l'indépendance et la franchise du monastère, et de ses possessions actuelles et futures. Il stipule que la ville, ou bourg qui se bâtit autour et sur les dépendances du couvent, sera tellement libre et franc, que si quelque individu venait à s'y retirer, soit par crainte de son seigneur, soit à raison de quelque *forfaiture*, il ne pourra non-seulement y être inquiété, mais il jouira de la même immunité que s'il était réfugié dans une église, jusqu'à ce qu'il ait composé pour le délit dont il se serait rendu coupable, ou qu'il puisse abandonner cet asile avec sécurité. Tous les habitans du Burgum, est-il dit, et les étrangers qui viendront s'y établir, ainsi que leur famille, demeureront à l'abri de tout *sévice* de la part des gens du donateur. Il détermine que ce droit de *franchise* sera personnel tant aux moines, qu'à tout autre individu quelconque domicilié dans toute l'étendue de leurs possessions. Il ôte à ses enfans, à son épouse, à ses parens, à son *prévôt*, et à toute personne attachée à son service, la faculté d'exiger le droit de *gîte et procuration*, c'est-à-dire, de s'y faire héberger et défrayer, et de pouvoir y lever *la taille*. Les vassaux du monastère sont exemptés de l'obligation de prendre les armes pour les *expéditions militaires*, autrement OST ET CHEVAUCHÉE : ils ne seront tenus à marcher que dans le cas de guerre seulement. Guillaume concède encore à *Montier-neuf* toutes les redevances dont seraient passibles les terrains que cette abbaye pourrait acquérir jusque sous les murs de la ville de Poitiers, et la propriété d'un étang sis proche cette même ville; les moulins qui étaient construits sur ses eaux; le droit de *pêche*, et tous autres dans le Clin, depuis les moulins de *Chassaignes*, jusqu'à ceux de *Sartes*, etc. Je passe sous silence les autres concessions, ou étrangères à notre sujet principal, ou dont j'aurai occasion de parler dans la suite. Enfin, pour prévenir toute contestation de compétence entre le *prévôt* de Poitiers, PRÆPOSITUS CIVITATIS, et les moines de *Montier-neuf*, il est formellement déclaré que la justice du comte ne pourra traduire devant sa *Cour* aucun vassal de l'abbaye, mais que la connaissance de tout délit quelconque commis par ceux-ci, même contre la personne du *prévôt,* sera immédiatement portée devant *l'abbé,* ou son *prévôt,* près de qui celui de la ville devra se présenter au jour indiqué et convenu, et acquiescer au jugement rendu par la *Cour* des religieux (1).

L'étang dont il est question dans le titre dont nous venons de donner un précis, ou plutôt ce marais, s'étendait sur la rive gauche du Clin. Il comprenait le boulevart actuel, et on reconnaît encore une partie de son emplacement dans cette espèce de bas-fond au-dessous des murs de clôture de l'ancien couvent des *Feuillans,* et dans les environs. Sa limite, du côté de l'Est, était, suivant toutes les apparences, les moulins de *Sartes,* point où le Clin faisait un coude pour se rapprocher du coteau de Bernage, côté où se trouve la pente la plus considérable. Cette délimitation de l'étang est d'ailleurs justifiée par un titre de l'an 1083, dont nous ferons usage dans la suite.

Guillaume VI ne vit point achever *Montierneuf* (2). Il y fut néanmoins enterré, le 25 Oc-

---

(1) *Besly, loc. dict.,* p. 367, 368.
(2) Les deux clochers du portail qu'il se proposait d'élever, n'étaient pas encore commencés, et ne l'ont jamais été, mais seulement celui qui est au-dessus du chœur, dont on a conservé aujourd'hui fort inu-

tobre 1086, devant le crucifix, au milieu de la nef, suivant l'obituaire de ce monastère (1).

tilement une partie. Les murs de l'enceinte qui était flanquée de tours, restèrent imparfaits. Les propriétés dont le duc d'Aquitaine dota le monastère, pouvaient suffire dans le tems pour la subsistance de cent religieux : ils en perdirent quelques-uns pendant la jeunesse du fils de leur fondateur, si l'on en croit le moine historien de l'abbaye. (*Fragm. hist. mon. nov. Pict., loc. dict.*, col. 1217.)

(1) Guillaume VI mourut à Chizé, le 24 Septembre. Son corps fut apporté à *Poitiers*, et enterré, le 25 du même mois, suivant une autre version, dans le chapitre, d'où on l'exhuma un an après, pour reporter le corps dans la nef de l'église. On vient de faire restaurer très-grossièrement son tombeau, dont l'épitaphe avait été composée par le moine Martin, de qui nous empruntons le récit des circonstances des diverses inhumations du fondateur de son couvent. Voici cette épitaphe :

> Ad domini cultum veniens memorare sepultum,
>   Et memorando capis quem tegat iste lapis.
> Gaufridi quondam quæ vi domuere tyrannos
>   Pulvis et ossa ducis pondere pressa jacent.
> Gloria sublimis, quæ sic tumulatur in imis,
>   Dum moriendo ruit, gloria nulla fuit.
> Hoc Pictava tuum decus imperiale sub antro
>   Flebilis abscondis quo moriente ruis.
> Post modicum tempus jam denuo vivificandos
>   Hos habeas cineres pignus amicitiæ.

Cette inscription tumulaire, que Besly n'avait pas

Une charte confirmative de la fondation, accordée par son fils et son successeur, nous apprend que celui-ci avait également élu sa sépulture dans le même monastère, et que son intention était de l'affecter au même usage pour toute sa postérité. Cette seconde charte, datée de 1087, nous offre quelques renseignemens locaux assez précieux. Le BURGUM de *Montier-neuf* s'étendait, du côté du Sud, jusqu'au *Marché-neuf*, dont une rue appartenait aux religieux, comme nous l'avons vu (1). Le droit dans les eaux du Clin était limité depuis les moulins de *Chassaignes*, jusqu'à l'embouchure de la Boave dans cette première rivière; et depuis la *vieille écluse*, en remontant jusqu'au moulin de *Charuelle*, et jusqu'à

---

lue correctement, était gravée sur les faces Nord, Est et Sud. Celle Ouest portait :

   Hic jacet Guillelmus qui
   Gaufridus Comes Pictavorum.
   ... O Domini............

avec un léopard couché au pied de la statue. (Apud. *Besly, loc. dict.*, p. 393.

(1) *Ci-dessus, section* IV, § 1. J'ai extrait d'une enquête, datée du 14 Juillet 1446, les limites et renseignemens suivans sur l'ancien fief de *Montier-neuf*. Ce fief s'étendait le long de la rue par laquelle on

celui de *Sartes* (1). Les arbres qui croissaient depuis l'étang jusqu'au Clin devinrent la propriété de l'abbaye, à qui le même Guillaume VII confia la garde de la tour qui se trouvait au-dessus dudit étang. Le duc d'Aquitaine met encore au nombre de ces conces-

descend de *la Prévôté*, pour aller à *S.-Ladre*, et comprenait la moitié de cette rue du côté de *S.-Cybard*. Les fourches patibulaires de l'abbaye étaient près de *Chardon-champ*, sur le grand chemin de *Poitiers* à *Châtelleraud*. La mesure de vin était moindre que celle de *Poitiers*, et celle de blé plus forte que celle de vin. Les assises avaient tenu à *Rochereuil*. Dans la grande rue du bourg, il existait une petite rue, ou ruelle, appelée *rue Bardeau*, qui touchait celle des *Granges* : de celle-ci, on retournait proche le *carrefour* de l'étang, en tirant droit jusqu'au portail *S.-Ladre*. De ce portail, on remontait le long de la *grand' rue*, et par les rues *du Bourg*, jusqu'aux dehors de *la porte de Rochereuil*. Il y avait une autre porte dite des *moulins de Chassaignes*. Enfin *le bourg* et sa juridiction s'étendaient à partir de *Montier-neuf*, le long du cimetière de *S.-Germain*, jusqu'à celui de *S.-Cybard*, « tout ainsi » que va ledit chemin tendant dudit S. Germain au » long des treilles dudit Montier-neuf. » (*MS. de Fonten.*)

(1) Cette étendue de terrain devait être celle occupée par l'étang des côtés Ouest, Nord et Sud.

sions *le Puy-de-Serre*, et désigne cet endroit pour sa sépulture (1). Il paraît que sa volonté ne fut pas respectée, car il est certain que ce prince fut inhumé à *Montier-neuf* (2), dans l'enclos monastique (3). Enfin les mar-

(1) *Besly, ibid.*, p. 404, 405. Il y a *Puy-de-Serre* dans les environs de Fontenai-le-Comte : j'ignore si c'est bien là la localité désignée.

(2) La dédicace du monastère ne date que du 26 Janvier 1096 : elle fut faite par le pape Urbain II. (*Chron. Mallcac.*, apud *Labbe, loc. dict.*, p. 213; *Nov. Gall. christ.*, t. II, col. 1265.) Guillaume VII mourut à Poitiers, le 10 Février 1127. C'est le même qui fit construire à *Niort* un bâtiment semblable à un monastère, où il recueillit toutes les prostituées, à la tête desquelles il plaça une abbesse, une prieure, etc., dignités qu'il accorda aux plus distinguées d'entre elles par leur honteux commerce. (*Will. Malmesb., De gest. rer. Angl.*, L. V, p. 170.) Besly (*loc. dict.*, p. 452) nous a transmis, d'après un manuscrit de *Montier-neuf*, le détail des cérémonies religieuses qui se pratiquaient dans cette abbaye pour la célébration des *Annuaires* de Guillaume VII. Suivant Anselme (*loc. dict.*, t. II, p. 520), Henri de Poitiers, troisième fils de ce prince, religieux, puis prieur de l'abbaye de Cluni, fut aussi inhumé à *Montier-neuf*.

(3) Besly dit positivement qu'il fut enterré dans le chapitre, et que son tombeau s'y voyait de son tems. (*Ibid.*, p. 128.)

chands ambulans de la ville de Poitiers qui venaient vendre et acheter dans le BURGUM de *Montier-neuf*, furent tenus de payer aux moines les droits de *marché*; et réciproquement les marchands ambulans de celui-ci furent passibles des mêmes redevances envers les préposés du prince, lorsqu'ils allaient trafiquer dans la ville (1).

SECTION VI.

Suburbium de Montier-neuf.

§ I. Moulins; Ecluse de Ste-Radégonde; Embouchure de la Boave.

Un titre de l'an 926 nous fournira quelques renseignemens topographiques sur la partie Nord et Nord-Est du territoire extérieur de la ville de Poitiers. En Janvier de cette même année, un nommé Adelelme concéda aux chanoines de S^e-Radégonde un moulin sur la Boave avec une écluse, jusqu'au pont; et la terre

(4) *Ibid.*, p. 406.

qu'il possédait jusqu'au chemin, et jusqu'à celle dite de *Sainte-Radégonde* (1). Ce moulin sur la Boave me paraît être celui qui existait anciennement au bout de la rue dite la *Chaussée*, près la porte actuelle de Paris. Le pont dont il est question n'est point autre que celui nommé aujourd'hui *pont de Rochereuil*, et primitivement le *pont-Neuf*. L'écluse mentionnée dans le titre, et dont l'existence est en outre attestée par une charte sans date, et sans indication quelconque de Guillaume VI ou VII, comte de Poitiers, en faveur de Saint-Cyprien, où elle est désignée sous le nom d'*écluse de Sainte-Radégonde* (2); cette écluse, dis-je, était située proche les arcades du pont moderne de *Rochereuil*. Les vestiges de cette écluse, et les pales qui y existaient anciennement, furent reconnus, suivant M. Thibaudeau (3), sur l'emplacement que nous indiquons, lors du siége de Poitiers, en 1569. Cependant un bail à ferme des eaux du Clin possédées par le prieuré de *Saint-Nicolas*, et consenti le 14 Mai 1423, relate cette *vieille écluse* comme se trouvant entre le *Château*

---

(1) *Besly, loc. dict.*, p. 225.
(2) *Ibid.*, p. 377.
(3) *Loc. dict.*, т. IV, p. 243.

et la maison dite de *Saint-Ladre* (1). L'embouchure de la Boave dans le Clin existait autrefois près le *pont de Rochereuil*.

§ II. Château.

Le *Château* était un point isolé de défense, et ne se rattachait point primitivement à l'ensemble des fortifications de Poitiers. Il ne date que de la fin du quatorzième siècle, et il fut bâti par Jean de France, duc de Berri, comte de Poitou, ainsi que le pont en face, dont on voit encore les ruines, et par lequel la garnison communiquait avec la rive droite du Clin (2). Jean avait sans doute fait choix de cet emplacement, parce que ce côté de Poitiers offrait le moins de défense naturelle. Le 17 Mai 1589, Henri III s'étant présenté devant la ville, sur les sept heures du matin, les *Ligueurs*, à la tête desquels étaient l'évêque, de Bois-Seguin, et le vicomte de la Guierche, soulevèrent le peuple, et en firent refuser l'entrée au monarque. Les principaux habitans envoyèrent aussitôt une députation à Henri,

---

(1) *MS. de Fonten.*
(2) *Thibaud., loc. dict.*, t. II, p. 314.

pour l'assurer qu'on lui ouvrirait les portes, dès que l'effervescence populaire serait un peu calmée. Bois-Seguin s'engagea même à introduire les troupes royales, dans le cas où le roi se trouverait contraint d'employer la force des armes : mais ce gouverneur, se repentant ensuite de la parole qu'il avait donnée, excita sous main les rebelles pour n'être pas obligé de la tenir, et se laissa chasser du *Château* par cette populace, qui le rasa de suite en majeure partie, et rompit le pont de communication (1). Nous voyons néanmoins qu'en 1719, le marquis de Paligny, grand Sénéchal de Poitou, reçut, à la porte de ce château, le prince de Conti, gouverneur de la province, lorsqu'il passa à Poitiers, le 11 ou 12 Mai (2). Il ne reste plus d'intact aujourd'hui qu'une des tours, qui sert de poudrière, et la portion de murs qui se rattachait à la porte dite de *Saint-Ladre*, ou *Saint-Lazare*, maintenant *porte de Paris*. En comparant le genre de construction de ces ruines avec celui des vieux murs de clôture de la ville actuelle, et des ours encore debout, il est aisé de se con-

(1) *Ibid.*, т. v, p. 142 et suiv.
(2) *Aff. de Poit.* des 4 et 11 Janv. 1780, n°s 1
t. 2, p. 3, 6.

vaincre que leur ensemble date de la même époque, et que c'est bien à tort qu'on attribue généralement la construction de l'enceinte, encore existante en partie, à Henri II, roi d'Angleterre.

La Boave bordait les murs de la porte *S.-Lazare*. La chaussée, aujourd'hui rue de ce nom, existait déjà en 1508, ainsi que nous l'apprenons de la teneur du dossier d'un procès qui eut lieu à cette époque, entre le monastère de *Montier-neuf*, et les *maire et échevin* de Poitiers (1). Au-dessus du rempart intérieur, et en dedans de la même porte *S.-Lazare*, régnait un étang qui appartenait au monastère sus relaté. On y avait pratiqué deux ouvertures, ou pales, par lesquelles l'eau s'écoulait dans les douves et fossés du *Château* (2).

§ III. Cimetière de S.-Cybard.

La limite Sud-Est du *suburbium* de *Montier-neuf* était marquée, même sur la fin du quinzième siècle, par le *cimetière de Saint Cybard*, alors fort vaste, et qui comprenai

---

(1) *MS. de Fonten.*
(2) *MS de Fonten.*

le terrain sur lequel ont été bâties les maisons de la rue actuelle de l'*Hôpital-Général.* Ce terrain, aliéné en 1490, n'était point, ainsi que semblerait l'indiquer son nom, consacré aux sépultures, mais affecté à la représentation des *mystères* (1), genre de tragédies sacrées qui étaient alors fort en vogue. Une partie de ce même local était aussi plantée en vignes et en treilles. Dans un titre d'échange entre les monastères de *Montier-neuf* et de *la Celle*, daté de 1280, il est parlé 1° d'un local abandonné, QUODDAM DESERTUM, SEU SCALMA, qui était situé entre les vignes de cette première maison religieuse, et borné d'un côté par le chemin de la *porte Menard*, et de l'autre côté par le *désert de Montier-neuf*; 2° de deux pièces de treilles sises proche le BADIFO du même couvent, et qui appartenaient aux religieux de *la Celle* (2). Un autre titre d'échange entre les moines de *Montier-neuf* et Hugues Grossin, citoyen de Poitiers, daté de 1251, fait mention de quelques treilles situées entre celles nommées alors *Treilles-de-la-Porte-Menard*, et les treilles de *la Roche* (3). Dom

(1) *Thibaud., loc. dict.*, T. III, p. 249, 250.
(2) *MS. de Fonten.*
(3) *MS. de Fonten.*

Fonteneau, dans une note qu'il a jointe à ce titre, dit que « ces treilles de la *porte Me-* » *nard* sont aujourd'hui l'enclos des *Carmes* » planté en vignes. »

§ IV. Terrains intermédiaires entre l'étang de Montier-neuf, et la II⁰ enceinte de Poitiers.

Il nous reste encore à rechercher la limite Est du SUBURBIUM de *Montier-neuf.* Nous avons vu que le boulevart actuel qui longe cette ancienne maison religieuse, était primitivement un marais, ou étang, à travers lequel coulait le Clin; et que ce marais s'étendait jusqu'au-dessous d'une de tours de l'enceinte Visigothe de la ville de Poitiers. En suivant les erremens donnés par le titre de concession d'A-delelme, ci-dessus mentionné (1), on voit qu'à partir de la pointe Sud du marais, il existait un chemin et un terrain appartenant à la collégiale de S⁰-Radégonde. Il est plus que présumable que ce terrain n'est point autre qu'une portion de celui appelé aujourd'hui *Pré-l'Abbesse*, qui s'étendait jusque sous les murs de la ville. Quant au chemin, nous conjecturons, non sans

(1) § 1, p. 438.

vraisemblance, que ce n'était qu'une espèce de sentier, un petit chemin isolé, pratiqué sur le domaine, pour l'exploitation de ce local resserré entre l'enceinte et la rivière, converti maintenant en jardins, et qui se trouvait alors divisé entre plusieurs propriétaires. Une charte d'Isembert, évêque de Poitiers, datée de l'an 1033, fait mention de quelques-unes de ces possessions, et de plusieurs autres qui s'étendaient depuis la pointe du marais jusqu'à la porte *Saint-Enjoubert* (1).

SECTION VII.

Léproserie, ou Maladrerie.

La *Léproserie*, ou *Maladrerie*, connue sous le nom de *S.-Ladre*, ou *S.-Lazare*, était un établissement religieux auquel les Croisades donnèrent naissance, et dont l'époque précise de la fondation m'est inconnue. Nous apprenons d'un jugement arbitral, rendu le

(1) *Besly*, Comt. de Poit., p. 387.

samedi après Pâques 1267, sur une contestation qui s'était élevée entre l'évêque diocésain, son chapitre cathédral, et les Maire et *Commune* de *Poitiers*, d'une part, et de l'autre *les frères de S.-Lazare*, que ces derniers jouissaient des droits résultant de la tenue de certaines foires, connues alors sous le nom de *foire des Lépreux* (1). Derrière la maison de *S.-Ladre*, il existait des jardins potagers, ou petits morceaux de terre cultivés en légumes, qui s'étendaient depuis les fossés de la ville jusqu'aux *barres de Labunroer*, sur le grand chemin de Poitiers à Châtelleraud. Alphonse, comte de Poitiers et de Toulouse, voulant indemniser l'abbé et les religieux de *Montier-neuf* de la perte qu'il leur avait causée par la destruction d'une treille contiguë aux fossés et aux murs de la ville, ainsi que de quelques arbres dont ce monastère était propriétaire dans le même endroit, consentit au bénéfice de ces derniers, par acte daté de Juin 1260, une rente annuelle de vingt-cinq sous, dont jouissait ce donateur, assise sur lesdits jardins et potagers (2).

(1) *MS. de Fonten.*
(2) *In hortis seu cortilagiis sitis retra domum S. Lazarii, sicut protenduntur a fossatis nostris*

IIe SUBDIVISION.

Rive droite du Clin.

SECTION I.

Faubourg S.-Cyprien.

Le quartier de *S.-Cyprien* doit son nom au monastère sous le vocable de ce saint, auprès duquel il était situé. Il en est fait mention dans une charte de concession sans date, mais bien certainement du onzième siècle, accordée par un comte de Poitiers, duc d'Aquitaine, du nom de Guillaume. Ce quartier, qui était une des propriétés de l'abbaye, quoiqu'il n'offrît point ce degré de protection qui attire et décide une population à se concentrer, paraît néanmoins avoir été autrefois assez considérable, d'après un état dressé vers 1112 (1), de tous ses habitans passibles des

usque ad barras de Labunroer quod est in via publica per quam itur de Pictavi apud Castrum-Eraudi. (MS. DE FONTEN.)

(1) *MS. de Fonten.*

redevances de *fourche* (1), et de *paisseaux* (2), dans toutes les *pleures* (3) appartenant au monastère de *Saint-Cyprien* (4). C'était probablement pour ne pas priver les habitans des secours habituels de la religion, que l'on avait fondé la petite église de *Saint-Pierre*, au-dessus du monastère. Vers 1063, un prêtre nommé Otgérius, qui la desservait, en fit don à l'abbaye de *S.-Cyprien*, ainsi que de tous ses bâtimens, et de trois pièces de vigne (5).

(1) *Furca*, c'est-à-dire, de faner le foin avec une fourche, lors de sa récolte.

(2) *Paxillum*, planter les paisseaux, ou échalas auxquels on accole la vigne. Il faut conclure de l'espèce de cette redevance, que la culture de la vigne a bien changé en Poitou, depuis l'époque dont il s'agit.

(3) *Pleura*, mesure particulière au Poitou, qui comportait cent pieds carrés.

(4) On voit employé dans le même titre historique le mot *laculia*, que l'on traduit en Poitou par *Lacueille*, qui signifie des chemins scabreux, qui vont toujours en montant.

(5) *MS. de Fonten*.

§ I. Abbaye de S.-Cyprien.

Les Bénédictins de *S.-Cyprien* reconnaissaient pour leur fondateur Pepin I, roi d'Aquitaine, en 828. Détruit de fond en comble par les Normands, cet établissement religieux fut reconstruit et doté par Frotaire, ou Frotier, II du nom, évêque de Poitiers, et consacré en 936 (1). Sa position en face de la ville devait naturellement l'exposer à un état fréquent, sinon de ruine complète, au moins de dégradation, dès que quelque guerre venait à éclater. Aussi voyons-nous qu'on fut obligé de la rebâtir à diverses époques. La réunion du comté de Poitiers à la couronne, ne fit même point sortir ce monastère de cette alternative continuelle d'une existence précaire à laquelle il se trouvait réduit précédemment. Les Anglais l'ayant détruit, en 1331, on le rétablit de nouveau peu de temps après, et ensuite on le rasa entièrement, en 1418. Il était sorti de ses ruines au commencement des guerres de religion du seizième siècle, lorsque les Catholi-

---

(1) *Chron. S. Max.* apud *Labbe*, *loc. dict.*, T. II, p. 177; *Nov. Gall. christ.*, T. II, col. 1230, 1231; *Ibid. inter Instrum.*, n° IV, col. 328.

ques jugèrent avec raison, que ses bâtimens favorisaient l'approche de l'ennemi, qui trouvait la facilité de s'y loger. On fit en conséquence démolir l'église, en 1574 (1). Les moines demandèrent en vain, en 1580, la permission de faire relever leur maison : cette permission leur fut refusée. Ce ne fut que sous l'épiscopat de M. de la Roche-Posay, que l'on mit la main à l'œuvre. Ce prélat fit élever une petite chapelle, et quelque tems après, les religieux rétablirent les offices claustraux. *Le corps de ville* leur fit néanmoins signifier, en 1664, un acte de protestation, pour se conserver, au besoin, la liberté de démolir de nouveau l'abbaye, si la sûreté publique l'exigeait (2) : mais on ne fut plus dans le cas de recourir à ce moyen violent. Il ne reste plus aujourd'hui de cet établissement qu'un petit pavillon, et l'ancienne clôture a été convertie en pépinière.

§ II. Cimetière de la Chauvine.

Bouchet parle d'un ancien cimetière de Poitiers, situé au-dessus de *S.-Cyprien*, et

(1) La porte actuelle dite de *S.-Cyprien* fut bâtie en 1573. (*Thibaud.*, *loc. dict.*, T. VI, p. 369.)
(2) *Ibid.*, T. I, p. 270, 271 ; T. III, p. 2.

que l'on appelait de son tems *le cimetière de la Chauvine* (1). Les *Affiches de Poitou* de 1779 donnèrent connaissance d'une découverte qui fut faite, cette même année, dans un terrain nommé vulgairement *le Pré-Bossé*, derrière la même abbaye. « Un jar-
» dinier occupoit des ouvriers à creuser un
» puits. A peine ces ouvriers avoient-ils poussé
» leurs travaux jusqu'à la profondeur de dix-
» huit pieds, qu'ils se sentirent arrêtés par
» une masse de maçonnerie, de la même
» qualité que celle que nous voyons encore aux
» Arènes de cette ville. Ils abattent une partie
» de cette masse. C'étoit un tombeau bien
» pavé, bien voûté, dans lequel ils trouvèrent
» trois urnes (2), qu'après avoir tirées de là,
» ils eurent la barbarie de briser pour savoir
» ce qu'elles contenoient. Deux contenoient
» des cendres que l'humidité avoit altérées,
» et deux pièces de monnoie, l'une d'argent,
» et l'autre de cuivre. La troisième urne ne
» contenoit rien. Je vous parle d'après leur
» rapport. Le tombeau avoit six pieds en
» carré. Les urnes dont j'ai vu des débris

---

(1) *Loc. dict.*, 1 part., ch. xiv.

(2) Il doit en conséquence être rangé dans la classe de ceux que l'on nommait *trisonium*.

» que je n'ai pu rassembler, pour lire des
» inscriptions dont je crois y avoir aperçu
» l'empreinte, étoient de terre rouge, supé-
» rieurement vernissées (1), et pouvoient
» avoir vingt-cinq à trente pouces de hauteur,
» sur une largeur proportionnée, etc. (2). »

SECTION II.

Rue du pont S.-Angilbert.

Le *pont-Joubert* actuel diffère beaucoup de celui primitif, qui devait avoir une longueur plus considérable, et probablement une toute autre direction. En effet, nous avons vu (3) qu'il existait dans le lit du Clin,

---

(1) C'est ce qu'on appelle *terra campana*. On a trouvé beaucoup de tessons de cette espèce de *vases* en creusant les fondemens du *séminaire* actuel, comme je l'ai dit ailleurs, et même dans l'intérieur de la ville *moderne*, rue de *S.-Didier*, ancien quartier de la *Porte-du-Comte*.

(2) *Aff. de Poit.* du 16 sept. n° 37, p. 147.

(3) *Ci-dessus*, ch. II, art. *Limonum*.

ou plutôt dans le vaste marais qui traversait cette rivière, des îles nommées *Iles de la Charière*, ou du grand chemin : ces îles coupaient donc le pont. Il ne paraît pas, du moins je n'en ai trouvé aucun indice dans les titres, qu'il fut bâti en pierre. Il est assez vraisemblable qu'il consistait en une longue et assez large chaussée, et que sa direction était, en sortant de Poitiers, du Sud au Nord, pour atteindre l'ancienne *voie* Romaine. Ce n'est au surplus qu'une conjecture, que l'état actuel des lieux ne permet plus de vérifier. Tout ce qu'il y a de constant, c'est qu'il existait une rue nommée *rue du pont Angilbert* (1), RUA SUPER PONTEM ENGELBERTI (2).

(1) Le pont actuel fut bâti, en 1450, par Hilaire l'Archier, maire de *Poitiers*. (*Thibaud.*, *loc. dict.*, T. VI, p. 307.)

(2) Les anciens ponts furent ordinairement bordés de maisons, et fermés, vers leur milieu, par une porte fortifiée et par un pont-levis. Je n'assurerais pas cependant que les mots *super pontem*, signifiassent rigoureusement *sur le pont*, car *super* est quelquefois employé dans la basse latinité pour *supra*, au-dessus; et il se pourrait alors, en admettant cette dernière traduction, que la rue dont il s'agit fût à peu près la même que celle actuelle, qui s'étend depuis l'extrémité Nord du pont, jusqu'à l'entrée du

Une charte sans date nous apprend que Guillaume III, dit *le Grand*, comte de Poitiers, fit don de cette rue à Guillaume Taillefer, II du nom, et que ce comte d'Angoulême en disposa aussitôt en faveur du monastère de S.-Amand-de-Bouexe (1).

SECTION III.

Faubourg et église de S.-Saturnin, ou Sornin.

Le quartier, BURGUM, de *S.-Saturnin* fut anciennement un des plus considérables de ceux en dehors de Poitiers. Nous ignorons l'époque de son origine, et nous ne trouvons aucun titre historique où il en soit fait mention avant le onzième siècle. Il était particulièrement recommandable par le nombre de ses tanneries, ou mégisseries : mais les divers

faubourg de *Bernage*. Tous les renseignemens locaux que j'ai cherché à recueillir, ne m'ont procuré aucune espèce d'indication quelconque.

(1) *Besly, Év. de Poit.*, p. 76.

changemens que l'on fit au lit du Clin, et les débordemens trop fréquens de cette rivière, firent ensuite reporter ces établissemens sur la rive gauche. En 1077, Guillaume VI, comte de Poitiers, fit don à l'abbaye de *Montier-neuf*, dont il était fondateur, du bourg de *S.-Saturnin* et des redevances dont étaient passibles les tanneries y établies (1). Guillaume VII confirma cette concession, en 1087 (2). Un incendie qui y éclata, le 12 Juillet 1116, réduisit en cendres cent maisons (3) : ce nombre dénote l'agglomération d'une certaine population, qui décrut successivement, sans doute par suite des guerres dont le SUBURBIUM de Poitiers fut trop souvent le théâtre. L'église paroissiale de *S.-Saturnin*, ou *Sornin*, faisait partie des dépendances de *S.-Cyprien*. Gilbert de la Porrée, évêque diocésain, en disputa la propriété à ce monastère : mais elle lui fut confirmée par une charte

---

(1) *Besly*, *Comt. de Poit.*, p. 367. Il paraît, d'après une transaction du 31 Mars 1233, que l'abbé de Montier-neuf voulait exiger une peau de chaque tanneur, lorsque celui-ci les préparait dans les eaux du monastère. *(MS. de Fonten.)*

(2) *Besly*, *ibid.*, p. 404.

(3) *Chron. S. Max.*, *loc. dict.*, p. 218.

de Géofroi, archevêque de Bordeaux, datée de 1149 (1).

SECTION IV.

Le Bourg-Neuf.

Le surnom de ce quartier, BURGUM NOVUM, indique qu'il était le plus moderne de ceux que l'on comptait hors de l'enceinte de Poitiers, dans le onzième siècle. En 1077, Guillaume VI en fit don au monastère de *Montier-neuf*. On y communiquait de la rive gauche du Clin, par un pont appelé le *pont-Neuf*, aujourd'hui représenté par celui de *Rochereuil* (2), sur lequel se percevait un *péage* que ce comte de Poitiers concéda également à la même abbaye (3); dispositions qui furent confirmées par son fils, en 1087 (4).

---

(1) *Besly, Év. de Poit.*, p. 101.
(2) Celui-ci ne date que de 1496, sous la mairie de Hilaire Boilève. (*Thibaud., loc. dict.*, T. VI, p. 524.)
(3) *Besly, Comt. de Poit.*, p. 367, 368.
(4) *Besly, Comt. de Poit.*, p. 404.

Le *Bourg-neuf* n'a jamais compté qu'une faible population.

D'après cette topographie de Poitiers, jusque vers le milieu du quinzième siècle, il n'est plus aussi difficile maintenant de fixer ses accroissemens successifs, et de déterminer à peu près l'époque à laquelle s'élevèrent chacun des nouveaux quartiers de cette ville. Il n'en existe aucun plan antérieur au siége qu'elle soutint, en 1569 : de là la difficulté de reconnaître les anciennes localités, dont les monumens historiques ne donnent pas toujours une idée précise. Si le défaut de renseignemens positifs a pu nous faire commettre quelques erreurs topographiques, de nouvelles recherches, la découverte de quelques titres inconnus jusqu'ici, pourront contribuer à la rectification de ces erreurs involontaires. Nous applaudirons avec plaisir aux efforts et au travail dirigés vers ce but : il nous suffit d'avoir ouvert la carrière, en présentant dans son ensemble, non pas l'histoire complète, mais la simple description historique des localités.

FIN.

TABLE SOMMAIRE

DES MATIÈRES.

	Page
AVANT PROPOS.	1
Sujet du Chapitre I.	6
État civil et politique du Poitou, avant et sous le gouvernement Romain.	8
Population.	9
Agriculture.	18
Commerce.	23
Manufactures.	26
Arts mécaniques.	32
Mines.	35
Impôt.	36
Belles-Lettres.	45
Sujet du Chapitre II.	50
—— du Chapitre III.	52
CHAPITRE I. Notice géographique et historique sur les peuples de l'ancien Poitou.	57
Habitans primitifs de la Gaule Keltique.	58
Ambilatri, *Anagnutes*, limitrophes des *Pictones* : erreurs résultant des nomenclatures latines.	61
Fausse analogie des *Pictes* de l'Ecosse et des *Pictes*, *Pictones*.	64
Étymologie des noms latins *Pictes*, *Pictones*, *Pictavi*.	66
Origine prétendue des Pictons.	71
Territoire des *Lemovices Armoricani*.	72
—— des *Agesinates Cambolectri*.	77
Marches des *Pictones*.	82
Circonscription du territoire des *Lemovices Armoricani*.	84
Pagus Medalgicus.	86
—— *Arbatilicus*.	89
Capitale, ou chef-lieu des *Lemovices Armoricani*.	91
Pagus Thaifalicus.	95
Résumé.	101
Observations sur les caractères distinctifs des anciens peuples de Poitou.	111
Colliberts du Bas-Poitou.	117
CHAPITRE II. Recherches géographiques et historiques sur l'Itinéraire Romain de l'ancienne province de Poitou.	123
Voie Romaine de Saintes à Tours.	124
FINES, ou le Vieux-Poitiers, *Mansio*.	130

	Page.
Limonum, chef-lieu de Cité Keltique.	145
Rauranum, *Mansio*.	162
Brigiosum, *Mansio*.	165
Aunedonacum, *Mansio*.	167
Voie Romaine d'Argenton au Vieux-Poitiers.	169
Fines, *Mansio*.	181
Voie Romaine de Pontarion à Poitiers.	184
Voie Romaine de Poitiers à Nantes.	186
Courte dissertation sur l'emplacement du *campus Vogladensis*.	187
Segora, *Mansio*.	195
Durinum, an *Mansio?*	196
Portus-Namnetum.	202
Territoire des *Agesinates Cambolcotri* privé de voies Romaines.	208
Voie Romaine de Bourges à Orléans.	214
Embranchement d'une *via vicinalis* à Ingrande.	219
Voies Romaines présumées.	220
Voie directe de Poitiers à Limoges.	222
Voie directe de Poitiers à Angoulême.	225
Supplément à l'article Fines, le Vieux-Poitiers.	227
Chapitre III. Topographie historique de la ville de Poitiers, antérieurement au XVIe siècle.	234
Limonum, ancienne ville de Poitiers.	234
Enceinte primitive, ou *Pomœrium*.	235
Enceinte seconde, ou ligne militaire.	239
Enceinte troisième et dernière.	251
Porte S.-Angilbert; Cathédrale; Aumônerie.	256
Église de S^e-Luce.	264
Abbaye de S.-Paul.	265
Église de Notre-Dame-du-Palais.	272
Collégiale de Notre-Dame-la-Grande.	275
Le Palais de la Cité.	282
Amphithéâtre.	290
Thermes, ou Palais Galien.	301
Monument sépulcral de Cluarenille, dit Temple de S.-Jean.	308
La-Celle-hors-Poitiers.	334
Concession au monastère de S.-Cyprien.	343
Abbaye de S^e-Croix; rue et ruelle S.-Oustril.	344
Pas-de-Dieu; S.-Sépulcre.	352
Collégiale et petite ville de S^e-Radégonde.	353
Boucherie.	356
Inscription de la rue des *Carolus*.	357
Prieuré de S.-Porchaire.	360
Église de S.-Sauveur.	363
—— de S.-Hilaire-entre-Églises.	365
Monastère, puis collégiale de S.-Pierre-le-Puellier.	367
Église de Notre-Dame-l'Ancienne.	370
Prieuré de la Résurrection.	372
Abbaye de la Trinité.	373
Prieuré de S.-Denis.	375
—— de S.-Léger.	375

	Page
Église et rue S.-Pélage.	376
Collégiale de S.-Nicolas; *Forum*, ou Marché-Vieux.	378
Aumônerie de S.-Nicolas.	388
Monastère des Augustins.	388
Faubourg Marin.	390
Monastère des Frères-des-Sacs, et des Franciscains, ou Cordeliers.	395
—— des Frères-Prêcheurs, ou Jacobins.	396
—— des Carmes.	398
Quartier de la Porte-du-Comte.	399
Observations générales sur le *Suburbium*.	401
Ville, Monastère, et subséquemment collégiale de S.-Hilaire-le-Grand.	405
Église de S.-Michel.	414
—— de S.-Pierre et de S.-Jean, dite l'Hospitalier, ou l'Houstaut.	415
—— de Se-Triaise.	416
—— de Notre-Dame-la-Chandelière.	419
Étang de S.-Hilaire.	420
Place des Trois-Fours	422
Aumônerie de la Madeleine, dite de S.-Antoine.	422
Cimetière de Se-Loubatte, depuis Monastère des Capucins; Église de S.-Grégoire.	424
Gillevert.	425
Tombeaux cloisonnés.	426
Église et quartier de S.-Germain.	427
Ville de Montier-Neuf.	428
Moulins; Écluse de Se-Radégonde; Embouchure de la Boivre.	438
Château.	440
Cimetière de S.-Cybard.	442
Terrains intermédiaires entre l'étang de Montier-Neuf, et la 2me enceinte de Poitiers.	444
Léproserie, ou Maladrerie.	445
Faubourg S.-Cyprien.	447
Abbaye de S.-Cyprien.	449
Cimetière de la Chauvine.	450
Rue du Pont S.-Angilbert.	452
Faubourg et Église de S.-Saturnin, ou Sornin.	454
Le Bourg-Neuf.	456

FIN DE LA TABLE.

www.ingramcontent.com/pod-product-compliance
Lightning Source LLC
Chambersburg PA
CBHW070206240426
43671CB00007B/563